大跨径组合梁斜拉桥建设关键技术
——禹门口黄河公路大桥施工及控制技术

中交一公局西北工程有限公司
陕西交控通宇交通研究有限公司　编著

人民交通出版社股份有限公司
北京

内 容 提 要

本书是根据禹门口黄河公路大桥整个建设过程中的施工、控制和实践经验,并参阅国内外相关工程经验编写而成,对大跨径组合梁斜拉桥,尤其是在复杂环境下全面、精细的工程施工和控制技术所作的系统总结。第一部分为施工技术,主要内容有:大跨径组合梁斜拉桥施工概述、桥址环境特点与总体组织、钢便桥、钢平台施工;桩基、大体积承台施工、索塔施工、钢梁制造安装、斜拉索安装施工、临时墩施工、桥面板预制施工技术、跨铁路转体施工技术等。第二部分为施工控制技术,主要内容有:施工控制概述、施工控制重难点、施工监控和小结。

本书可供从事大跨径组合梁斜拉桥设计工作的工程技术人员使用,也可供桥梁建设与施工人员借鉴参考。

图书在版编目(CIP)数据

大跨径组合梁斜拉桥建设关键技术. 禹门口黄河公路大桥施工及控制技术 / 中交一公局西北工程有限公司,陕西交控通宇交通研究有限公司编著. — 北京:人民交通出版社股份有限公司, 2022.11
ISBN 978-7-114-18319-5

Ⅰ.①大… Ⅱ.①中…②陕… Ⅲ.①黄河—公路桥—桥梁施工—陕西 Ⅳ.①U448.14

中国版本图书馆 CIP 数据核字(2022)第 201180 号

Dakuajing Zuheliang Xielaqiao Jianshe Guanjian Jishu——Yumenkou Huang He Gonglu Daqiao Shigong ji Kongzhi Jishu

书　　名:	大跨径组合梁斜拉桥建设关键技术——禹门口黄河公路大桥施工及控制技术
著 作 者:	中交一公局西北工程有限公司
	陕西交控通宇交通研究有限公司
责任编辑:	崔　建　章　嵩
责任校对:	席少楠　卢　弦
责任印制:	张　凯
出版发行:	人民交通出版社股份有限公司
地　　址:	(100011)北京市朝阳区安定门外外馆斜街 3 号
网　　址:	http://www.ccpcl.com.cn
销售电话:	(010)59757973
总 经 销:	人民交通出版社股份有限公司发行部
经　　销:	各地新华书店
印　　刷:	北京交通印务有限公司
开　　本:	787×1092　1/16
印　　张:	20.25
字　　数:	465 千
版　　次:	2022 年 11 月　第 1 版
印　　次:	2022 年 11 月　第 1 次印刷
书　　号:	ISBN 978-7-114-18319-5
定　　价:	268.00 元

(有印刷、装订质量问题的图书,由本公司负责调换)

《大跨径组合梁斜拉桥建设关键技术
——禹门口黄河公路大桥施工及控制技术》

编写委员会

主　　　　　编：唐新湖　王学军　文　辉　梁建军
本篇执行主编：梁建军
本篇执行副主编：崔大臣　薛平安　李　凯　魏家乐
编　写　人　员：薛平安　李　凯　侯　旭　王　技
　　　　　　　　陈　才　刘来君　武芳文　高诣民
　　　　　　　　李春轩　孙吕红　侯玉平　陈园园
　　　　　　　　周华欣　邱志军　徐于波　舒　涛
　　　　　　　　雷波涛　张记众　朱东方　杨继承
　　　　　　　　余　曾　黄　源　龚君峰　彭　恺
项目负责人：薛平安

前　言

组合梁斜拉桥(Cable-stayed Bridge with Composite Girder)是主梁为钢—混凝土组合结构的斜拉桥,其结合了混凝土和钢材的优势,在350～800m跨径区间是一种极具竞争力的大跨径桥梁结构形式。伴随我国交通基础设施建设的迅猛发展,组合梁斜拉桥得以广泛推广应用,工程师对该类桥型力学行为的研究实践不断深入,已经走出了一条自主创新的成功之路,使我国大跨径组合梁斜拉桥建设技术跻身世界前列。为适应交通强国建设提出的"打造一流设施、一流技术、一流管理"要求,针对复杂环境建设条件,组合梁斜拉桥全寿命周期建管养运新需求,编写组依托G108国道禹门口黄河公路大桥工程勘察设计、施工及控制技术、养护和科研,继续探索、创新形成本书。

G108国道禹门口黄河公路大桥所在的黄河禹门口段历来为秦晋交通要冲,108国道在两省交界处依赖1973年建设的禹门口大桥连接黄河两岸,无法满足社会经济发展通行需求,成为省际大通道的通行瓶颈,交通压力巨大,亟待重建。但要冲平素为险地,路线走廊处桥位资源受限,水文地质条件、自然环境复杂,大桥建设面临诸多技术难题。禹门口黄河公路大桥前期研究和勘察设计工作从2006年启动,历经十年,于2016年10月开工建设,是我国西北地区及黄河流域跨径最大、技术含量最高、结构最复杂的桥梁,也是目前世界最大跨径无辅助墩斜拉桥,该桥已于2020年9月正式通车运营。

桥位所处峡谷与漫滩交界的复杂水环境、深切峡谷口的复杂风场、条件受限无法设置辅助墩、引桥同跨斜跨两条铁路等难题,在国内同规模桥梁中缺乏借鉴经验。大桥的建设坚持技术引领,汇集了国内众多桥梁知名专家和工程技术人员的聪明才智,凝结了建设团队的艰辛奉献,攻克系列技术难题,最终建成高品质桥梁。这期间,建设团队对结构理论、设计施工和控制关键技术、养护方法进行了系统研究,为大跨径组合梁斜拉桥建设与运营积累了经验,特编著本书。

全系列丛书共分为四册。第一册是勘察设计,针对复杂建设条件,介绍了重难点问题的设计对策与创新;第二册是施工及控制技术,针对本桥结构特点,介绍了关键施工工艺、精细化监控方法和实施应用效果;第三册是养护管理,针对大跨径组合梁斜拉桥养护需求,介绍了养护管理、检查评定、养护维修和结构监测相关技术;第四册是科研创新,介绍了大桥建设过程中形成的关键技术、工艺工法及技术规范。

本书由中交一公局西北工程有限公司、中交第一公路勘察设计研究院有限公司、长安大学、陕西交控通宇交通研究有限公司共同编著。本书编写过程中,调研和收集了当前国内外大跨径组合梁斜拉桥的建设成果,参考并引用了一些公开发表的文献和资料,谨向这些作者表示深深的谢意。

本书编著以实用、适用为指导思想,内容丰富,虽经努力,难免有不妥之处,敬请读者提出宝贵意见和建议。

衷心感谢!

编著者
2022 年 5 月

目 录

第一部分 施 工 技 术

第1章 概述 ··· 3
1.1 斜拉桥施工概述 ·· 3
1.2 工程概况 ·· 6
1.3 工程建设条件 ··· 7
1.4 建设难点分析 ·· 10
1.5 总体施工组织 ·· 13

第2章 钢便桥施工 ·· 17
2.1 需求分析 ··· 17
2.2 结构简介 ··· 17
2.3 施工工艺 ··· 19
2.4 效果评价 ··· 22

第3章 钢平台施工 ·· 24
3.1 需求分析 ··· 24
3.2 钢平台简介 ··· 24
3.3 钢平台施工工艺 ··· 26
3.4 效果评价 ··· 28

第4章 桩基施工 ·· 29
4.1 结构概述 ··· 29
4.2 施工方案及施工方法 ··· 32
4.3 效果评价 ··· 41

第5章 大体积承台施工 ·· 43
5.1 结构简介 ··· 43
5.2 施工工艺及施工方法 ··· 45
5.3 效果评价 ··· 58

第6章 索塔施工 ·· 60
6.1 结构简介 ··· 60
6.2 总体施工工艺 ··· 63
6.3 效果评价 ··· 93

第7章　钢梁制造 ··· 95
- 7.1　需求分析 ··· 95
- 7.2　结构简介 ··· 95
- 7.3　制造总体工艺 ··· 99
- 7.4　效果评价 ··· 121

第8章　钢梁、斜拉索安装施工 ··· 122
- 8.1　需求分析 ··· 122
- 8.2　结构概述 ··· 122
- 8.3　钢梁安装工艺 ··· 136
- 8.4　斜拉索安装工艺 ··· 205
- 8.5　效果评价 ··· 220

第9章　临时墩施工 ··· 221
- 9.1　需求分析 ··· 221
- 9.2　结构简介 ··· 221
- 9.3　施工工艺 ··· 225
- 9.4　效果评价 ··· 226

第10章　桥面板预制施工技术 ··· 227
- 10.1　需求分析 ··· 227
- 10.2　结构概况 ··· 227
- 10.3　桥面板预制工艺 ··· 231
- 10.4　效果评价 ··· 234

第11章　跨铁路转体施工技术 ··· 235
- 11.1　需求分析 ··· 235
- 11.2　结构简介 ··· 236
- 11.3　转体施工工艺 ··· 238
- 11.4　效果评价 ··· 254

第二部分　施工控制技术

第12章　施工控制概述 ··· 257
- 12.1　必要性及目标 ··· 257
- 12.2　施工控制要点 ··· 258
- 12.3　施工控制方法 ··· 259
- 12.4　组织流程 ··· 262

第13章　施工控制重难点 ··· 265
- 13.1　施工控制重点 ··· 265
- 13.2　施工控制难点 ··· 266

第14章　施工控制实施 ··· 269
- 14.1　仿真分析 ··· 269

14.2	主塔施工控制	272
14.3	主梁施工控制	278
14.4	斜拉索施工控制	284
14.5	两节段一循环施工控制	288
14.6	临时墩施工控制	293
14.7	主梁合龙施工控制	299

第15章　小结 …… 310

Part 1 第一部分

施工技术

第1章 概述

1.1 斜拉桥施工概述

斜拉桥是将斜拉索分别锚固在梁、塔或其他载体上形成共同承载的结构体系。因其各部件可采用的形式和材料多样，因此其施工方法也有很多种。斜拉桥的施工一般可分为墩台基础、索塔、主梁、斜拉索4部分，其中墩台基础施工与其他类型的桥梁相似，在此不再赘述，以下从索塔、主梁和斜拉索3个方面进行简单介绍。

目前，常见的斜拉桥索塔有钢索塔和混凝土索塔，其中混凝土索塔又分为钢筋混凝土索塔和预应力混凝土索塔。钢索塔施工一般为预制吊装，即在工厂内分段预制，运抵现场进行分段吊装和连接。混凝土索塔的施工方法主要有3种：支架现浇法、预制吊装法和移动模板施工法，其中移动模板施工法又包括翻模法、爬模法和滑升模板法。支架现浇法工艺成熟，不需要专用的施工设备，能适应较复杂的桥塔断面形式，但临时措施较为复杂，适用于跨径200m左右、桥面以上塔高40m左右的斜拉桥施工。预制吊装法要求有较强的起重能力和专业的起重设备，适用于桥塔不高、工期较紧的斜拉桥，可以加快施工进度，减小高空作业的难度和劳动强度。移动模板施工法适用于高塔的施工，无论是竖直的还是倾斜的桥塔均可采用，施工进度快。翻模法施工中需要借助塔式起重机作为起吊设备，施工进度慢，高空作业安全性较低，目前已禁止采用;爬模法是目前塔柱施工中采用较多的一种方法,施工安全性高,质量可靠,施工速度快,可节省大量对拉钢筋、钢模板及其他周转材料,目前已成为混凝土索塔的主要施工方法,两塔柱之间的横梁通常利用支架的下层操作平台浇筑。混凝土索塔如图1-1所示。

图1-1　混凝土索塔

斜拉桥主梁施工方法与梁式桥基本相同,大体可以分为顶推、转体、支架和悬臂施工等。当桥下不允许设置临时支撑(如跨越河道、道路、铁路)时,可以考虑采用顶推施工。当桥梁需跨越既有铁路或道路时,可采用转体施工。当桥下净空允许、场地不受限时,可采用支架施工。悬臂施工一般分为悬臂拼装法和悬臂浇筑法,混凝土主梁适用于悬臂浇筑施工,钢梁或钢混组合梁适合采用悬臂拼装的方法进行施工。图1-2所示的禹门口黄河公路大桥采用的是散件悬臂拼装施工工艺。

图1-2　散件悬臂拼装

斜拉索一般采用高强平行钢丝或钢绞线两种拉索体系。斜拉索安装包括设置锚固构件、穿索、张拉、调索及防护等工序。在安装和张拉拉索时应采用专门设计制作的施工平台及其他辅助设施进行操作。拉索可在塔端或梁端单端进行张拉,张拉时应按索塔的顺桥向两侧及横桥向两侧对称同步进行,对大跨径斜拉桥宜采用无应力索长和索力双控的方法控制张拉力。斜拉索索力实测值与设计值偏差宜小于±5%,超过时应及时进行调索。斜拉索施工应保证各构件防护良好。图1-3所示的禹门口黄河公路大桥采用的是钢绞线拉索体系施工工艺。

图1-3　钢绞线斜拉索

组合梁斜拉桥是主梁为钢混组合结构的斜拉桥。在该类桥梁的施工中,需采取有效措施防止混凝土桥面板开裂,进行必要的过程控制,斜拉索的张拉和桥面板湿接缝混凝土的浇筑应符合施工监控的要求,以保证结构在施工过程中始终处于安全范围之内,各项指标满足设计要求。图1-4、图1-5所示禹门口黄河公路大桥采用的是钢混组合梁体系。

图1-4　钢混组合梁(一)

图 1-5 钢混组合梁(二)

1.2 工程概况

G108 国道禹门口黄河公路大桥工程位于陕西省韩城市与山西省河津市的分界处,跨越黄河河道,线路全长 4.45km,主要施工内容包括路基防护排水工程、路面工程、桥涵工程、绿化工程、机电工程、房建工程、交通工程及沿线设施。全线采用双向六车道一级公路技术标准,设计速度为 80km/h,路基宽度 31m;桥梁宽度采用 27m(不含锚索区及检修道),桥涵设计荷载采用公路—Ⅰ级,地震动峰值加速度 0.161g,设计洪水频率:特大桥 1/300,大桥及路基 1/100。大桥全长 1660.4m,其中东引桥为 2×(3×40)m+1×(4×42.5)m 装配式预应力混凝土组合箱梁桥,主桥为 245m+565m+245m 三跨双塔双索面钢—混凝土组合梁斜拉桥,西引桥为 50m+85m+50m 双幅预应力混凝土变截面转体连续箱梁桥。工程地理位置如图 1-6 所示。

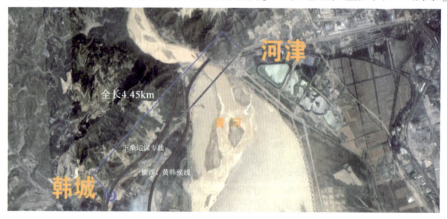

图 1-6 工程地理位置图

禹门口黄河公路大桥主桥为245m+565m+245m双塔双索面钢—混凝土组合梁斜拉桥，为我国跨径最大的无辅助墩斜拉桥，西北地区跨径最大、技术含量最高、结构最复杂的斜拉桥，西引桥为国内最大一墩双T不平衡T构转体连续箱梁桥。由于其地处黄河峡谷与平原交接处，受大风影响较大，桥址瞬时风力可达12级，同时受黄河冰凌影响，对施工组织安排和管理提出了较高的要求。

1.3 工程建设条件

1.3.1 地形地貌

项目区位于秦晋峡谷出口，韩城与河津的分界处，跨越山西运城和陕西黄河湿地省级自然保护区，地貌单元为峡谷与黄河冲积平原的接合部，地形起伏较大。桥位处为典型的河流堆积地貌，黄河在此处由峡谷区进入平原区，河槽骤然展开，河谷急剧变宽，平面呈现喇叭状，形成宽浅性河床，地形略有起伏，地势开阔，水流散乱，沙洲密布，河床软弱，河槽弯曲，河岸两侧形成明显岸坎，主流摆动不定，具有典型的游荡型河道特点。"揭河底"冲刷现象，在该河段表现较为明显，河床总的趋势是淤积抬高，平均每年淤高约8cm。地面高程380.26～402.82m，相对高差22.56m。

1.3.2 地质构造与地震

1) 地层岩性

根据钻孔揭示及工程地质调绘，勘察区地层在钻孔揭示深度范围内由第四系全新统杂填土（Q_4^{me}）、冲洪积（Q_4^{2al+pl}）细砂、粗砂、卵石；全更新统粉质黏土、粉土、粉砂、砾砂、卵石（Q_4^{1al+pl}）、上更新统（Q_3^{eol}）黄土、（Q_3^{2al+pl}）粉质黏土、细砂、碎石土；古生界绿泥石片岩，太古界花岗片麻岩（Ar）组成。根据钻探揭示的地层岩性，结合原位测试、室内物理力学试验及地质调查报告等成果，可将桥基岩土体划分为9个工程地质层，自上而下依次为：

(1) 杂填土①（Q_4^{me}）：局部分布于勘察区表层，灰黑色、褐黄色，成分以细砂为主，含10%～20%碎石和建筑垃圾，含植物根系，稍湿，松散。局部分布于桥址区表层。钻孔揭示层厚0.70～1.30m。该层仅在黄河东岸部分钻孔揭露。无地基承载力。

(2) 细砂②（Q_4^{al+pl}）：褐黄色、浅灰色，成分以石英、长石为主，云母次之，潮湿～饱和，松散～中密。分布于河床及河漫滩上部。该层仅在黄河东岸部分钻孔揭露。钻孔揭示层厚14.70～28.40m。$[f_{a0}]=70\text{kPa}$，$q_{ik}=-10\text{kPa}$。

(3) 粉土③（Q_3^{al+pl}）：浅黄色，成分以粉粒为主，具层状构造特征，少量针状孔隙，稍湿～潮湿，稍密～密实。分布于韩城台一侧的二级阶地上部。该层仅在黄河西岸部分钻孔揭露。钻孔揭示层厚1.50～7.80m。$[f_{a0}]=120\text{kPa}$，$q_{ik}=-10\text{kPa}$。

(4) 卵石④（Q_3^{al+pl}）：褐灰色，卵石母岩成分以灰岩、砂岩为主，花岗岩次之，稍湿～饱和，密实。分布于河床及河漫滩及二级阶地下部。钻孔揭示层厚14.20～54.30m。$[f_{a0}]=700\text{kPa}$，$q_{ik}=200\text{kPa}$。

(5)粉土⑤(Q_3^{al+pl}):浅黄色,成分以粉粒为主,具层状构造特征,少量针状孔隙,饱和,密实。分布于韩城台一侧的二级阶地中部水位以下。钻孔揭示层厚1.80~10.30m。$[f_{a0}]$=140kPa,q_{ik}=-10kPa。

(6)粉砂⑥(Q_3^{al+pl}):浅黄色、浅灰色,成分以石英、长石为主,云母次之,饱和,密实。分布于该桥韩城台一侧二级阶地中部。该层仅在黄河西岸个别钻孔揭露。钻孔揭示层厚2.00~8.80m。$[f_{a0}]$=160kPa,q_{ik}=40kPa。

(7)细砂⑦(Q_3^{al+pl}):褐黄色、浅灰色,成分以石英、长石为主,云母次之,饱和,密实。分布于河床及河漫滩下部。钻孔揭示层厚4.80~47.10m。$[f_{a0}]$=240kPa,q_{ik}=60kPa。

(8)全风化花岗片麻岩⑧(Ar):肉红色夹灰绿色条带,原岩结构构造已完全破坏,矿物成分分辨不清,岩心呈半岩半土状,夹少量块状,岩质软,手捏即碎。仅分布于该桥韩城台一侧一级阶地下部。该层仅在黄河西岸个别钻孔揭露。最大揭露厚度17.30m(未揭穿)。$[f_{a0}]$=350kPa,q_{ik}=50kPa。

(9)强风化绿泥石片岩⑨(Ar):灰绿色,原岩结构已破坏,局部可见未风化完全的原岩结构,变晶结构,片状构造。分布于韩城台一侧一级阶地下部。最大揭露厚度17.10m(未揭穿)。$[f_{a0}]$=700kPa,q_{ik}=200kPa。

2)区域地质构造

项目区属于祁吕贺山字形构造的钱弧东翼与新华夏构造体系第三沉降带复合部位,以东北—西南向的山前大断裂(即韩城大断层)为界,东南面属渭汾地堑,西北面属鄂尔多斯台向斜的陕北盆缘褶皱区,构造复杂,矿产丰富,存在着发生中强以上的地震条件。

区域出露的构造形迹主要为两类:一类是压性断裂,其展布方向主要为北东向,北北东向次之,以南东向倾向为主,北西向较少。另一类是张性结构面,以张扭性断裂为主,以韩城大断层为代表,展布方向北东向、北北东向皆有之。除此之外,尚有东西向、南北向、北西向构造存在。

3)地震

项目区处于祁吕贺山字形构造钱弧东翼褶皱带,该翼向北北东偏转的转折地段(禹门口),新华夏系构造插入本区,两者与此呈构造复合部位。从晚古生代起,构造运动强烈,禹门口至韩城一段受水平强烈挤压,古生代及更老地层发生强烈褶皱,并产生大规模的叠瓦式冲断层。其后新华夏系利用祁吕贺的压性构造面插入本区,以重接关系复合,加强构造的活动性。新构造形迹有龙门山下古生界灰岩中构造断裂发育,灰岩与上覆的上更系统黄土发生断裂,表明祁吕贺系至近代仍有继承性活动。历史地震震中呈北北东向的带状分布,近代大量观测地震资料,特别是1959年韩城5.4级地震等震线的长轴方向均为北北东向,与区域应力场吻合。根据韩城地震台1970年以来的观测分析,本区新构造运动强烈,地壳变形幅度大,小震活动十分密集。根据相关资料,桥位处地震动峰值加速度为0.161g,相当于地震基本烈度Ⅶ度,动反应谱特征周期为0.46s。

1.3.3 水文地质条件

1)河道特性

项目位于陕西省韩城市与山西省河津市之间黄河干流上,该河段属黄河小北干流(禹门口至潼关)上段,上距龙门水文站基本断面1.92km。桥位处实测黄河水面最大宽约1040m,黄河在禹门口上游,属峡谷型河道,两岸直立岩石,河岸相对稳定,河槽限制在峡谷之间,河面宽度一般宽窄,流速快,无明显滩槽分界,主槽摆动变化幅度较小。禹门口处河槽中有一河心小岛,长约70m,宽为30m左右,至此河流分为两股,主流由现禹门口黄河公路大桥通过,水面宽约140m,洪水期间部分洪峰由一孔63m拱桥通过。河槽在此处宽约350m。

项目所处河段河道的主要特征是:河床纵比上陡下缓,平均比降在3‰~6‰之间,河道沙粒径为0.2~0.3mm,韩城滩地面积为29.95km²(约合4.49万亩),主流摆幅最大为3.0~3.5km,一般为1.5~2.0km,滩槽高差为1.85m;历年自然弯道半径为1.4~4.6km,曲折系数为1.0~1.4;平滩以下河相稳定系数为0.34,宽深比VB/H为30~50,平滩河槽最宽处为3.5~4.0km,最窄处不到1.0km,一般在2.0km以下。

2)地表水特征

桥位区域内地表水主要为黄河水,黄河河水常年有流水,流量较大,季节性变化明显,雨季洪水暴涨,水位及流量变化较大化。地表水对混凝土结构的腐蚀等级为微腐蚀,对钢筋的腐蚀等级为微腐蚀。

3)地下水特征

桥位区域内地下水为赋存于第四系全新统松散层中的孔隙潜水,埋深一般为0~3.5m,水量较大,水位变化较小,主要受大气降水及黄河河水补给。地下水对混凝土结构的腐蚀等级为微腐蚀,对混凝土结构中钢筋的腐蚀等级为微腐蚀。

4)泥沙特征

在桥位上游,龙门水文站实测该水域多年平均含沙量为37.5kg/m³,实测单日最大含沙量为1040kg/m³(2002年7月5日),泥沙磨蚀较严重。

5)冰凌特征

禹门口河段每年冰期长达3~4个月,龙门水文站受禹门口卡口影响,封冻年份占6.8%,最长封冻天数67d(1954—1955年)。2000年2月10日龙门站出现历史最高水位387.58m,比1994年汛期流量10500m³/s时的相应水位387.19m高0.38m。但出禹门口后,特别是在禹门口的出口段,冰情相对减轻。为此,龙门水文站在禹门口出口下游(1700m)设有流量测验断面,专门用于冰期上游断面封冻、壅冰严重时的流量测验。经调研,桥址区河道冰情归纳如下:流冰期间时程为每年11月中、下旬起历时80~130d,多年平均86d。最大冰块直径为10.0m,厚2.5m。平均流冰疏密度(冰块占水面宽度的比例)为1/10~3/10。总的来说,流冰期内多数时间属稀疏流冰,平均每年历时56d,其他冰情占23d,桥址区基本上未发生过全河封冻的情况。

据统计,项目桥位凌汛期近年来最低水位为380.04m(2005年2月2日),最高水位为385.74m(2000年2月10日);根据龙门站冰情观测资料可知,冲到岸上最大冰块体积为10m³;实测流凌最大流速为3.16m/s,表面流速一般为垂线平均流速的1.1~1.2倍,表面最大流速可达 3.79m/s。

6) 不良地质

桥位区域内存在不良地质,主要为地震液化和新构造运动。经计算分析,桥址范围内地下水位以下,20m 以上的饱和粉细砂为可液化层,液化土层厚 14～20m,液化指数 $I_{IE}=15.4$～50.6,液化等级严重。

1.3.4 气候、气象

工程场地位于暖温带半干旱气候区,具有冬季寒冷偏短、夏季炎热较长,降雨偏少,年内分配不均,昼夜温差较大,四季明显的基本特征。年平均气温为 14.2℃,极端最高温度为 40.9℃,极端最低温度为 -15℃,年平均降雨量为 558.4mm,年平均蒸发量为 1680.9mm,年平均风速为 1.9m/s,主导风向为东北向,最大积雪厚度为 18cm,最大季节冻土深度为 37cm。

1.3.5 工程场地评价

桥址处于黄河阶地、河道、河漫滩上,地形较平坦,地势开阔。桥址处地层较简单,工程性质差异较小。下伏卵石土埋深较深,且层厚稳定,工程性质较好,可作为桥基持力层。

桥址区部分桥基位于河道中,两季及暴雨时泄洪量大,洪水携带的泥沙及漂石对桥基冲刷及冲撞强烈,对桥基安全有一定影响,因此在设计阶段采用大跨径跨越式,保证黄河河道行洪畅通,对于河道的桥基采取相应的防冲刷和防撞击等保护措施,确保桥基稳定。

桥址区地层特殊性岩土主要为地震液化和粉土湿陷性。粉土湿陷系数 $\delta_s=0.058$～0.064,湿陷层厚度 6m。经计算,判定桥址区 K2+170～K2+270 段为非自重湿陷性场地,湿陷等级为 Ⅱ 级中等。桥基施工时,钢护筒的埋设深度穿透液化砂层,确保桥基稳定。

大桥河津台位于河漫滩,地形较平坦,地势开阔。地层岩性为第四系全新统冲洪积细砂、卵石,岩性较简单,桥台较为稳定。韩城台位于二级阶地,地形稍有起伏,地势开阔。地层岩性为第四系全新统冲洪积粉土、卵石,岩性较简单,桥台较为稳定。

1.4 建设难点分析

1.4.1 三跨之称

大桥有"三跨之称",即跨铁路、跨两省、跨黄河(图 1-7)。跨铁路:西引桥为变截面转体连续箱梁桥,采用在建时国内最大吨位的活性粉末混凝土(RPC)球铰,15 号墩翼缘板距铁路回流线水平距离仅 28cm,安全防护、铁路协调难度较大。跨两省:工程连接陕西省韩城市龙门镇和山西省河津市龙门村,两省各有特色,协调组织不同,地方关系协调难度加大。跨黄河:主跨 565m 跨越黄河主河道,连接陕西和山西两省,桥址所在位置都在水利部黄河水利委员会、陕西黄河河务局、山西黄河河务局管辖范围内,加之桥址处于黄河湿地自然保护区内,各方关系协调难度大,湿地保护区内施工环保要求高。

图1-7 跨黄河、跨两省、跨铁路

1.4.2 恶劣的自然环境

大桥技术含量高,施工难度大,地理位置特殊,处于黄河峡谷与平原交接处,地质结构复杂,气候环境恶劣,常年6级以上大风天气较多(图1-8),瞬时风力可达12级,每年9月底—次年4月每天16:00—次日11:00均有大风,同时7—9月为黄河汛期(图1-9),12—2月为冰凌期(图1-10),给施工组织带来了较大的困难。

图1-8 大风　　　　　　　　　　　图1-9 洪水

1.4.3 结构复杂

主桥为三跨双塔双索面钢—混凝土组合梁斜拉桥,采用半漂浮结构支撑体系,其特点如下:

(1)为双工字形钢主梁与混凝土板共同受力的组合梁。

(2)受地理地形和交通运输的限制,钢结构散件到场后无法大块整体吊装拼接,只能进行散件吊装拼接。

(3)斜拉索采用OVM250环氧涂层钢绞线拉索体系。

(4)桥址处风况较为复杂,风环境较为恶劣,且边跨无辅助墩。

主梁标准节段钢梁安装如图1-11所示,主桥边跨设置临时辅助墩如图1-12所示。

图1-10　冰凌　　　　　　　　　　图1-11　主梁标准节段钢梁安装

西引桥为50m+85m+50m双幅预应力混凝土变截面转体连续箱梁桥,采用转体工艺进行施工,跨越两条电气化铁路,其特点如下:

(1)一墩双T结构。

(2)结构设计纵向、横向均不平衡(图1-13),最大不平衡重量为315t。

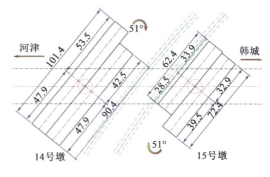

图1-12　主桥边跨设置临时辅助墩　　　　图1-13　一墩双T、T构不平衡

(3)国内最大吨位RPC球铰系统(图1-14)应用。

(4)结构设计新颖,合龙顺序为先中跨合龙、后边跨合龙,且一侧无边跨合龙段。

图 1-14 RPC 球铰系统

1.5 总体施工组织

1.5.1 总体计划

2016 年 6 月,禹门口黄河公路大桥正式开工建设,年内主桥完成主墩桩基施工。

2017 年,完成全桥桩基施工;4 月底前完成主墩承台施工;年内完成 70% 以上塔柱施工,包括上、下横梁。

2018 年,6 月底前完成塔身施工,完成钢结构的加工制造工作;年内完成 50% 钢梁、斜拉索安装施工;完成引桥转体施工。

2019 年,12 月底前完成桥梁工程上部结构全部施工。

2020 年,上半年完成桥面铺装、交通工程、房建等配套设施,确保年底正式建成通车。

1.5.2 关键节点完成情况

2016 年 7 月 7 日,主桥第一根桩基开始施工。

2016 年 12 月 15 日,主桥桩基全部施工完成。

2017 年 3 月 3 日,12 号承台浇筑完成。

2017 年 4 月 19 日,11 号承台浇筑完成,标志着主桥塔柱进入全面施工阶段。

2018 年 3 月 31 日,引道工程全线通车。

2018 年 5 月 1 日,12 号主塔成功封顶。

2018 年 6 月 3 日,11 号主塔成功封顶。

2018 年 9 月 30 日,东引桥箱梁预制全部完成。

2018 年 10 月 30 日,东引桥箱梁架设全部完成。
2018 年 11 月 29 日,西引桥转体完成。
2018 年 12 月 31 日,西引桥涉铁施工工程全部完成。
2019 年 5 月 28 日,主桥边跨合龙。
2019 年 9 月 11 日,主桥中跨合龙。
2020 年 6 月 30 日,完成附属结构施工。
2020 年 8 月 31 日,完成交工验收,并通车运营。

1.5.3 项目管理情况

禹门口黄河公路大桥体现当代建桥风貌,具有国内先进水平,工程规模大,技术含量高,质量要求严。在建设过程中,以建设陕西省交通运输厅品质工程示范项目为目标,强化工程管理为重点,建立健全各项规章制度,围绕质量、进度、安全三大控制要素,全面开展工作。

(1)针对本工程工程量大、自然条件恶劣、施工组织困难的特点,借鉴同类型桥梁及跨黄河地区积累的施工经验,按照"统一部署、分段实施、科学管理、总体协调、有序推进"的原则,"过程零缺陷"的施工理念组织施工。

(2)贯彻 ISO9001:2000 质量管理、ISO14001:2004 环境管理、OHSAS18001 职业健康安全管理 3 个标准的管理体系文件,实施标准化管理,确保完工工程合格品率 100%。

(3)针对工程特点,在统一部署、统一协调的基础上,分多个作业面同步组织施工。采用先进的管理技术,统筹计划,合理安排,组织分段平行流水作业,均衡生产。

(4)采用先进的机械设备,科学配置生产要素,组建功能匹配、良性运作的施工程序,充分发挥机械设备生产能力,实现"大型化、工厂化、标准化、装配化"施工。同时在考虑有效作业时间短等因素影响的前提下,按照倒排工期法进行工期安排及相应的资源配备。

(5)结合自身综合实力、技术专长及具体的施工特点,联合有关科研单位、大专院校等就有关技术方案、专项课题等进行强强联合,共同研究。同时,聘请国内有关专家对施工过程中的重点技术问题进行把关,提供足够的技术保障。

1.5.4 总体施工方法及流程

施工方法汇总见表 1-1。

施工方法汇总表　　　表 1-1

编号	分项工程		施工方法概述	备注
1	11 号、12 号主墩	基桩	11 号搭设施工平台,施工钻孔桩,采用泥浆护壁,旋挖钻成孔; 12 号河岸平整场地,采用泥浆护壁,旋挖钻成孔	
2		承台	拉森钢板桩围堰,分 3 层浇筑承台	

续上表

编号	分项工程		施工方法概述	备 注
3	11号、12号主墩	塔柱	采用液压自爬模系统	下塔柱4节、中塔柱11节、上塔柱11节,中塔柱标准节段高度6m,上塔柱标准节段高度6m,不包括上、下横梁及塔尖
4		上、下横梁	钢管支架及悬臂三角支架现浇	分两次浇筑
5	10号、13号过渡墩	基桩	采用旋挖钻成孔方式施工	—
6		承台	10号钢板桩围护,13号放坡开挖,配置定型钢模板一次浇筑成型	—
7		墩身	翻模法施工	—
8		盖梁	悬臂三角支架现浇	—
9	主桥主梁	索塔区梁段	"钢管支架+吊装法"施工	—
10		标准梁段	"全回转桥面吊机吊装法"施工	—
11		边跨	"支架法+吊车拼装"施工	—
12	东引桥	基桩	采用旋挖钻成孔方式施工	—
13		承台	1~5号钢板桩围护,6~9号采用放坡明挖,承台模板采用定型钢模板一次浇筑成型	—
14		墩身	钢模施工	—
15		盖梁	抱箍法施工	—
16		简支梁	原位预制,门式起重机移梁、架桥机安装	—
17	西引桥	基桩	采用旋挖钻成孔方式施工	
18		承台	混凝土套箱防护施工	
19		墩身	钢模施工	
20		连续梁	左右分幅挂篮悬浇转体施工	
21	道路	路基路面	分幅导改施工	
22	管理站	房建	按设计施工	

总体施工工艺流程如图 1-15 所示。

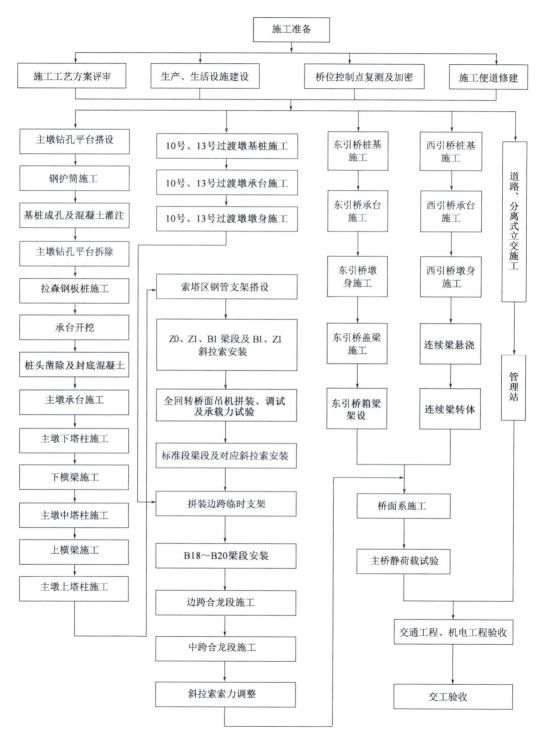

图 1-15 总体施工工艺流程图

第2章 钢便桥施工

2.1 需求分析

主桥 11 号主塔位于黄河主河道内,12 号主塔位于黄河滩涂位置。桥址自然环境恶劣,每年 11 月—次年 2 月属于冰凌期,3—4 月为桃花汛,7—8 月属于黄河汛期,鉴于此环境,主塔下部结构需在汛期来临之前完成,故均需从陕西、山西黄河导流工程向主墩位置引入钢栈桥,11 号栈桥长度为 193m,12 号栈桥长度为 169m,同时在距承台四周 2.5m 外设置栈桥,栈桥单跨跨径为 12m,满足泄洪和冰凌通过要求,栈桥宽度为 8m,承载能力为 160t,满足 XR400D 型旋挖钻正常通行,使用时间为 4 年,钢栈桥上游侧设置防冰凌撞击钢管,为加快钢栈桥施工速度及美观性,钢栈桥使用定型结构。

2.2 结构简介

为满足汛期主桥主墩 11 号、12 号索塔的桩基、承台、塔柱、钢梁架设等施工要求,在黄河两岸靠近 11 号、12 号主墩位置搭设两条钢栈桥施工便道。钢栈桥设计荷载采用单台 160t 重

XR400D型履带式旋挖钻机。为方便主墩桩基施工,在主墩四周钢栈桥上设置门式起重机。

钢栈桥主桁梁采用321型标准钢桁梁拼装,钢桁梁每节长3m,高1.5m。竖向支撑架为90型(平台部分采用45型),用于两片桁梁横向间距为90cm(或45cm)的部位,竖向支撑架用于两片相邻桁梁间及端部。支撑架采用撑架螺栓及螺母与桁梁进行连接,连接时将其空心圆锥套筒插入桁梁弦杆或端竖杆支撑架螺栓孔内,用支撑架螺栓固定。横梁采用I22a热轧普通工字钢,横梁下部与桁梁上弦杆采用抱箍固定,上部与桥面板纵梁采用抱箍固定,横梁在纵桥向每隔75cm(钻孔平台50cm一道)布设一根,对应钢桁梁的竖杆或斜杆交叉点处设置。桩顶承重梁用于栈桥纵向贝雷梁安放,材料采用双肢I36a型号Q235B钢材。栈桥基础采用螺旋钢管桩,钢管桩基础采用φ630×10钢管,为加强基础的整体性,每排桥墩的钢管均采用[20槽钢设置剪刀撑连接成整体。在栈桥上游2m位置设置等边三角形防撞墩,钢管桩基础采用φ630×10钢管,桩间距为1.43m,桩间设置[20a槽钢连接。桥台采用钢管桩基础和挡土墙结构,设钢筋混凝土桥头搭板。采用φ48×3.5钢管作栏杆,栏杆立柱间距为2.0m,高为1.2m,纵向设置两道水平杆,栏杆底部用[18槽钢纵向通长设置挡脚板。钢栈桥结构形式如图2-1所示,钢栈桥现场实景如图2-2所示。

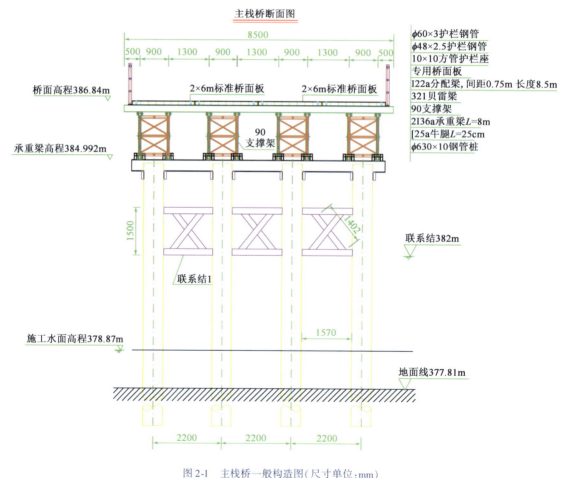

图2-1 主栈桥一般构造图(尺寸单位:mm)

图 2-2　钢栈桥现场实景

2.3　施工工艺

12 号索塔钢栈桥为滩地施工，11 号索塔钢栈桥为水上施工。滩地施工利用 70t 履带式起重机配合 DZ60（DZ90）振动锤在临时便道上施打。钢管桩插打到设计位置后，焊接桩间剪刀撑，履带式起重机安装桩顶分配梁、贝雷梁、纵横分配梁及桥面板。为加快施工进度，贝雷梁在后场拼装场拼装成型，现场成组吊装。水上采用"钓鱼法"工艺逐跨施工。栈桥完成后，组织相关人员进行成桥验收。钢栈桥施工工艺流程如图 2-3 所示。

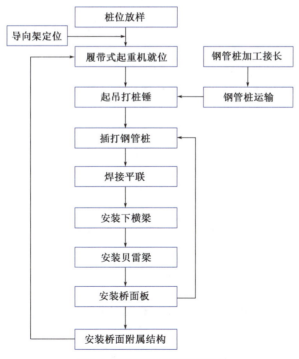

图 2-3　钢栈桥施工工艺流程图

施工工艺见表2-1。

钓鱼法施工工艺　　　　　　　　　表2-1

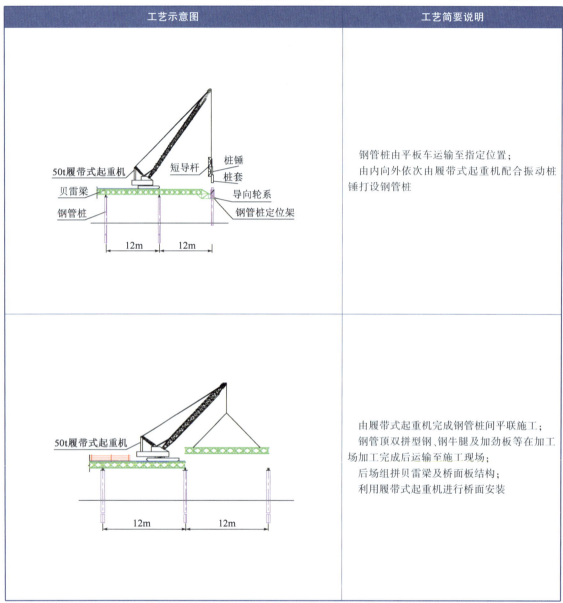

工艺示意图	工艺简要说明
(图)	钢管桩由平板车运输至指定位置； 由内向外依次由履带式起重机配合振动桩锤打设钢管桩
(图)	由履带式起重机完成钢管桩间平联施工； 钢管顶双拼型钢、钢牛腿及加劲板等在加工场加工完成后运输至施工现场； 后场组拼贝雷梁及桥面板结构； 利用履带式起重机进行桥面安装

2.3.1 栈桥下部结构施工

1）钢管桩的运输

钢管桩在岸边利用履带式起重机吊装至平板运输车，运至施工现场。

2）钢管桩下沉施工

钢管桩下沉采用70t履带式起重机配合振动锤施工。钢管桩分两次打设到位，现场接桩，每根钢管桩分两节。首先在已经拼装完成的钢便桥上用悬臂导向架进行桩位确定，然后起吊钢管桩,由测量人员对其进行定位。测量复核导向架垂直度和平面位置满足设计要求后,方可进行沉桩施工。在打设钢管桩过程中要不断检测桩位与桩的垂直度,发现偏差要及时纠正。施工过程由于各桩位处地质情况复杂,用DZ60振动锤(韩城侧钢便桥)和DZ90振动锤(河津侧钢便桥)将钢管桩打入地基土层中,直至桩底高程达到设计高程且DZ60锤或DZ90锤振动3min无进尺为止,按此方法,依次完成钢管桩的施工。

3)钢管桩间剪刀撑、桩顶横梁施工

栈桥一个墩位处钢管桩施工完成后,立即进行该墩钢管桩间剪刀撑、桩顶横梁施工。

(1)在钢管桩上进行牛腿位置测量放样。实测桩间长度并在后场下料,焊接剪刀撑,同时进行桩顶横梁加工。

(2)用桥面履带式起重机悬吊剪刀撑,到位后进行焊接,并检查焊缝质量,合格后进行纵横垫梁安装焊接。

(3)将横梁焊接在牛腿上,所有焊缝均要满足设计要求。至此,一个栈桥墩的下部结构施工完成。

2.3.2 栈桥上部结构安装

栈桥上部结构采用桥面履带式起重机进行安装。

1)贝雷梁的拼装

贝雷梁拼装按组进行,每次拼装一组贝雷梁(横向两排),每组贝雷梁长12m,贝雷片间用花架连接。

2)贝雷梁架设

每次架设一组贝雷梁。

(1)在下部结构横梁上进行测量放样,定出贝雷梁准确位置。

(2)将拼装的一组贝雷主桁片运至栈桥前端。

(3)履带式起重机首先安装一组贝雷梁,准确就位后先牢固捆绑在横梁上,然后焊接限位器,再安装另一组贝雷梁,同时与安装好的一组贝雷梁用剪刀撑进行连接。以此类推,完成整跨贝雷梁的安装。

3)型钢分配梁的安装

在履带式起重机的配合下,按设计间距安装I25b工字钢横梁,并用U形螺栓固定。

2.3.3 桥面系施工

单跨栈桥上部结构安装完成后进行桥面系施工,用履带起重机吊装钢板进行安装,桥面板纵梁与横梁接触点均要满焊,焊缝质量满足要求,每块面板间设置1cm的伸缩缝,防止因温度变化引起的桥面翘曲起伏,最后安装护栏立杆、扶手并涂刷油漆。

2.3.4 技术措施

(1)钢管桩与I36b工字钢横梁连接时,钢管桩侧面焊接4块20cm×20cm×1.6cm三角形钢板小牛腿连接I36b工字钢,防止钢管桩发生局部压曲破坏。剪刀撑采用[20槽钢,连接采用满焊,且符合相关规范要求。

(2)I36b工字钢与上垫梁[20槽钢连接采用焊接。

(3)由于贝雷梁是定型钢结构,不容许直接焊接,故I36b工字钢与贝雷梁架之间采用端限位构造限制贝雷梁移动;每榀贝雷梁之间采用900型支撑架横向连接,横向榀间采用[14槽钢加工支撑架连成整体(每6m纵向间距连接一道),保证贝雷梁架的整体稳定性。

(4)贝雷梁与I25b工字钢连接采用U形螺栓连接,I25工字钢铺设时必须按照设计图纸铺放在贝雷梁架的节点处。

(5)桥面板及附属设施铺设均按设计图纸安装。桥面板上设置防滑条,护栏高度为1.0m,其间设3道水平钢管连接。

(6)钢管桩焊接要求如下:

①切割后的钢管表面不得存在明显凹痕、裂缝及损伤。切割断面与钢管轴线垂直,以保证钢管对接时无明显倾斜。

②钢管桩对位及打设时,要求从两个方向同时采用锤球控制钢管桩的垂直度;对位时待连接钢管桩外壁与已打入钢管桩上的3块定位钢板贴合紧密,对接边缘错台小于1mm。

③钢管桩连接面焊缝坡口的尺寸应按要求进行切割,坡口切角45°,宽度大于5mm,钢管连接面间隙预留3mm,允许偏差为±1mm。

④焊接采用电弧焊,手工焊条型号为J422,焊接材料需有质量保证书和出厂材质证明。

⑤钢管桩对接面采用6块加劲板焊接,加劲板尺寸为20cm×10cm×1cm,要求满焊。

⑥焊接方法:在已打设到位的钢管桩上焊接3块加劲板作为定位钢板,钢管焊接完成后,敲除定位钢板,同时在钢管铰缝处,焊接6块加劲板,要求焊缝饱满、均匀、无夹杂、无气泡、无焊瘤。

2.4 效果评价

本工程所使用的栈桥结构均为装配式,主梁与贝雷梁、贝雷梁与分配梁、分配梁与桥面板、桥面板与护栏等所有接连位置均采用U形螺栓固定,面板为定型尺寸结构,搭建的钢栈桥稳固且安装速度快,外形美观。

本工程跨越黄河,不具备水上通航能力,主桥钢梁需经主塔位置门式起重机垂直运输,然后水平运输至两侧。为减少运输时间,钢栈桥在设置时充分考虑了钢主梁散件悬拼时钢构件吊装的问题,其位置与梁桥投影面积的二分之一重合,在主桥钢梁拼装时,边跨钢主梁由全回转桥面吊机直接提取,缩短了水平运输距离,加快了钢主梁悬拼速度。

定型钢栈桥如图2-4所示。

图 2-4　钢栈桥

第3章
钢平台施工

3.1 需求分析

11号索塔位于黄河主河道位置,承台中心位置距山西侧控导工程约221m,按泄洪和环保要求,无法按筑岛围堰的方式进行桩基施工,需搭设钻孔平台,平台尺寸为36m×56m,加上四周的钢栈桥,平台尺寸达56m×72m。为减少平台的支撑结构,解决钻孔过程中泥浆回流问题,该平台利用钻孔桩永久钢护筒作为支撑结构,平台荷载按4台旋挖钻同时施工考虑,平台四周钢栈桥供物料和机具摆放使用。

3.2 钢平台简介

11号索塔桩基钻孔平台采用钢护筒作为主体承载结构,贝雷梁作为承重梁。

11号墩位于水中,地表处为黄河主槽。考虑钢平台施工周期较短,依据工期安排,11号墩选取十年一遇施工高水位382.7m,冲刷线设为377.81m,以此确定栈桥、平台顶面高程为386.84m,钢护筒的顶面高程为386.84m。

根据《公路桥涵施工技术规范》(JTG/T 3650—2020)的规定,钢护筒内径宜比桩径大20～40cm,此处取30cm,直径确定为2.3m。根据地质资料,桥位黄河滩涂区粉细砂层深度为17.5m,为防止振动液化和塌孔,钢护筒深度以穿过粉细砂层为宜。考虑到洪水期水位,钢护筒顶面需超出河床面约7m,总计护筒长25m,壁厚为16mm,材质为Q235钢。钢护筒材料数量见表3-1。

钢护筒材料数量表　　　　表3-1

数　　量	单根长(m)	壁厚(mm)	单根重(t)
60	25	16	22.5

护筒桩顶和桩底30cm高度范围内沿环向一周均设10mm钢板加强,并在内部设置角钢十字撑,以满足振动沉桩机打设和存放、运输的需要。钻孔钢护筒结构如图3-1所示。

图3-1　钻孔钢护筒结构

11号索塔桩基础钻孔平台设计图如图3-2所示,护筒平台搭设现场如图3-3所示。

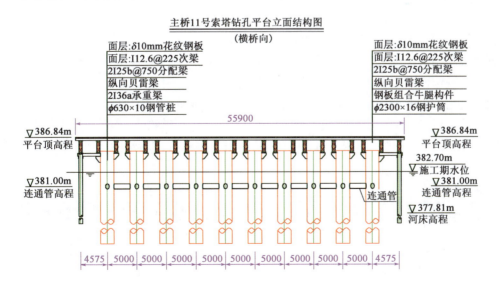

图3-2　护筒平台设计图(尺寸单位:mm)

图 3-3 护筒平台搭设现场

3.3 钢平台施工工艺

根据栈桥施工情况,结合计算结果,确定单根钢护筒长度为 25m,分两节进行加工。

3.3.1 钢护筒加工

钢护筒所用的钢材应符合设计要求,并有出厂合格证和检验报告。其制作、焊接、拼装、接长应符合《公路桥涵施工技术规范》(JTG/T 3650—2020)中钢管桩的相应规定。

钢护筒在钢结构加工厂加工制作,用平板车运至施工现场。为避免钢护筒在起吊运输过程中变形,钢护筒中间位置焊接十字(或米字)支撑加强,均匀布置,起吊后打设时逐个割除。

具体施工工艺如下:

钢护筒采用三辊轴卷管机卷制,卷管方向应与钢板压延方向一致。卷板过程中,密切注意保护管端平面与管线垂直。为满足钢管接缝处的圆度要求,卷管后应进行校圆。校圆分整体校圆和局部校圆两道工序。整体校圆可在卷板机上进行,也可在整体校圆夹具上进行。

用于卷制钢管的钢板必须平直,不得使用表面锈蚀或受过冲击的钢板,且应符合有关标准和设计要求。钢料切割使用剪板机,钢料在切割后进行矫正,矫正后钢料表面不应有明显的凹痕和其他损伤,可采用锤击法或热矫法,下料后应根据要求将板端开好坡口。制作偏差应符合表 3-2 的要求。

钢护筒外形尺寸的允许偏差　　　　表 3-2

偏差部位	允许偏差	备 注
外周长	±0.5% 周长,且不大于 10mm	测量外周长
管端椭圆度	0.5% d,且不大于 5mm(d 为管径)	椭圆度指管端两相互垂直直径之差
管端平整度	2mm	
管端平面倾斜	2mm	

3.3.2 钢平台搭设

钢护筒在加工厂分节加工完成后,沿便道栈桥陆运至施工现场,采用100t履带式起重机配合YZ400型振动打桩锤的方法打设。为保证钢护筒起吊时不变形,采用长吊绳小夹角的方法减小水平分力,起吊时顶端吊点采用两点吊装,根部吊点采用一点吊装。先起吊顶部吊点,后起吊根部吊点,使平卧变为斜吊,根部离开地面时,顶端吊点起吊到90°后,拆除根部吊点垂直吊装就位。支撑护筒运输如图3-4所示。

图3-4 支撑护筒运输

护筒中心竖直线应与桩中心线重合,平面位置偏差控制小于8cm,垂直度偏差不超过1%。钢护筒采用型钢和临时钢管桩做导向架,导向架型钢直接与钢管桩连接增强刚度及稳定性。护筒打设到设计高程后,焊接牛腿及连通管,铺设贝雷梁及面层结构。支撑护筒插打如图3-5所示。

图3-5 支撑护筒插打

钢护筒与振动打桩锤的连接采用"法兰盘"刚性连接方式,履带式起重机将钢护筒吊起,采用全站仪观测护筒的平面位置和垂直度,然后吊装振动桩锤于护筒顶,使振动锤中心线与护筒中心位置一致,启动液压夹具,开始振动下沉钢护筒。在下沉过程中用全站仪观察护筒的平面位置和倾斜度,若偏差较大则停止下沉,采取措施纠偏后,继续下沉。

平面位置控制:在桩位附近确定4个控制点,使其对角线大致垂直且交点与桩位中心基本重合。因护筒的外径已定,记录下4个控制点分别到护筒外边缘的距离作为护筒平面位置控制的依据。

垂直度控制:护筒垂直度控制采用"吊线锤"法。首先在护筒内侧确定两条基准线,要求基准线铅直为定长。调整护筒时,在护筒顶部固定一根钢筋并悬吊线锤,测量基准线上下端到线锤的水平距离,由此可推算出护筒的垂直度,根据计算结果调整护筒,直至其垂直度满足设计要求。

钢护筒间用 $\phi 630 \times 10$ 钢管焊接连接,作为连通管,以便泥浆循环。桩基成孔时,旋挖钻钻头出渣,各护筒互为泥浆池。总布置如图3-6所示。

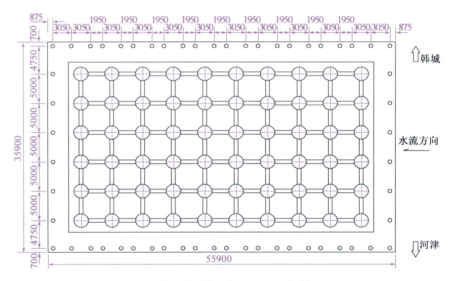

图3-6 支撑护筒导管连接平面图(尺寸单位:mm)

3.4 效果评价

该施工平台最大的亮点是将桩基施工的永久钢护筒与钻孔平台完美结合,使桩基施工的永久钢护筒作为支撑结构,取消了平台的支撑,同时将所有钢护筒采用钢管连接为整体,并分割为6个作业区,6个护筒通过连接钢管互通,解决了钻孔过程中泥浆回流的问题。

钢平台的设计、施工思路正确,采取的措施得力,达到了钻孔桩安全施工的效果。

第4章 桩基施工

桥梁基础桩基一般采用冲击钻、旋挖钻、人工挖孔桩、气举反循环等方式进行成孔。根据不同的地质,采取不同的成孔方式。在所有桩基成孔方式中,旋挖钻和冲击钻成孔方式最为普遍和通用。本工程地质自上而下依次为粉砂、粉细砂和卵石层等,适合旋挖钻机成孔。

4.1　结构概述

4.1.1　结构简介

东塔11号墩基础采用钻孔灌注桩群桩基础方案,单桩直径2.0m,桩长65m,承台尺寸为49m×29m(横桥向×顺桥向),桩基沿顺桥向布设6排,每排10根桩,共60根,如图4-1所示;西塔12号墩基础共设50根桩,桩长58m,承台尺寸为49m×24m(横桥向×顺桥向),桩基沿顺桥向布设5排,每排10根桩,如图4-2所示。所有主塔桩基均按摩擦桩设计,顺桥向和横桥向桩中心距均为5.0m。桩身采用C30水下混凝土。

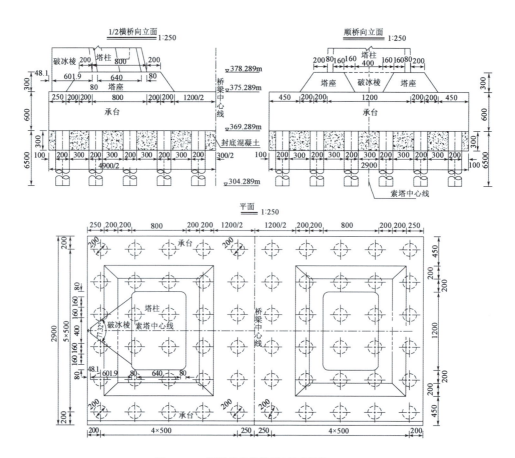

图 4-1　11 号墩基础结构图(尺寸单位:mm)

4.1.2　地质地貌

桥位位于黄河河漫滩及阶地上,根据桥位地质勘察报告,11 号墩地层自上而下依次为第一层 0~18.6m 为细砂、第二层 18.6~27m 为粗砂、第三层 27~34.8m 为卵石、第四层 34.8~47.5m 为中砂、第五层 47.5~60m 为卵石、第六层 60~67.2m 为中砂、第七层 67.2~83.7m 为卵石,见表 4-1;12 号墩地层自上而下依次为第一层 0~16.1m 细砂、第二层 16.1~39.6m 为卵石、第三层 39.6~42.3m 为漂石、第四层 42.3~52.6m 为卵石、第五层 52.6~58.3m 为漂石、第六层 58.3~77.4m 为卵石、第七层 77.4~101.7m 为细砂,见表 4-2。

4.1.3　结构特点

(1)桥址处于禹门口下游 420m 处,河宽由 100 多米骤变至 1km,是典型峡谷与漫滩交界的复杂水环境,存在河势游荡摆动频繁,严重淤积与强烈冲刷更替,冰凌灾害多发的特点。

(2)主桥桩基均为大直径超长桩,钻进地质变化较大,均为砂层和砂砾层,存在塌孔的风险很大,因此对钻机的性能、泥浆的性能、钻孔过程中泥浆护壁效果以及钻孔机具设备的管理等各个过程和施工环节提出了更高的要求。

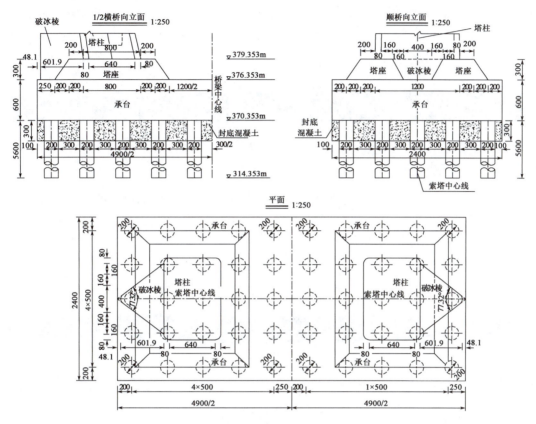

图 4-2　12 号墩基础结构图(尺寸单位:mm)

11 号索塔地层自结构表　　　　表 4-1

地层编号	地层岩性	地层分布(m)	层高(m)	力 学 特 性
1	细砂	+377.81 ~ +359.21	18.6	$[f_{a0}]=90\mathrm{kPa}, q_{ik}=-10\mathrm{kPa}$
2	粗砂	+359.21 ~ +350.81	8.4	$[f_{a0}]=200\mathrm{kPa}, q_{ik}=60\mathrm{kPa}$
3	卵石	+350.81 ~ +343.01	7.8	$[f_{a0}]=600\mathrm{kPa}, q_{ik}=160\mathrm{kPa}$
4	中砂	+343.01 ~ +330.31	12.7	$[f_{a0}]=210\mathrm{kPa}, q_{ik}=40\mathrm{kPa}$
5	卵石	+330.31 ~ +317.81	12.5	$[f_{a0}]=700\mathrm{kPa}, q_{ik}=180\mathrm{kPa}$
6	中砂	+317.81 ~ +310.61	7.2	$[f_{a0}]=210\mathrm{kPa}, q_{ik}=40\mathrm{kPa}$
7	卵石	+310.61 ~ +294.11	16.5	$[f_{a0}]=700\mathrm{kPa}, q_{ik}=180\mathrm{kPa}$

12 号索塔地层自结构表　　　　表 4-2

地层编号	地层岩性	地层分布(m)	层高(m)	力 学 特 性
1	细砂	+379.70 ~ +363.60	16.1	$[f_{a0}]=90\mathrm{kPa}, q_{ik}=-10\mathrm{kPa}$
2	卵石	+363.60 ~ +340.10	23.5	$[f_{a0}]=600\mathrm{kPa}, q_{ik}=160\mathrm{kPa}$
3	漂石	+340.10 ~ +337.40	2.7	$[f_{a0}]=700\mathrm{kPa}, q_{ik}=200\mathrm{kPa}$
4	卵石	+337.40 ~ +327.10	10.3	$[f_{a0}]=700\mathrm{kPa}, q_{ik}=180\mathrm{kPa}$
5	漂石	+327.10 ~ +321.40	5.7	$[f_{a0}]=700\mathrm{kPa}, q_{ik}=200\mathrm{kPa}$
6	卵石	+321.40 ~ +302.30	19.10	$[f_{a0}]=7000\mathrm{kPa}, q_{ik}=180\mathrm{kPa}$

(3)桩基础施工正好位于洪水期,桥位处于禹门口游荡性河段,水文条件变化较大。

(4)设计勘察资料显示,桥位处不良地质现象主要为水位以下粉细砂层砂土液化问题,对钢护筒及钢管桩承载安全带来影响。

4.2 施工方案及施工方法

4.2.1 方案比选

11号索塔位于黄河河道之中,12号索塔位于黄河漫滩之上,根据以往的施工经验,项目拟定了如下两种施工方案:

(1)筑岛,将水中施工改为陆上施工。

(2)搭设钢便桥和钢平台,将水中施工改为陆上施工。

方案比选见表4-3。

方案对比　　　　　　　　　　　表4-3

序号	方案	优点	缺点
1	筑岛	节约成本	(1)改变河道,黄河汛期可致上游水位上涨; (2)水利部黄河管理委员会施工手续难以批复; (3)现场文明施工投入较高
2	搭设钢便桥和钢平台	(1)不会造成上游水位上涨,可顺利度汛; (2)水利部黄河管理委员会施工手续容易办理; (3)可较高地体现五化标准	成本投入较高

经认真分析研究,最终决定采用搭设钢便桥和钢平台的方式将水中施工改为陆上施工。

4.2.2 工艺概述

根据地质条件、水文条件,为加快施工进度,避开承台施工时位于黄河冰凌期,提高成桩质量,桩基施工采用旋挖钻机成孔,超长护筒跟进穿越饱和液化砂层,化学泥浆护壁,泥砂分离器辅助清孔,垂直导管法灌注水下混凝土。

11号索塔位于水中,因此在施工前需搭设钻孔平台,钻孔平台采用固定式钢护筒平台,充分利用钢护筒作为主要支撑结构。

11号索塔桩基施工投入3台钻机,平均每台负责20根桩基,施工工期约70d。桩基钢护筒插打如图4-3所示。

图 4-3　11 号索塔桩基钢护筒插打

12 号索塔虽位于黄河滩涂位置,但依然受到 1 年 3 次、1 次 20d 左右的洪水威胁,为此,采用钢便桥进入桥址位置,作业区筑岛围堰形成施工平台。

12 号索塔桩基施工投入 2 台钻机,平均每台负责 25 根桩基,施工工期约 70d。桩基钢护筒插打如图 4-4 所示。

图 4-4　12 号索塔桩基钢护筒插打

11 号索塔桩基础施工前期准备工作,主要包括从主栈桥向承台位置搭设支栈桥,顶面高程与主栈桥顶高程相同,利用已形成的支栈桥搭设钢护筒平台。

主塔桩基采用 2 台 XR400D 型旋挖钻成孔,并准备 1 台 250 型回旋钻作为后备施工方案。桩基施工主要内容为:搭设平台、打设钢护筒、钻孔施工、泥浆防护、清孔检测、下放钢筋笼和导管的安装、二次清孔、混凝土浇筑。

前期利用已填筑好的便道和栈桥,施工设备行走至主塔位置,打设钢管和型钢作为导向架,为钢护筒插打定位,然后插打钻孔钢护筒。钢护筒施工采用 1 台 100t 履带式起重机配合 230 型振动锤打设,自下游向上游逐排完成 60 根护筒插打施工任务,在护筒上焊接牛腿,安装连通管和围堰拉杆,安装贝雷架和面层,形成钻孔平台。钻孔平台总体布置如图4-5所示。

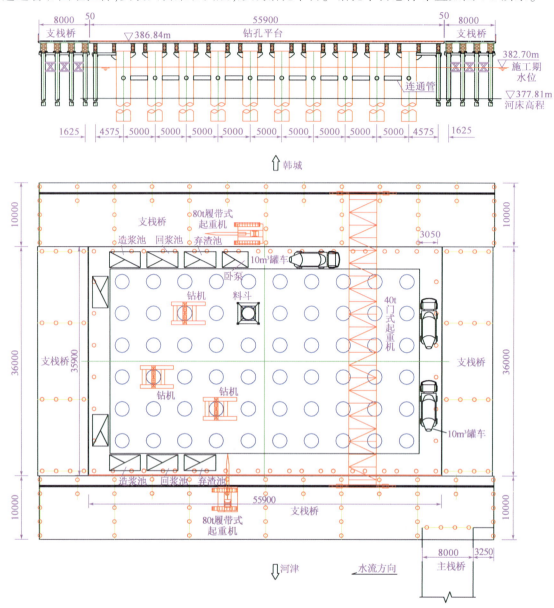

图4-5 钻孔平台总体布置图(尺寸单位:mm)

钻孔平台施工时,由于钢护筒打入时的偏差及精度影响,钢护筒侧面放置贝雷架的牛腿需现场放样,位置确定后焊接,并同步施工钢护筒连通管。牛腿施工完成后再安装固定贝雷架和平台面层。

12号索塔桩基础位于黄河漫滩之上,施工前期准备工作,主要包括从主栈桥向承台位置搭设栈桥,作为黄河涨水后的施工平台,同时,在承台四周靠近河道四周筑起土坝,常水位状态下,钻机直接在漫滩位置进行施工。

主塔桩基采用2台XR400D型旋挖钻成孔,并准备1台250型回旋钻作为后备施工方案。

桩基施工主要内容为:打设钢护筒、钻孔施工、泥浆防护、清孔检测、下放钢筋笼和导管的安装、二次清孔、混凝土浇筑。

4.2.3 钻孔灌注桩施工

1)施工流程

桩基施工工艺流程如图4-6所示。

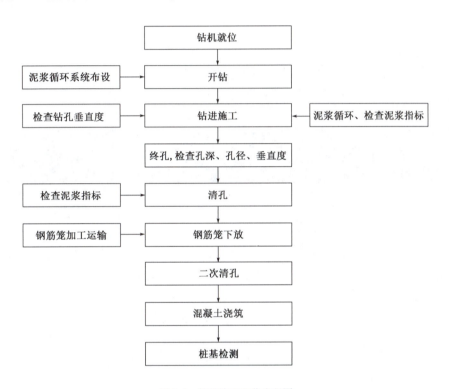

图4-6 桩基施工工艺流程图

2)泥浆制备与循环净化工艺

(1)泥浆循环系统布设

本工程桩基采用旋挖钻成孔,钻斗直接出渣。钻孔施工时泥浆采用护筒间循环泥浆系统,泥浆循环系统由泥浆池、护筒间泥浆管道、沉淀池(或其他护筒)、泥浆抽送泵等组成。同时在平台上布置一台泥浆搅拌机,进行泥浆的制备,补充钻孔内的泥浆。每台旋挖钻配置一套泥浆制备和泥浆泵设备,泥浆经过净化后循环使用。施工中应不断补充新浆,以确保泥浆的性能。布置一台泥浆净化器,泥浆经净化后进入泥浆池,后经泥浆泵抽送到孔内,同时制浆机不断制备泥浆,补足施工所需的泥浆。

泥浆循环系统流程如图4-7所示。

(2)泥浆制备

钻孔地层均以砂层和卵石层为主,泥浆性能是钻孔成败的关键。结合试桩施工经验,利用膨润土泥浆,改善泥浆性能,确保成孔质量。

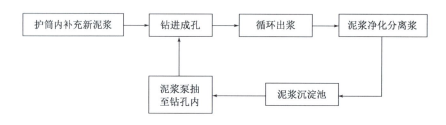

图 4-7　泥浆循环系统流程图

①制浆用原材料。

制浆采用膨润土,选用以蒙脱石为主的钙钠基膨润土,保证土具有较好的分散悬浮性和造浆性,质量等级达到二级标准。膨润土质量指标见表 4-4。

膨润土质量指标　　　　　　　　　　　　　表 4-4

项目	造浆率 (m^3/t)	失水率 (mL/30min)	含水率 (%)	湿筛分析 (0.074mm)(%)	静切力(Pa)		
					60s	10min	24h
砾石层	≥18	≤12	≤12	<4	≥18	≥25	≥40
粗砂层	12~18	12~18	≤12	<4	≥15	≥20	≥30
粉细砂层	8~12	18~25	≤12	<4	—	—	—

制浆用水从井中抽取,需过滤沉淀、检验合格后使用。

②原浆的制备。

将膨润土、水、纯碱按比例制成原浆。每立方泥浆中膨润土的含量为 6%~8%,纯碱的含量为膨润土含量的 3%~4%。先将一定量的水加入泥浆制备箱中,再按比例加入膨润土,使用 3PNL 泥浆泵产生的高速水流在池内搅拌 30min,使膨润土颗粒充分分散后,再按比例加入纯碱进行充分搅拌制成原浆。

③不同地层钻进时的泥浆性能指标。

根据钻孔所揭露地层情况,需选用的泥浆性能指标见表 4-5。

钻进过程泥浆性能指标　　　　　　　　　　　表 4-5

地层	黏度 (Pa·s)	密度 (g/cm³)	含砂率 (%)	pH 值	胶体率 (%)	失水率 (mL/30min)	泥皮厚度 (mm)
砂层、淤泥层	19~22	1.08~1.15	≤4	8~10	≥95	≤20	≤3

钻孔施工过程中,配备泥浆净化器对泥浆进行净化处理,正常施工情况下,每 4h 测定一次泥浆性能指标,以确保孔内泥浆的质量。如果发现泥浆性能较差,不能满足护壁要求时,可根据泥浆指标情况加入纯碱等处理剂,以改善泥浆性能。

当钻进至设计高程时,将钻具提离孔底 20cm 继续转动钻具,维持泥浆循环,并对泥浆性能进行调整,使泥浆性能指标达到表 4-6 的要求。

清孔后的泥浆性能指标   表 4-6

黏度 (Pa·s)	密度 (g/cm³)	含砂率 (%)	pH 值	胶体率 (%)	失水率 (mL/30min)	泥皮厚度 (mm)
17～20	1.03～1.10	<2	8～10	>98	≤15	≤2

④废浆的处理。

工程采用泥浆护壁，施工过程产生的废浆和渣土运离施工区域，避免污染环境，并排放到指定地点。

3）钻孔施工

(1)设备的选型及配置

主要设备包括钻机、吊装设备等。

①钻机的选型及配置。

钻机的选型主要从钻孔深度、钻头类型、钻机扭矩和泥浆配套设施4个方面考虑。

东岸11号主塔桩基为60根φ2.0m钻孔桩，5.0m等间距网格状布置，桩长为65m，地层为砂层和卵砾石层；西岸12号主塔桩基为50根φ2.0m钻孔桩，5.0m等间距网格状布置，桩长为58m，地层为砂层和卵砾石层。综合考虑桩径、桩长和桩位处地质情况，选用2台XR400D型旋挖钻和1台XRS1050型旋挖钻成孔，备用1台ZSD250回旋钻并配置泥浆净化器、空压机和泥浆泵等配套设备。XR400D型旋挖钻性能参数见表4-7。

XR400D型旋挖钻性能参数表   表 4-7

主要项目	单位	参 数	图 片
最大扭矩	kN·m	400	
排渣方式	—	钻斗式	
最大钻孔直径	mm	2800（带套管）	
主机外形尺寸 （工作状态）	m	10.53×5.1×28.57	
主机外形尺寸 （运输状态）	m	18.025×3.7×3.5	
主机重量	t	158（含钻头）	
最大钻孔深度	m	110	
额定功率和转速	kW 和 r/min	373 和 2100	
钻进转速	r/min	5.5～20	
整机最大行走速度	km/h	1.3	

②吊装设备选型及配置。

吊装作业主要包括钢筋笼下放接长、混凝土导管吊装和小型机具安装等。

结合现场条件及桩基布置情况，选用100t履带式起重机以及在钻孔平台上设置1台40t

门式起重机作为主要吊装设备。

门式起重机主要材料为40t行走平车,跨径46m。门式起重机采用标准工厂定制。布置如图4-8、图4-9所示。

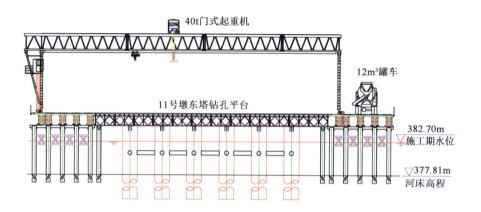

图4-8 门式起重机立面布置图

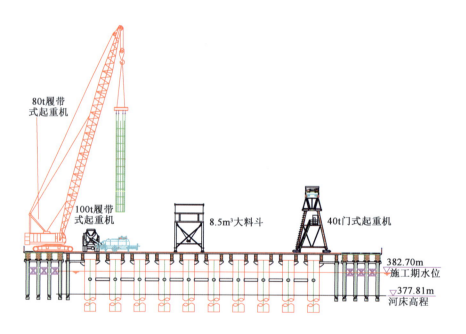

图4-9 钻孔平台门式起重机侧面布置图

(2)钻孔分区原则

东塔11号墩共60根桩,共投入3台旋挖钻分3个工作面同时施工。钻孔顺序安排的原则是:相邻孔位不同时钻进;钻机移位幅度不大。既要保证桩孔的施工不相互影响,又要使钻机的移动距离不要过远,互相干扰。钻孔顺序布置如图4-10所示,A、B、C分别代表3台钻机,数字表示钻孔顺序。

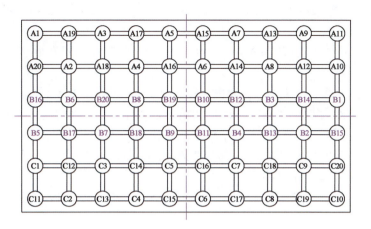

图4-10 钻机钻孔顺序布置图

西塔12号墩共50根桩,共投入两台旋挖钻分两个工作面同时施工,施工顺序从右向左同步进行。

(3)钻进工艺

工程采用旋挖钻施工工艺。

钻机就位固定后,调整钻杆垂直度,启动泥浆泵,注入调制好的泥浆,待泥浆输进护筒中一定数量后,钻头对准中心放入护筒内进行钻孔。在护筒内采取低挡慢速钻进;钻头至护筒底口附近时,保持低转速,暂停进尺,防止反穿孔,适当时间后,继续低进尺;离开护筒底口1m后方可正常钻进。

钻进时,严格观察孔内泥浆水头有无异常变化,防止塌孔。若有异常变化,首先提高孔内泥浆水头,降低钻进速度,降低转速,加大泥浆比重。若有卡钻、埋钻等现象应立即提起钻头,提高水头,研究后再钻进。

钻进时应有备用钻头,交替使用,钻头直径磨耗超过1.5cm时,应及时更换修补。

开始前应调制足够数量的泥浆,钻进过程中,如泥浆有损耗、漏失,应予补充。并应按泥浆检查规定,按时检查泥浆指标,遇土层变化应增加检查次数,并适当调整泥浆指标。根据试桩经验,在施工中主要采取以下措施:

①开始钻进时,进尺应适当控制,在护筒刃脚处,须采用低钻压、低转数钻进,并控制进尺,以确保护筒底口部位地层的稳定,当钻头钻出护筒底口2~3m后,再恢复正常钻进状态。

②钻进过程随时注意往孔内补充浆液,维持孔内的水头高度。施工中针对不同地层,通过调整泥浆浓度、钻速、钻压等措施,防止塌孔的同时,适应不同地层钻进要求,尽可能缩短成孔时间,加快进度。

③钻孔过程中,及时填写钻孔施工记录,交接班时由当班钻机班长交代接班钻机班长钻进情况及下一班应注意事项。

④钻孔作业分班连续进行;经常对钻孔泥浆进行试验,不符合要求时,及时调整;随时捞取渣样,检查土层是否有变化,当土层变化时及时报监理工程师并记入记录表中,并与地质剖面图核对。

⑤增加钻进过程中对钻机底盘 4 个角点沉降以及钻架垂直度的检测,检测频率每工作班两次。

⑥钻头达到一定深度后,此时由于孔深较深,应适当加大钻具转速及钻压,以提高钻进速率。

⑦在砂层钻进,速度不宜过快,因为快速钻进,泥浆护壁稳固性差,极易造成孔壁直立不稳而坍塌;砂层是地下水含水层,渗透性较强,在钻进过程中,钻进速度过快、护壁不好可能造成局部位置发生流砂和管涌。因此,注意控制钻进速度和加强泥浆护壁,是影响成孔质量好坏的关键所在。根据施工经验,该部分宜采用中速钻进;中间提钻和下钻时应缓慢扫动,以增加泥浆护壁能力,防止流砂和管涌出现。

⑧施工中应每 4h 检测调整泥浆一次,做好记录备查,终孔泥浆指标必须经监理检测认可后,方可拆除钻具。

(4)清孔

本工程采用两次清孔工艺,但应尽量做到一次清孔成功,保证施工质量,满足设计和规范要求。

一次清孔:当钻孔累计进尺达到孔底设计高程后,检测孔径、孔壁形状和垂直度,经监理工程师验收认可后,应立即进行反循环清孔。清孔时将钻头提离孔底 20cm 左右,钻机慢速空转,保持泥浆正常循环,同时置换泥浆。当泥浆指标达到要求后,测得孔底沉渣厚度满足设计要求值,可停止清孔,拆除钻具,移走钻机。清孔时应注意以下 3 点:

①在清孔排渣时,注意保持孔内水头,防止塌孔。

②严禁用超深成孔的方法代替清孔。

③采用优质泥浆在足够的时间内,经多次循环,将孔内的悬浮的钻渣置换出来并沉淀。

孔底沉淀厚度要求不大于 10cm,沉渣厚度宜采用 $\phi 2 \sim \phi 3$ 钢丝绳锤吊测量。

第一次清孔时,尽可能降低泥浆含砂率(控制在 0.5% 以内),保持合理的黏度及相对密度。在钢筋笼下放到位后,再次对桩底沉淀进行检测,检查孔内泥浆性能指标和孔底沉淀厚度,若不符合要求,则采用混凝土浇筑导管配合空压机或高压水泵进行二次清孔,要求泥浆指标达到相对密度 1.03~1.10,黏度 17~20Pa·s 时,含砂率 <2%,孔底沉渣厚度 <10cm。

(5)钢筋笼安装

钢筋笼加工完毕,成孔检验合格后,开始钢筋笼的吊装施工。为保证钢筋笼起吊时不变形,每节钢筋笼采用多点起吊。采用长吊绳小夹角的方法减小水平分力,起吊时顶端吊点采用专门设计的十字吊具进行吊装,并在钢筋笼内环加强圈处用钢筋加焊"十"字支撑,待钢筋笼起吊至孔口时,将"十"字支撑割除。起吊时顶端吊点采用两根等长千斤绳,根部采用一根千斤绳,吊点处设置弦形木吊垫与钢绳捆连。吊机主钩吊顶端千斤绳,副钩吊根部千斤绳,先起吊顶部千斤绳,后起吊根部千斤绳,使平卧变为斜吊,根部离开地面时,根部停止起吊,顶端吊点起吊到 90°后,拆除根部吊点及木垫,垂直吊其入孔安装。吊装流程如图 4-11 所示。

钢筋笼起吊后,按照长线法拼接的标记对位,使各钢筋的对准率达到 95% 以上。对于少数由于起吊钢筋笼变形引起的错位,可以用小型(1~3t)手动葫芦牵引就位。对于极少数错位严重的,无法进行丝扣对接,采用双面帮条焊的焊接方法解决。

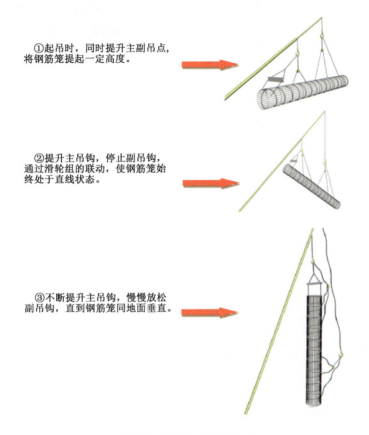

①起吊时，同时提升主副吊点，将钢筋笼提起一定高度。

②提升主吊钩，停止副吊钩，通过滑轮组的联动，使钢筋笼始终处于直线状态。

③不断提升主吊钩，慢慢放松副吊钩，直到钢筋笼同地面垂直。

图 4-11　钢筋笼下放流程图

钢筋笼安装过程中，应对准孔位轻放、慢放。当钢筋笼安装下放后，用型钢将钢筋笼固定在混凝土地面上，以承受钢筋笼自重和防止混凝土灌注过程中钢筋笼上浮。

(6) 混凝土灌注

将经水密试验合格的导管下放至导管底端距孔底约 40cm 处，浇筑混凝土前，检测沉渣厚度是否满足规范及设计要求。首批混凝土浇筑采用砍球法施工，首盘方量为 8.5m³，在首盘混凝土灌注完毕后改用小料斗混凝土浇筑。

4.3　效果评价

本工程桩基施工的重点是饱和液化砂层中超大直径桩基的成孔。一般水上施工平台在桩基施工时采用回旋钻和冲击钻较为常见，在水上平台采用旋挖钻进行施工，其潜在风险较大，1 台 XR400D 型旋挖钻单台重量为 158t，本次水上钢平台上布置 3 台 XR400D 型，总重量约为 474t，加上混凝土运输罐车 (40t)、100t 履带式起重机和钢筋笼 (165t)，钢平台上重量在 679t 以上，对钢平台设计要求较高。本工程中因桩基穿越饱和液化砂层的需要，在每个桩位打入了长 18m、直径 2.3m、壁厚 1.6cm 的钢护筒。为节约成本，同时满足承载力需要，钢平台采取护筒平台设计,利用钢护筒既作为平台的支撑结构,又作为桩基穿越饱和液化砂层的防护结构。桩基钢筋笼采用长线法进行加工,孔口钢筋笼采用机械套筒连接工艺,提高了钢筋笼加工质量。由于本工程桩基穿越饱和液化砂层,泥浆含砂率较大,采用泥砂分离设备进行清孔,提高了清孔质量。桩基检测结果均为Ⅰ类桩。

第5章 大体积承台施工

特大型桥梁最大的特点是跨越能力较强,一般修建在大江大河、高深峡谷之中,在深水中其基础承台一般采取高桩承台设计,支护形式以双壁钢套箱居多,在不具备设置高桩承台的水域中,其承台支护形式一般有双壁钢套箱、单壁钢套箱、拉森钢板桩、锁扣钢管桩等多种形式,基坑开挖方式以水下开挖为主。

其优点是在基坑开挖过程中,始终保持支护结构内外水压力平衡,减小支护结构受力,待承台封底混凝土施工完成后,抽取基坑内平衡用水。

其缺点是水下开挖过程中基坑底钢管桩四周、支护结构四周难以清理干净,水下封底时需要搭设浇筑平台,基坑底需铺设防冲击沙袋,封底混凝土顶面平整度和质量控制难度较大。

本工程承台位于黄河河道和滩涂位置,地质均为饱和液化砂层,采用拉森钢板桩作为基坑支护。为加快施工进度,避免水下封底带来的诸多问题,采用井点降水方式,实现承台基坑干开挖和干封底作业。

5.1 结构简介

11号承台尺寸为49m×29m(横桥向×顺桥向),12号承台尺寸为49m×24m(横桥向×顺桥向),两座承台高度均为6m,下设1m厚封底混凝土。

11号索塔主要设计工程材料数量:C40承台混凝土8526m³,围堰C30封底混凝土2465m³,基坑开挖土方量约23000m³,HRB400φ32钢筋472.752t,HRB400φ25钢筋192.498t,HRB400φ16钢筋104.882t,冷却水管7.84t。11号索塔基础结构如图5-1所示。

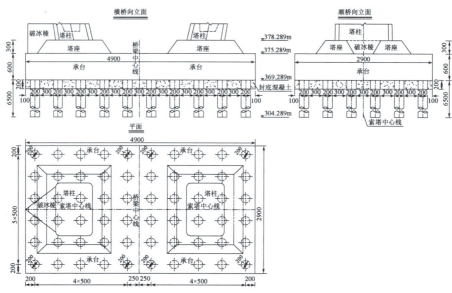

图5-1 11号索塔基础结构图(尺寸单位:mm)

12号索塔主要设计工程材料数量:C40承台混凝土7056m³,围堰C30封底混凝土2352m³,基坑开挖土方量约18000m³,HRB400φ32钢筋389.7t,HRB400φ25钢筋166.6t,HRB400φ16钢筋88t,冷却水管6.47t。12号索塔基础结构如图5-2所示。

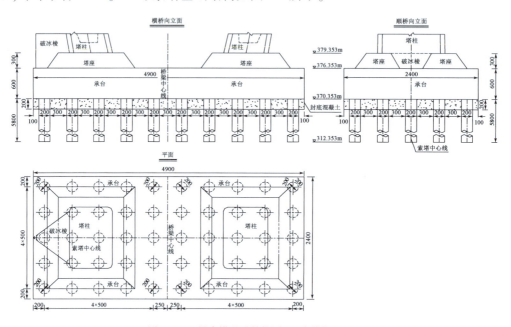

图5-2 12号索塔基础结构图(尺寸单位:mm)

5.2 施工工艺及施工方法

根据地质条件、水文条件,11号、12号索塔承台均处在细砂层,考虑施工成本、施工进度、难易程度、材料设备投入、实施性及安全质量等方面的因素,两座承台施工均采用钢板桩围堰作为施工围护结构。

5.2.1 总体工艺流程

(1)在承台四周利用履带式起重机和振动锤插打拉森Ⅳ型钢板桩,在钢板桩外侧施工降水井,进行井点降水。井点降水平面布置如图5-3所示。

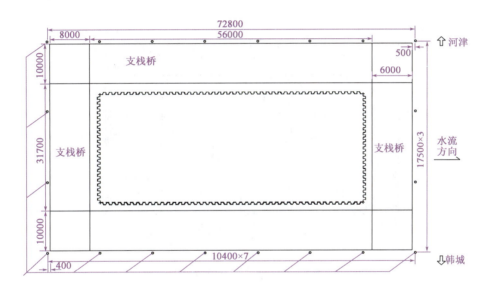

图5-3 井点降水平面布置图(尺寸单位:mm)

(2)安装第一道钢围檩和钢支撑,采用长臂挖机进行基坑土方开挖。第一道钢支撑断面示意如图5-4所示。

(3)开挖土方至第二道钢支撑以下50cm处安装第二道钢支撑及第一层钢支撑与第二道钢支撑之间的连接。第二道钢支撑断面示意如图5-5所示。

(4)将小挖机放置于基坑内继续进行基坑土方开挖,门式起重机和吊车配合出土,开挖至第三道钢支撑以下50cm处,安装第三道钢支撑。第三道钢支撑断面示意如图5-6所示。

(5)第三道钢支撑安装完成后,继续开挖基坑至封底混凝土底面,并利用高压水枪清理钢板桩和钢筒四周淤泥,做好封底准备。基坑开挖示意如图5-7所示。

(6)清底结束后,进行承台干封底施工,施工过程中,在承台四周开挖排水沟和集水坑。封底混凝土厚度为1m。封底混凝土浇筑示意如图5-8所示。

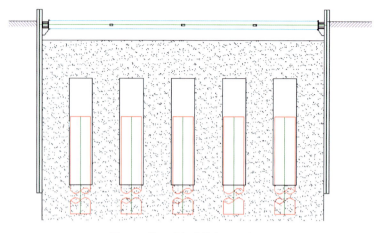

图 5-4　第一道钢支撑断面示意图

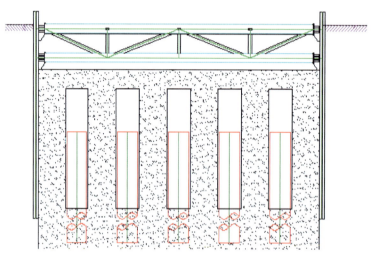

图 5-5　第二道钢支撑断面示意图

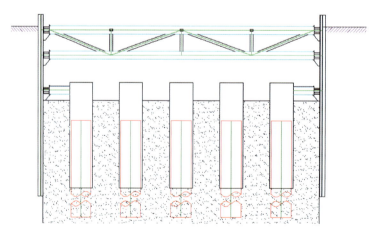

图 5-6　第三道钢支撑断面示意图

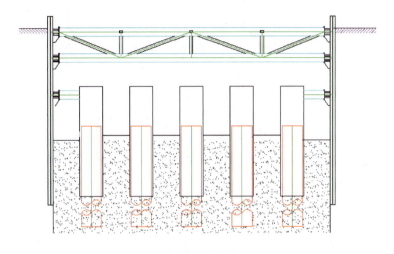

图 5-7 基坑开挖示意图

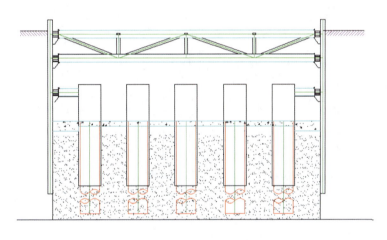

图 5-8 封底混凝土浇筑示意图

(7)封底混凝土结束后,拆除第三道钢支撑,割除多余护筒,破除桩头混凝土,安装竖向格构柱。第三道钢支撑拆除示意如图 5-9 所示。

(8)绑扎第一层 4m 高承台钢筋,安装冷却水管、承台模板,浇筑承台混凝土,模板拆除,基坑四周回填。第一层混凝土浇筑示意如图 5-10 所示。

(9)施工缝凿毛处理,绑扎第二层 2m 高承台钢筋,安装冷却水管、承台模板,预埋下横梁、0 号块钢梁支撑预埋件、塔式起重机电梯预埋件、塔座预埋钢筋,浇筑承台混凝土,模板拆除,基坑四周回填。第二层混凝土浇筑示意如图 5-11 所示。

(10)拆除一、二道与塔座冲突的钢支撑绑扎塔座钢筋、支立模板、浇筑塔座混凝土,安装预埋钢管至原地面以上或施工平台位置。钢支撑拆除示意如图 5-12 所示。

(11)施工起步节段塔柱,转为地面以上施工,安装塔式起重机及电梯,拆除第一道、第二道剩余钢支撑,拔除钢板桩。承台施工完成示意如图 5-13 所示。

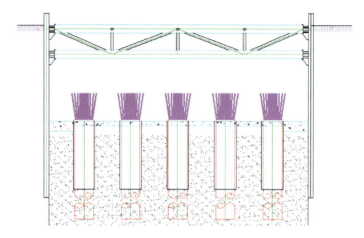

图 5-9　第三道钢支撑拆除示意图

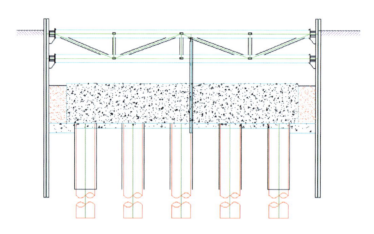

图 5-10　第一层混凝土浇筑示意图

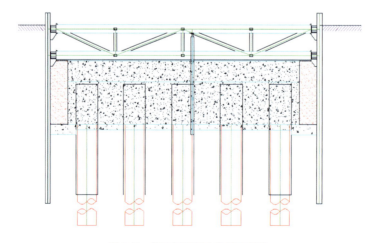

图 5-11　第二层混凝土浇筑示意图

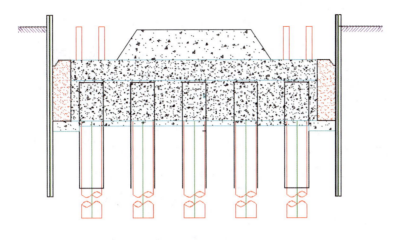

图 5-12　钢支撑拆除示意图

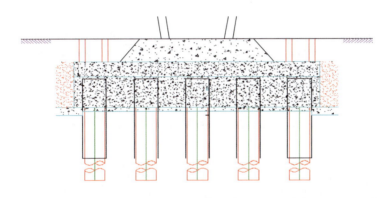

图 5-13　承台施工完成示意图

5.2.2　钢板桩围堰插打

桩基施工完成后,沿承台四周采用履带式起重机+DZ90振动沉桩锤插打钢板桩围堰支护。DZ90型振动锤的主要技术性能如下:电机功率为90kW;击振力为677kN,振动锤质量为5864kg,允许拔桩力400kN。

钢板桩为拉森Ⅳ型,宽600mm,11号承台钢板桩长21m,采用18m和3m钢板桩对接,12号钢板桩长18m,钢围檩为双拼582×300H型钢,钢支撑为 $\phi 820 \times 10$ 钢管,钢围檩下每间隔5m左右设置一个钢板牛腿,对撑与钢围檩焊接连接,斜撑与钢围檩采用钢牛腿焊接。

承台钢板桩支护平面示意如图5-14所示。

钢板桩插打从上游中间开始,第一根钢板桩位置应准确、垂直,以第一根钢板桩为基准,向两侧对称插打钢板桩。合龙口的位置选择在下游侧某个角点附近,以保证其垂直、准确。

在插打前先在外围钢护筒上设置导向架,导向架设两层,通过焊接在钢护筒上的牛腿支撑导梁。承台钢板桩插打示意如图5-15所示。

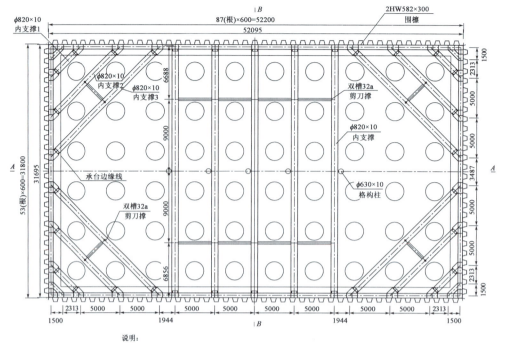

说明：
1. 本图尺寸除特殊说明外，其余均以mm计。
2. 围堰采用拉森Ⅳw钢板桩，钢板桩长度21m，插入封底混凝土底面以下河床按6m控制。
3. 本图仅适用于主桥11号索塔。

a) 主桥11号索塔钢板桩围堰平面结构

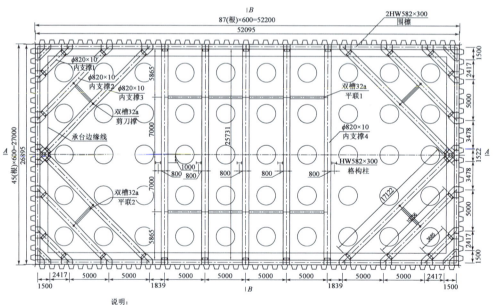

说明：
1. 本图尺寸除特殊说明外，其余均以mm计。
2. 围堰采用拉森Ⅳw钢板桩，钢板桩长度18m，插入封底混凝土底面以下河床按5.5m控制。
3. 本图仅适用于主桥12号索塔。

b) 主桥12号索塔钢板桩围堰平面结构

图5-14 承台钢板桩支护平面示意图

图 5-15　承台钢板桩插打示意图

5.2.3　井点降水

钢板桩施工完成后,在承台四周设置降水井,进行基坑降水。

1)工艺流程

施工工艺流程如图 5-16 所示。

2)降水井的设计和平面布置

井管选用 $\phi 400$ 无砂混凝土管,通过钻孔、安放井管和抽水设备,建立起井点降水系统进行基坑降水。在干封底完成后,承台浇筑完成前,封掉部分降水井,留置一部分继续降水,保持围堰外侧水土压力稳定,待承台基坑回填后封闭所有降水井。

主桥 12 号基坑降水井布置如图 5-17 所示。经过模拟计算,主桥 12 号基坑周边设置 20 口降水井(长边各 8 口,短边各 2 口)降水后,围护桩外围长边一侧水位埋深为 8.7m,短边一侧水位埋深为 6.2m,无法满足降水深度要求,故对降水井数量进行调整,将长边由 8 口调整为 10 口,短边由 2 口调整为 4 口,共计设置 28 口降水井。11 号墩由于处于河流中心位置,在其四周设置 48 口降水井。

3)成井工艺

(1)井孔定位:根据井位设计进行放线定位。

(2)做井口:在井口安放护筒。

(3)钻机就位钻孔:采用打井机钻孔至设计高程,使用泥浆护壁钻进,孔径不小于 600mm,钻孔垂直度偏差不大于 1%。

(4)填井底砂:用粗砂和砾石回填井底作滤层。

(5)井管制作:管道所采用的碎石粒径不大于 1cm,在预制井管时,控制好无砂混凝土配合比,尽可能减少胶凝材料的使用,保证管道具有较强的渗漏性。

(6)井管安装:井管选用 $\phi 400$、长 1m、壁厚 5cm 的无砂混凝土管,井下部 3m 的滤水管外包尼龙滤网,先将无砂混凝土井管排列、组合,每节井管两端口找平,用竹片捆扎以免脱落。

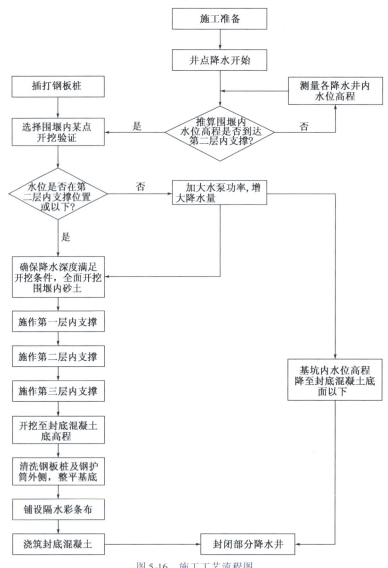

图 5-16 施工工艺流程图

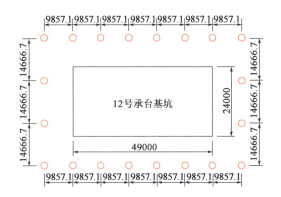

图 5-17 主桥 12 号基坑降水井布置图(尺寸单位:mm)

(7)填砂:采用6~8mm粒径粗砂,回填井管周围。

(8)安装水泵及控制电路:泵体安装要稳定,泵轴垂直,接好电源和控制线路。

(9)试抽水:经检查合格后进行试抽水,以检查抽水设备运转是否正常,检查各个接头在试抽水时是否有漏气现象,发现漏气应重新连接,直至不漏气为止;测定抽水井的流量及观测井管内的水位变化,对照设计确定是否满足要求。

4)降水运行及监测

降水过程从钢板桩插打前开始,水位降至基坑封底混凝土底以下50cm时,降低抽水速率,使基底水位保持不变。

降水井施工完成后,应立即投入预抽水,预抽水应提前在基坑开挖前20d以上进行。基坑开挖后,根据开挖进度,控制井内水位在一定深度内,水位如有上升,应更换大功率水泵或增加抽水频率,对于出水量较大的井,每天开泵抽水次数也应增多。

做好抽水量、水位的动态情况及监测记录,及时将每个井的实际位置和实际出水量汇总统计,利用群井抽水试验资料修正参数,同时根据基坑开挖和支撑施工的工况对降水方案进一步细化,确定各工况下开井的数量及所需水位深度,以指导降水运行。

5.2.4 基坑开挖

12号承台采用长臂挖机和小挖机进行基坑开挖,吊车、爪斗配合出渣,并逐层安装第一道、第二道、第三道钢围檩和钢支撑,开挖至封底混凝土底面后,进行基底清理、钢板桩和钢护筒四周清洗,浇筑封底混凝土,拆除第三道钢围檩和钢支撑,割除钢护筒,基底、桩头清理修整,分两次施工承台(4m、2m)。11号承台采用长臂挖机和抽砂船进行基坑开挖,围护结构工序同12号,分3次施工承台(每层2m)。承台基坑开挖如图5-18所示。

图5-18 承台基坑开挖

5.2.5 封底混凝土施工

开挖至基坑底面后,先采用高压射水清理钢板桩内侧表面、钢护筒外侧面,防止封底混凝土与钢板桩、钢护筒表面之间形成渗漏通道。然后在封底混凝土底面每间隔5m顺桥向布置一根直径10cm排水盲管,盲管外包裹土工布,并在盲管上覆盖一层彩条布,再浇筑封底混凝土,封底混凝土厚度为1m。封底完成后,拆除第三道钢围檩和钢支撑,进行承台浇筑作业。基坑底排水盲管设置如图5-19所示。

5.2.6 承台桩头破除

封底混凝土浇筑完成后,割除钢护筒,复核桩头高程,对未清理到位的桩头进行破除或修整。承台桩头破除如图 5-20 所示。

图 5-19 基坑底排水盲管设置

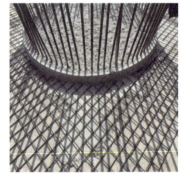

图 5-20 承台桩头破除

5.2.7 承台钢筋安装

承台分次进行浇筑,12 号承台第一次浇筑高度为 4m,第二次浇筑高度为 2m;11 号承台分 3 次浇筑承台,每次浇筑高度为 2m,按大体积混凝土温控措施进行施工,内部布设 6 层冷却水管,并进行大体积温控计算。

承台钢筋集中加工,运输至现场进行绑扎,主筋之间采用直螺纹套筒进行连接,箍筋采用搭接焊进行连接,单面焊,焊缝长度为 10 倍钢筋直径,接头错开率为 50%,承台四周每平方米设置 4 个 C40 混凝土垫块,承台内采用∟10 角钢焊接骨架,作为钢筋支撑骨架,角钢顺桥向、横桥向布置间距为 2.4m,水平方向间距为 1m,第一层位置与冷却水管相同,作为冷却水管的支撑结构。承台钢筋支撑如图 5-21 所示。

 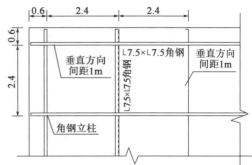

图 5-21 承台钢筋支撑(尺寸单位:m)

5.2.8 承台模板安装

承台使用大块定型钢模板,投入 2m 和 2.25m 高的钢模板各一套,进行翻模施工,11 号和 12 号承台周转使用,模板使用前进行打磨处理,涂刷脱模剂,模板拼缝之间粘贴双面胶条,采用定位销进行模板拼装,控制其模板拼缝小于 1mm,加固形式采取内拉外撑的方式进行,间距为 0.6m,采用 M22 螺栓进行连接,拉杆直径为 25mm。承台模板拼缝处理如图 5-22 所示。

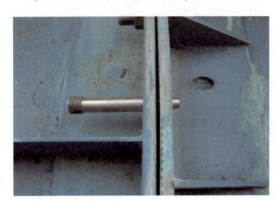 

图 5-22 承台模板拼缝处理

5.2.9 温控措施

主桥承台为大体积混凝土,且 12 号承台长宽比大于 2∶1,长宽方向膨胀收缩量相差较大,应力集中在长边中部和边角。承台施工时间为冬季,环境温度较低,混凝土内表温差较难控制,出现裂缝的风险较大,通过有限元计算方法模拟实际施工过程,对承台混凝土施工进行仿真计算。考虑混凝土浇筑过程中的分层、温度、施工间歇,结合混凝土内部水化反应的放热规律、冷却水管布置方式、混凝土物理力学性能变化等影响因素,通过对混凝土通水达到降温效果。12 号和 11 号承台施工冷却水循环系统分别如图 5-23 和图 5-24 所示。

冷却水管采用 $\phi 42 \times 2.5$ 钢管制作。11 号承台水管之间通过黑橡胶管连接,12 号承台水管间通过丝扣连接。冷却水管弯头和接头如图 5-25 所示。

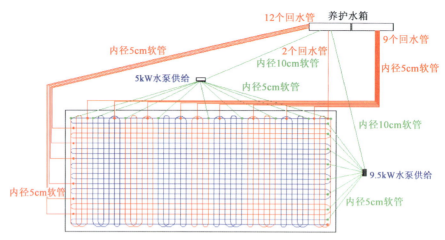

图 5-23　12 号承台施工冷却水循环系统

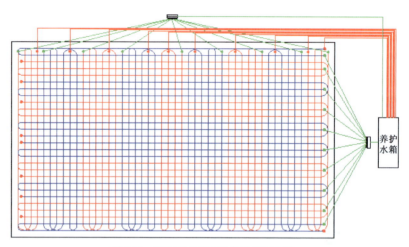

图 5-24　11 号承台施工冷却水循环系统

依据温控标准给出的混凝土内部最高温度及混凝土内部温度的分布特征,拟定 11 号承台布设 6 层冷却水管,3 个浇筑层各布设 2 层。水管的水平与垂直方向管距均为 1m,冷却管与各层混凝土上下面的距离均为 0.5m,距承台侧面 1m。其中,奇数层为 8 套冷却水管,偶数层为 10 套冷却水管,每套管长不超过 150m,上下层交错布置。

12 号承台共布设 4 层冷却水管,其中第一浇筑层布设 3 层,3 层水管分别距封底混凝土 1m、2m、3m。水管垂直方向管间距为 1m,水平间距为 1m,距混凝土侧面 1m。其中第一层和第三层采用 8 套水管,第二层采用 10 套水管,每套水管长度不超过 150m,上下层交错布置。第二浇筑层布设 1 层,水管距上层混凝土 1m。水管水平间距为 1m。第二层承台共设 10 套冷却水管,每套冷却水管长度不超过 150m。

冷却水采用井水,利用混凝土侧面与围堰间的空隙作为蓄水池进行冷却水循环。冷却水经离心泵抽取进入分水器,再由分水器各出口输入承台冷却水进水管。承台冷却水出水直接排入蓄水池。冷却水系统由现场专人管理,保障蓄水池内冷却水的供给和水泵的正常工作。承台冷却水循环情况良好,出水口水流量可以满足温控要求。冷却水管接头如图 5-26 所示。

图 5-25 冷却水管弯头和接头

图 5-26 冷却水管接头

5.2.10 承台混凝土浇筑

承台混凝土按横桥向从一端向另一端的顺序进行分层平铺浇筑,单层厚度不超过 30cm。承台混凝土浇筑采用泵送入模,插入式振捣器振捣,人工抹面的施工工艺。振捣采取快插慢拔方式,振捣棒分前、中、后三段布置,前面为混凝土出料口布置一台,中间布置一台,后面为坡脚处布置一台。

承台浇筑过程中开始冷却管通水。浇筑完混凝土后,顶面采用复合土工布覆盖保温。同时根据环境气温变化,及时调整保温层厚度,当气温较高、温降较缓时,减少保温层厚度,加速降温;当气温较低、温降较快时,增加保温层厚度,减缓降温,确保混凝土内外温差控制在 25℃以内。

混凝土浇筑时的冷却水循环示意如图 5-27 所示,覆盖保温措施如图 5-28 所示。

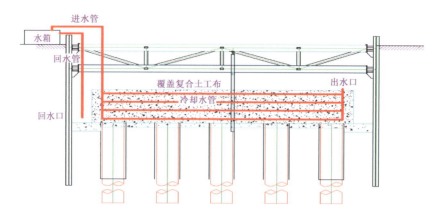

图 5-27 混凝土浇筑时的冷却水循环示意图

图 5-28 混凝土浇筑时的覆盖保温措施

5.3 效果评价

承台采用拉森Ⅳ型钢板桩,11号承台钢板桩长度为21m,12号承台钢板桩长度为18m,采用履带式起重机和90型振动锤进行打设,在饱和液化砂层中插打钢板桩时,因振动致使桩体周围砂层挤密,桩体四周摩擦力增加,钢板桩难以施打到位,为此采用引孔工艺(图5-29)进行辅助,对钢板桩桩位先采用长螺旋钻机进行钻孔,再插打钢板桩,经此改进,提高了钢板桩插打速度和安装精度。

11号索塔位于黄河河道之中,12号索塔位于黄河漫滩之上,地下水位距原地面约为2m,以往常规施工工艺为钢板桩支护、水下吸泥抽砂开挖、水下封底、分次施工承台,其难点在于水下开挖时,基底高程难以控制,钢板桩、护筒四周难以清理到位,水下封底时因无法直视,封底质量难以保证,封底混凝土顶面平整度难以控制,且投入较大(水下吸泥抽砂设备的加工、封底平台的搭设、封底设备的加工等),施工周期较长。经过对钢围堰支护结构的计算分析,发现水压力是影响钢板桩围护结构安全的重要因素,结合现场实际情况,在承台四周设置井点降水。12号承台位于黄河滩涂位置,距离河道较远,在承台四周设置了28口降水井,将地下水位降低至承台封底混凝土以下,然后对基坑进行干开挖和干封底;11号承台位于黄河河道位置,距离黄河较近,在其四周设置了48口降水井,降低地下水位,减小水压力对钢板桩的影响,采用抽砂船和长臂挖机同时开挖的方式进行作业,加快了施工进度,提高了封底混凝土质量和平整度。同时通过基坑底设置的排水盲管,解决了基坑底渗漏的问题,塔座大倾角斜面使用模板布,提高了大倾角斜面混凝土的外观质量。

图 5-29　钢板桩长螺旋引孔

通过采取以上措施,本工程承台施工过程顺利,未出现任何质量、安全问题,取得了良好的效果。

第6章 索塔施工

特大型桥梁索塔一般分为混凝土塔和钢塔，受混凝土因素、刚度的影响，混凝土塔较为普遍。混凝土索塔的施工可视其结构、体形、材料、施工设备和设计综合考虑选用合适的方法。裸塔施工宜用爬模法，索塔横梁施工时应根据其结构、重量及支撑高度设置可靠的模板和支撑系统，考虑弹性和非弹性变形、支承下沉、温差及日照的影响，必要时应设支承千斤顶调控，体积过大的横梁可为二次浇筑。

本工程索塔为 H 形塔，混凝土结构，采用液压爬模系统，按 6m 一个节段进行施工，上下横梁异步施工，采用支架和托架工艺。

6.1 结构简介

11 号、12 号索塔均为双柱式，采用塔墩固结、塔梁分离体系。索塔为 H 形索塔，采用单箱单室空心箱形截面，塔柱四角采用半径为 0.5m 的倒角来增加立体感，设上、下两道横梁。11 号和 12 号索塔结构示意图如图 6-1 和图 6-2 所示。

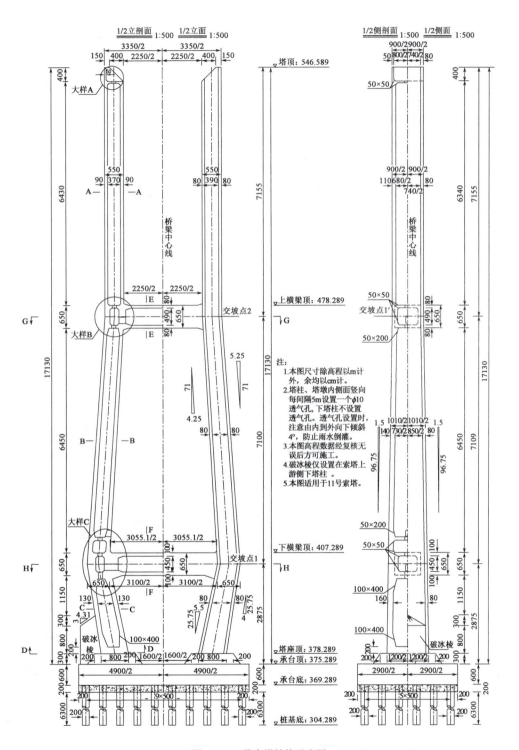

图6-1 11号索塔结构示意图

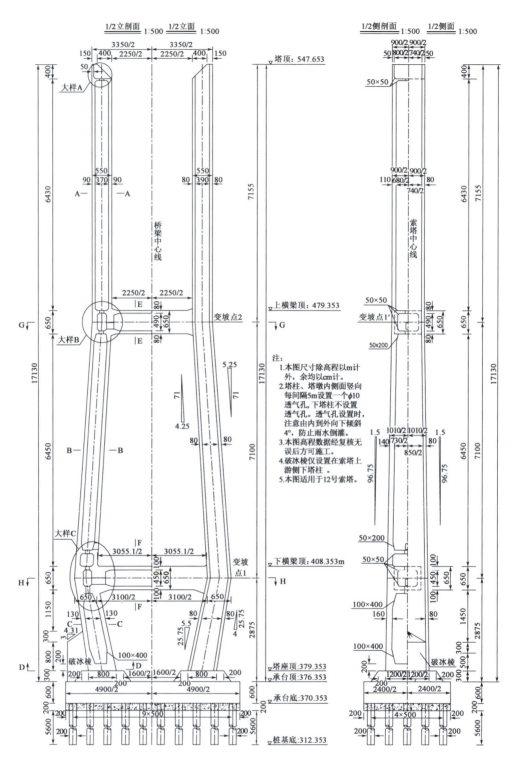

图 6-2 索塔结构示意图

11号、12号索塔分为上塔柱、中塔柱和下塔柱。其中上塔柱高71.55m,中塔柱高71m,下塔柱高25.75m,塔座高3m,索塔总高(塔座顶至塔顶)168.3m。上塔柱为等截面,截面尺寸为9.0m×5.5m(顺桥向×横桥向),横桥向壁厚0.9m,顺桥向壁厚1.1m;中塔柱为变截面,截面尺寸由9.0m×5.5m(顺桥向×横桥向)变化至11.202m×6.5m(顺桥向×横桥向),横桥向壁厚由0.9m变化至1.3m,顺桥向壁厚1.4m;下塔柱为变截面,两索塔截面尺寸由11.202m×6.5m(顺桥向×横桥向)变化至12.0m×8.0m(顺桥向×横桥向),横桥向壁厚1.3m,顺桥向壁厚1.6m。塔柱为单箱单室钢筋混凝土结构。

索塔横梁采用等截面单箱单室预应力混凝土结构。上横梁长22.5m,宽7.4m,高6.5m;顶底腹板壁厚均为0.8m;采用15-15预应力钢绞线,共布设40束。下横梁长31m,宽7.4m,高6.5m;顶底腹板厚度均为1m;采用15-19预应力钢绞线,共布设68束。

拉索塔上锚固区采用钢锚梁构造,塔壁四周布置环向预应力。采用ϕ_s15.2-12钢绞线,沿高度方向以0.45~0.55m间距布置。

每个主塔共有23对拉索,锚固于塔柱内的46个钢锚梁上。钢锚梁为箱形结构,由锚垫板、加劲板、腹板、顶板、底板及承压板板等组成。拉索张拉过程中,拉索锚头作用于锚垫板上,通过锚下腹板和锚下加劲板将压力传给腹板,并通过连接在塔柱内壁上的钢牛腿将钢锚梁所承受的压力传递给桥塔。钢牛腿上设聚四氟乙烯板,钢锚梁支撑在聚四氟乙烯板上。钢牛腿与塔柱内壁预埋钢板焊接,预埋钢板通过剪力钉与塔柱连接。斜拉索张拉时,钢牛腿与钢锚梁之间的螺栓处于松弛状态,可沿顺桥向有一定位移;斜拉索张拉到位后,拧紧螺栓,将钢牛腿与钢锚梁固定。

大桥索塔主要工程数量见表6-1。

索塔工程数量统计表 表6-1

序号	名称	规格	单位	数量	备注
1	混凝土	C50	m³	28568.6	
2	钢绞线	ϕ_s15.2	kg	262043	
3	钢筋	HRB400	kg	5280356	
4	劲性骨架	型钢	kg	494516	
5	钢材	钢板	kg	1408947	钢锚梁、牛腿
6	钢材	钢管	kg	39196	索管

6.2 总体施工工艺

根据索塔的结构形式及施工需要,索塔选择以下主要工艺进行施工。

(1)塔柱第1节段采用自由支模,其余塔柱节段采用液压自爬模系统进行施工。

(2)下横梁采用落地钢管+贝雷梁支架进行现浇,上横梁采用钢牛腿+贝雷梁支架进行施工,上、下横梁与塔柱异步进行施工。

索塔施工工艺流程如图6-3所示。

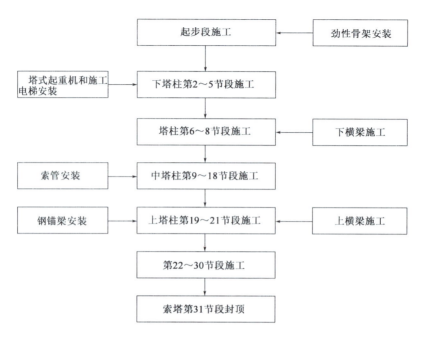

图 6-3　索塔施工工艺流程图

6.2.1　主要设备设施的选型及布置

1) 塔式起重机和施工电梯选型及布置

根据索塔结构特点、安装高度、单块最大起吊重量(最大单块起吊重量为塔柱钢锚梁构件重 16.8t)以及塔式起重机布置,结合塔式起重机抗风性能要求,每座塔柱采用 2 台 TC7052A-25 型塔式起重机作为索塔施工垂直起重设备。塔式起重机臂长 45m,采用四倍率滑轮组合塔式起重机,每个塔柱安装 1 台塔式起重机,共 4 台。

每个塔柱各安装 2 个单笼电梯,电梯选用 SCQ200GP 型施工载人电梯。电梯从塔座开始一直到塔顶。塔式起重机和施工电梯布置如图 6-4 所示。

2) 混凝土生产、输送设备

(1) 混凝土生产设备

索塔混凝土采用 1 台 HZS90 型和 1 台 HZS120 型混凝土拌和站施工,8 辆混凝土搅拌运输车运输至现场。

(2) 混凝土泵送设备

考虑泵送高度和泵送能力,索塔混凝土输送采用 1 台型号为 HBT80E-1813 的高压泵。在浇筑塔柱时,混凝土由搅拌运输车送至施工现场,再通过混凝土泵送至浇筑点。

混凝土垂直输送管附着在塔内,随塔高上升,每个塔柱铺设一路管道,用卡具固定在泵管架上,并间隔 30m 用钢丝绳挂于塔柱上。输送管直径为 125mm,工作面连接软管对称布料,方便人员操作。

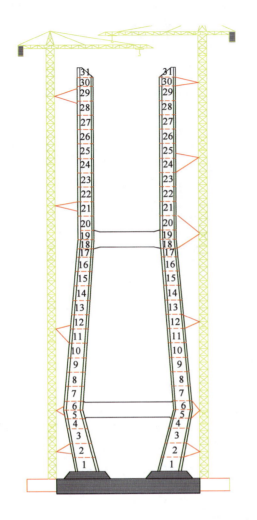 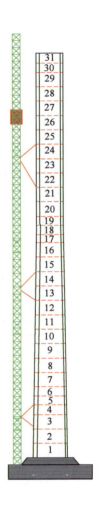

图 6-4　塔式起重机和施工电梯布置图

3）供水设备

用 2 台高压多级水泵向上供水，水管分布在塔柱横桥向的左右两侧，由吸水泵直接从蓄水池抽水，泵送至塔柱作业面。当塔柱施工至上横梁时设置接力水泵，在横梁上设置水箱，由水泵向上供水。

4）供电设备

现场施工供电主要满足塔式起重机（60kW）、电梯（22kW）、振捣（22kW）、照明供水（20kW）等供电，左右塔柱随塔式起重机标准节段布置垂直动力电缆，在塔柱施工工作面设小型配电箱，以满足电焊机、振捣器、照明等电力需要。

5）液压爬模系统

大桥 H 形索塔横桥向及顺桥向沿高度均呈小角度倾斜状态，采用液压爬模系统施工，大幅提升了施工效率。液压爬模施工流程如图 6-5 所示。

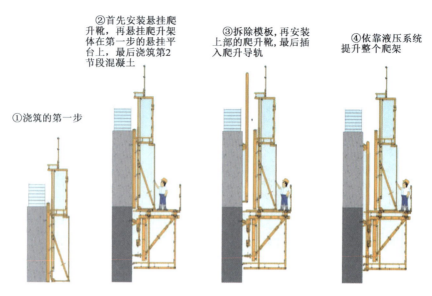

图 6-5 液压爬模施工流程图

6.2.2 塔柱施工

索塔共划分为 31 个节段,具体划分情况如下:

下塔柱实心段与倒角段同步浇筑,高度为 6m,为第 1 节段(起步段)。下塔柱第 2 节段开始采用爬模进行施工。

塔柱与下横梁交汇段 6.5m 高,分两节段浇筑。塔柱浇筑至第 8 节段后,开始支架现浇下横梁。

中塔柱至上横梁交汇处,即第 7~17 节段为标准浇筑节段高度为 6m,节段按照钢锚梁预埋板高度进行适当调整分块。

塔柱与上横梁交汇段 6.5m 高,分为两节浇筑,先浇筑完成上塔柱 21 节段后,再浇筑上横梁。

上塔柱至塔顶交汇处,即第 20~31 节段为标准浇筑节段,高度为 6m,节段按照钢锚梁预埋板高度进行适当调整分块。

1) 下塔柱施工

第 1 节段浇筑:第 1 节段、模板下口混凝土浇筑前用砂浆封堵,防止混凝土浇筑时跑浆,所有模板拼缝口粘双面胶,如图 6-6 所示。

第 1 节段施工工艺流程如图 6-7 所示。

第 2 节段浇筑:使用液压自爬模的专用模板进行第 2 节段施工,节段浇筑高度为 6m。在第 2 节段施工中注意模板下口用拉杆压紧。第 2 节段浇筑施工时采用液压爬模施工支架作为施工平台。在下塔柱第 2 节段浇筑完成后,开始安装液压爬模上支架及爬轨,使其初步具备液压爬模自行爬行的体系转换功能,如图 6-8 所示。

第 3、4 节段浇筑:下塔柱第二分段完成后,爬升液压爬模上支架体,开始进行以上节段的施工,同时安装爬模下吊架平台,完成液压爬模体系安装,与下横梁交界处采用竹胶板预留钢筋进行施工,如图 6-9 所示。

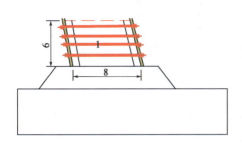

图 6-6　第 1 节段模板加固示意图(尺寸单位:m)

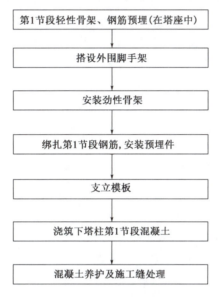

图 6-7　第 1 节段施工工艺流程

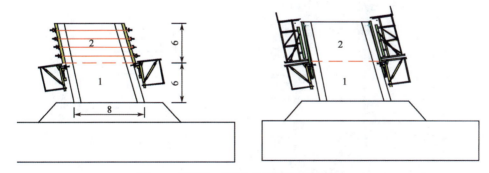

图 6-8　模板第二节段浇筑示意图(尺寸单位:m)

2) 中塔柱施工

中塔柱以下按液压爬模施工流程进行施工,在中塔柱第 2 节段(即塔柱总体分节第 8 节)施工时安装内井筒吊爬模架体,在塔柱第 9 节混凝土浇筑前完成下横梁施工,如图 6-10 所示。

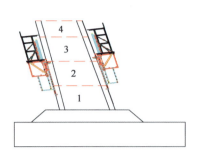

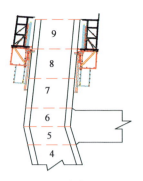

图6-9 模板第3、4节段浇筑示意图　　图6-10 中塔柱施工

中塔柱施工时应注意以下事项:顺桥向外侧及横桥向爬模均要在中塔柱第2节段完成全部的安装,在第2节段混凝土施工时安装好下平台立杆及平台铺板,挂设安全网,混凝土浇筑时控制浇筑高度并确保混凝土面的平整度。对于液压爬模不能兼顾的地方,搭设临时跳板,以确保安全施工。

重复中塔柱第2节施工步骤,进行其余各层段施工。

索塔横桥向外侧向内倾斜度为5.25∶71,中塔柱总高度为71m,施工过程中处于单悬臂状态。受外侧倾斜度影响,索塔截面重心不断向内侧偏移,自重及爬模荷载会在中塔柱根部产生附加弯矩,同时影响索塔整体线形。为消除自重及施工荷载所产生的附加弯矩,每隔一定的施工节段,在两塔肢间增设一道大直径钢管支撑作为主塔施工临时撑杆。

中塔柱共设置三道主动横撑,从上横梁顶面向上的高度依次为11.87m、17.95m、17.95m,如图6-11所示。单道主动横撑结构采用$\phi 820 \times 10$钢管。

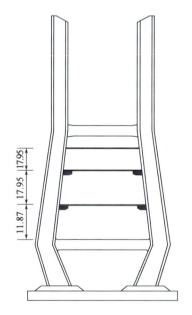

图6-11 中塔柱主动横撑总体布置图(尺寸单位:m)

中塔柱施工至主动横撑安装节段,预留预埋件,待预埋件从爬模底平台露出后,安装主动横撑钢管立柱和平联,采用塔式起重机整体吊装。吊装完成后在横撑一端设置千斤顶施力系统,2 台液压千斤顶在水平横撑钢管两端同步施加顶推力。水平钢管施加力的同时应观测水平横撑的挠度和塔柱的变形情况,顶撑力满足要求后,停止施加,用连接钢板将钢管与横撑支座焊接固定,千斤顶回油、卸落。横撑总体结构如图 6-12 所示。

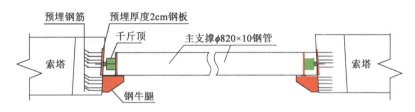

图 6-12　横撑总体结构图

3)上塔柱施工

上塔柱仍采用液压爬模施工,施工至顶端非标准节段时,内模采用 10cm×10cm 方木 + 20mm 厚胶板。方木间距为 40cm,后设双拼槽钢背带,竖向间距为 1m。内外模板之间采用拉杆加固,内箱模板之间设置型钢顶撑。

4)钢锚梁施工

斜拉索塔端锚固处设置钢锚梁,单个索塔共计 23 对斜拉索,全部锚固在钢锚梁上。钢锚梁采用箱形结构,经专业厂家加工,陆运至场地内,用塔式起重机安装。钢锚梁结构如图 6-13 所示。

图 6-13　钢锚梁结构图

(1)吊具设计

吊具采用钢扁担结构,由钢板、型钢焊制。吊具系统委托专业厂家加工。锚箱吊耳与吊具吊耳采用钢丝绳、卡环连接,钢丝绳、卡环按最大吊重 30t 进行选择。吊具结构示意如图 6-14 所示。

(2)钢锚梁吊装

钢锚梁采用四点起吊,临时吊点设置在顺桥向两侧。钢锚梁吊装示意如图 6-15 所示。

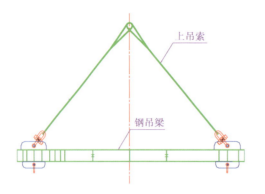

图 6-14　吊具结构示意图

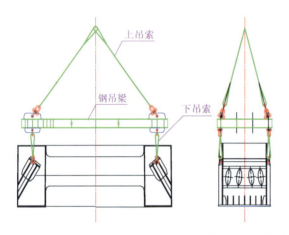

图 6-15　钢锚梁吊装示意图

(3) 施工工艺流程

劲性骨架安装完成后如图 6-16 所示。用全站仪进行斜拉索导管的平面与高程定位后，绑扎索塔普通钢筋，再依据索导管位置安装预埋板、固定牢靠，然后在预埋钢板上放样出索轴线，焊接钢牛腿、安装钢锚梁。

预埋索导管的安装在组合式钢锚梁安装定位后进行，此时索导管与塔柱内壁的控制点(直接在钢牛腿上用油漆标示)坐标也已确定(由钢锚梁的安装精度决定)，只需复测钢套筒下端口(在劲性骨架横杆上标示)控制点的安装精度。如不满足 5mm 的精度要求，则在满足平顺度要求的前提下对下端口位置进行微调，直至偏差小于 5mm(此时钢锚梁壁板连接螺栓无须紧固到位，为调整留有间隙)。

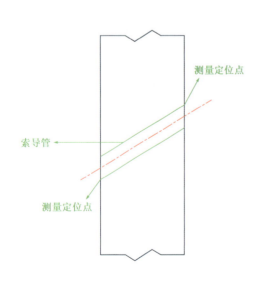

图 6-16　索导管测量定位示意图

塔端斜拉索锚固系统主要由预埋板、预埋管、牛腿及钢锚梁构成，施工方法如图 6-17 所示。

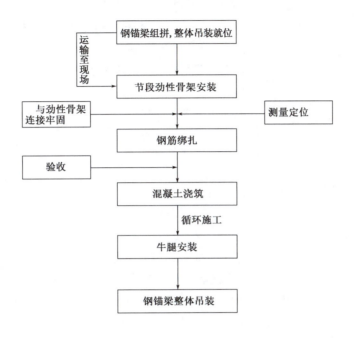

图 6-17　钢锚梁安装流程示意图

斜拉索锚固系统施工如图 6-18 所示。

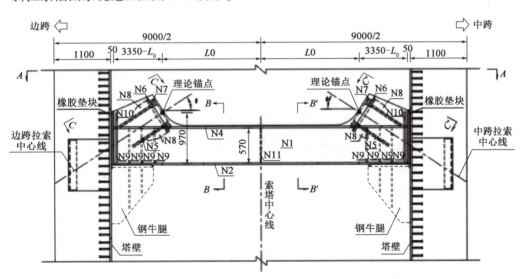

图 6-18　钢锚梁安装位置示意图（尺寸单位：mm）

（4）首节钢锚梁安装

首节安装需要重点预控壁板的高程、平面位置以及壁板之间的相对高差。其施工工艺流

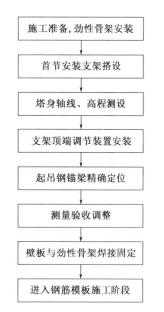

图 6-19　首节钢锚梁安装施工工艺流程图

程如图 6-19 所示。

第 1 节钢锚梁安装在第 19 节塔柱混凝土浇筑完成、第 20 节塔柱的劲性骨架接高到位后进行。钢锚梁梁体底面距上塔柱内腔的底面高度为 2.8m,为便于准确安装调整钢锚梁的平面位置和高程,施工第 19 节混凝土时,在上塔柱内腔底面预埋首节钢锚梁安装支撑钢支架的基础预埋件,然后进行支撑支架的安装搭设。

①支撑钢支架的安装搭设。

考虑到钢锚梁的重量大部分集中在两端头的钢牛腿处,支撑钢支架的基础预埋件按图 6-20 进行设置。

支架安装前对塔柱纵横向轴线以及高程进行测设标定,以便精确控制支架的搭设高度和平面位置。

为减小支架杆件间的间隙,支架杆件间联系全部采用焊接。其剖面布置如图 6-21 所示。

②安装双向导向限位装置和高程调节螺栓。

支架安装到位后,测设塔身纵横向轴线位置用红色油漆标示待用,同时将支架顶面调平。将双向导向装置按测设的轴线安装到位,横桥向导向与钢牛腿支撑钢板外形尺寸(倾斜角度)一致,对壁板纵桥向一侧(只设置一侧导向)的平面位置进行限定。纵桥向导向与钢锚梁梁体的宽度相适应,控制锚梁的横桥向平面位置。钢锚梁的高程通过在支架顶四角设置的可旋螺栓进行调整。

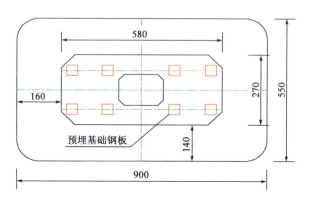

图 6-20　首节钢锚梁安装支架基础预埋件示意图
(高程 +478.321m)(尺寸单位:mm)

③钢锚梁吊装及定位。

利用现场配备的塔式起重机将验收合格、预拼满足要求的首节钢锚梁缓慢起吊至上塔柱预定安装位置,当钢锚梁梁体底部与调整螺栓高差大致相当时,缓慢将钢锚梁落放在钢支架顶端的调整螺栓上,完成初步定位。起吊作业须在现场温度、风力、天气均较好的状态下进行。

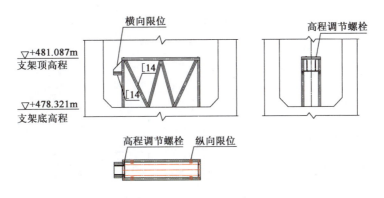

图6-21 首节钢锚梁安装支架示意图

旋转钢支架顶端的调节螺栓,调整钢锚梁梁体高程。当钢锚梁的绝对高程满足要求后,为避免钢锚梁壁板四角相对高差超限影响后续的钢锚梁安装精度,需反复多次(不少于两次)旋转调节螺栓,根据现场即时测量结果反复调整,直至钢锚梁梁体顶面高程以及钢锚梁壁板四角相对高差均满足设计要求,最后将钢锚梁壁板与预先安装的劲性骨架焊接固定,完成首节钢锚梁的精确定位。

钢锚梁定位完成后,进行塔柱钢筋模板混凝土工程施工。当混凝土强度满足要求后,拆除钢支架,对首节钢锚梁进行测量验收,进入后续批次钢锚梁安装阶段。

考虑壁板间的缝隙为0,钢锚梁的绝对高程为正误差,且首节钢锚梁两壁板存在相对高差时,势必导致后续钢锚梁存在倾斜趋势加剧或累计高程超过设计允许值。因此,在调整首节的钢锚梁高程时,均须按负误差进行控制,同时为避免倾斜趋势加剧,在工厂化制作钢锚梁壁板时,其高度偏差亦按负误差控制,以便为后续需要调整倾斜趋势时留有一定的余地。

6.2.3 下横梁施工

索塔下横梁采用单箱单室截面,预应力混凝土结构,横梁长31m,宽7.4m,高6.5m;顶底板厚1m,腹板壁厚1m;横梁内布置68束$\phi_s15.2-19$钢绞线,所有预应力锚固点均设在塔柱外侧,采用深埋锚工艺,预应力管道采用塑料波纹管,真空辅助压浆技术。

1)施工工艺概述

下横梁与塔柱之间采用"异步施工"方法,即先施工塔柱,待二者施工空间无干扰后(塔柱施工至中塔柱第三块段,即下横梁以上18m位置后,停止塔柱施工,待下横梁施工完成后,再进行塔柱施工)施工下横梁。下横梁采用钢管桩支架法现浇施工,高度方向分两次浇筑,第一次浇筑3.25m,第二次浇筑3.25m,与塔柱分节施工缝处于同一水平位置,保证索塔外观质量美观。

下横梁施工工艺流程如图6-22所示。

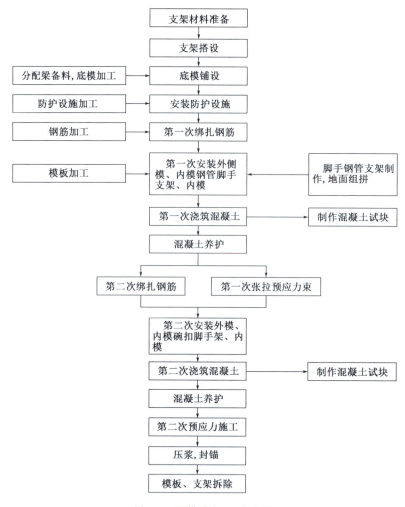

图 6-22 下横梁施工工艺流程

2）支架结构形式

承台施工时预埋钢管桩预埋件，支撑钢管与预埋钢板采用焊接进行连接，其四周设置 12 个加劲板，11 号下横梁支撑钢管直径为 120cm，分段采用法兰连接工艺；12 号下横梁支撑钢管直径为 82cm，采用焊接和加劲板固定形式接高。11 号钢管桩顶设置内置式砂筒，砂筒上为顺桥向布置的 H582×300 型钢；12 号钢管桩顶为横桥向布置的内嵌式三拼 I40 工字钢，工字钢两端放置于塔壁预埋牛腿上，三拼工字钢上放置直径 30cm 的砂筒，砂筒上顺桥向布置的 H582×300 型钢，型钢上为 19 排、7 组贝雷梁，贝雷梁横桥向每排设置 7 片，横梁腹板下设置 2 组贝雷梁，每组贝雷梁由 3 排组成，排间距为 45cm，横梁下设置 1 组贝雷梁，横梁以外每侧设置 1 组贝雷梁，横梁下倒角位置采用 I25 工字钢焊接的异形桁架作为支撑，高度与贝雷梁相同，贝雷梁上为间距 60cm 的 I25 工字钢分配梁，分配梁上为 10cm×10cm 的方木，间距为 30cm，方木上为 1.8cm 厚竹胶板底模。为抑制混凝土收缩产生的裂缝和第二次浇筑混凝土后横梁跨中底部出现拉应力，下横梁第一次浇筑完成后，单侧对称张拉两束钢绞线。

下横梁钢管支架、内模碗扣脚手架结构如图 6-23～图 6-25 所示。

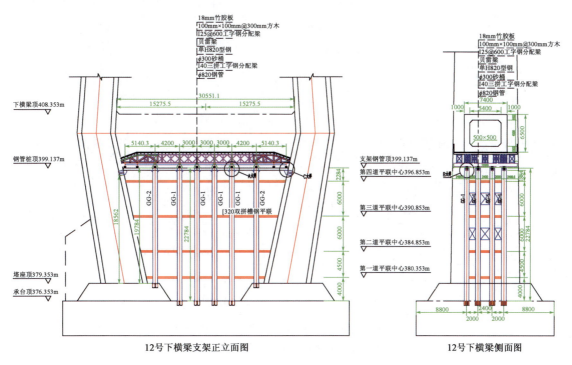

图6-23　12号下横梁支架结构图(尺寸单位:mm)

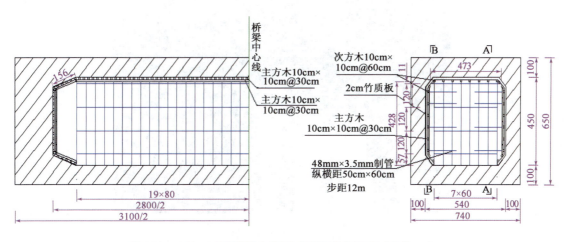

图6-24　11号、12号下横梁内模碗扣脚手架结构图(尺寸单位:cm)

3）支架安装

（1）钢管架立

严格控制钢管柱的垂直度及焊缝质量。

为增加钢管柱之间的整体稳定性，用][32双拼槽钢作为平联将钢管桩连接为整体。下横梁共设置4层平联，第一层距承台4m，第二层间距为4.5m，第三层、第四层间距为6m，各层平联均与索塔预埋钢板进行连接，同时在钢管桩顺桥向设置剪刀撑，确保钢管的稳定。平联焊接示意如图6-26所示。

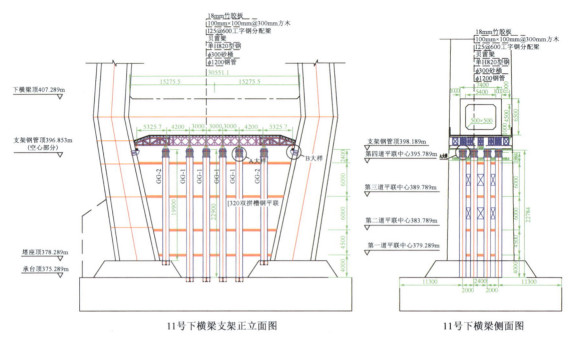

图6-25 11号下横梁支架结构图(尺寸单位:mm)

图6-26 平联焊接示意图

(2)落梁装置

12号钢管桩安装完成后,沿横桥向在钢管桩顶部开槽,放置I40三拼工字钢。单根工字钢长度为28.28m,工字钢接头采用对接和加劲板形式连接,同时在I40工字钢两侧焊接三角壁板,以增加I40工字钢受力面积。工字钢安装完成后,按钢管桩位置放置砂筒,根据工字钢顶面高程及落梁砂筒顶面设计高程确定落梁长度,按10cm超高量装砂。砂筒填装时采用锤击方式对砂筒进行夯实,并在压力机上根据每个砂筒所承受的荷载进行预压(图6-27),确定出预抬高值。砂筒安装完成后,将其与下支撑工字钢进行点焊固定。落梁砂筒安装示意如图6-28所示。

图6-27 反力架砂筒预压示意图

图6-28 落梁砂筒安装示意图

11号钢管桩由下而上为高1m混凝土管桩、高33.6cm砂筒、高20cm内置滑块(直径112cm),砂筒内填砂高度均由试验确定,落梁高度按15cm控制。11号落梁砂筒安装示意如图6-29所示。

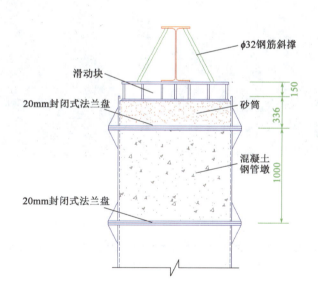
图6-29 11号落梁砂筒安装示意图(尺寸单位:mm)

(3)分配梁、贝雷梁安装

落梁高度调整完成后在砂筒顶顺桥向安放HW582×300分配梁,单根长度为11m。为增加H型钢稳定性,在其两侧分别焊接ф32钢筋斜撑支撑于分配梁左右。

H型钢固定完成后使用全站仪对贝雷梁架设位置进行放样。将拼接好的贝雷梁按照H型钢上的点位进行架设。贝雷梁安装示意如图6-30和图6-31所示,贝雷梁间距布置如图6-32所示。

图 6-30 贝雷梁安装示意图

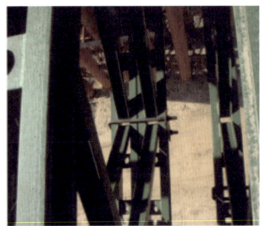

图 6-31 贝雷梁稳定性装置安装示意图

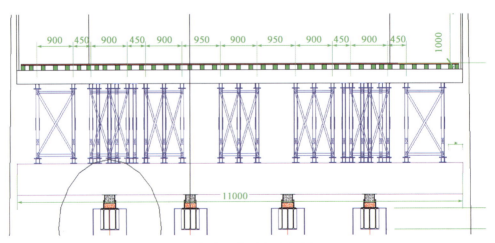

图 6-32 贝雷梁间距布置图(尺寸单位:mm)

下横梁倒角位置支撑异型桁架,如图 6-33 所示,其顺桥间距随贝雷梁布置,同时采用 U 形卡具将异性桁架与贝雷梁固定。

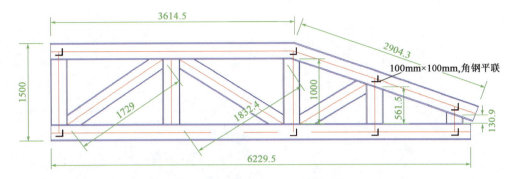

图 6-33 I25 工字钢异型桁架加工图(尺寸单位:mm)

贝雷梁架设加固完成后,如图 6-34 所示,在其顶面铺设I25a 工字钢分配梁,工字钢铺设间距为 0.6m,以保证所有接触点均在贝雷梁节点上。铺设完成后在分配梁两端采用∟50 角铁对分配梁进行横向连接,增加其稳定性(图 6-35)。

图 6-34 贝雷梁组与组之间的角钢连接

4)支架预压

支架及横梁底模系统安装完毕后,应根据规范要求对支架进行预压,消除结构非弹性变形。

5)模板施工

下横梁底模采用 18mm 厚竹胶板作为面板,背楞采用 10cm×10cm 方木,间距为 30cm;外侧模采用钢模,面板厚为 6mm 钢板,竖肋为[8 槽钢,间距为 30cm;内模采用 $\phi48\times3.5$ 碗扣式脚手架、10cm×10cm 方木背楞、18mm 厚竹胶板。

横梁模板由塔式起重机逐块吊装,安装前应对钢模做好涂脱模剂等准备工作,安装顺序依次为:底模→外侧模板→内侧模板→横隔板模板→顶板模板,底模安装前还应根据结构计算设置预拱度。横梁外侧模板准确定位后,用对拉螺杆与内侧模板相对固定,对拉杆间距不大于 1.2m,拉杆直径不小于 20mm。横梁第一层混凝土浇筑高度为 3.25m,浇筑完成后,待混凝土强度达到 10MPa 后,对混凝土施工缝进行凿毛处理,然后完成剩余腹板钢筋绑扎,在箱内搭设碗扣式脚手架,最后绑扎顶板钢筋。

图 6-35　贝雷梁上分配梁

6) 钢筋施工

由于横梁与塔柱"异步施工",塔柱施工时预埋横梁伸入塔柱中的钢筋,并按 50cm、100cm 的错头长度进行塔柱外预留,横梁施工时,其横桥向主筋与塔柱内钢筋采用直螺纹套筒进行连接。横梁施工时从右塔柱向左塔柱依次进行横梁横桥向钢筋的接长,尽量将钢筋的焊接接头设置在距左塔柱 12m 位置处(即横梁 1/3 长度处,此处成桥后受力弯矩较小)。

横梁钢筋安装顺序为:底板底层钢筋→底板顶层钢筋→底板拉筋→腹板钢筋→顶板底层钢筋→顶板顶层钢筋→顶板顶层拉筋。

下横梁钢筋绑扎至 3.25m 处,立模浇筑第一次混凝土后,再绑扎其余腹板及顶板钢筋浇筑第二次混凝土。

12 号和 11 号塔柱壁板钢牛腿如图 6-36 和图 6-37 所示。

7) 混凝土施工

下横梁混凝土高度方向分两次浇筑,第一次浇筑 3.25m,第二次浇筑 3.25m。采用两台汽车泵分别从两端向中间按 30cm 的分层厚度对称浇筑,插入式振动器振捣。浇筑时注意横梁两端及左右腹板浇筑的混凝土高度基本同步,避免混凝土浇筑的不对称对支架及模板产生水平推力。混凝土浇筑完毕及时养护,初凝后,在顶面覆盖麻袋或土工布洒水养护,带模养护期间在木模上经常浇水保持湿润,洒水养护时间不小于 7d。

拆模:混凝土强度达到 2.5MPa 后及时对横梁第一次浇筑顶面进行人工凿毛,凿毛以凿出浮浆露出混凝土面为准;侧模应待混凝土强度达到 2.5MPa 以上,表面及棱角不因拆模而受损时,且必须待混凝土温度下降后,方可拆除。芯模和预留孔洞的内模应在混凝土强度能保证构件和孔洞表面不发生塌陷和裂缝后,方可拆除。底模拆除时混凝土强度须达到设计强度的 100%。

8) 预应力施工

详见 6.2.7 节。

9) 支架拆除

横梁全部预应力张拉压浆完成 7d 后,进行支架的拆除。拆除时遵循"从中间向两边"的原则,具体顺序为:内模及其支架拆除、利用塔式起重机拆除横梁护栏→砂筒内掏砂落架→拆除底模→拆除方木→拆除分配梁→拆除贝雷梁、桁架→拆除纵梁→拆除边横梁处砂筒和牛腿(支架钢管需与钢梁支架进行连接,故待钢梁架设完成后,下横梁支架、平联与钢梁支架平联一同拆除)。

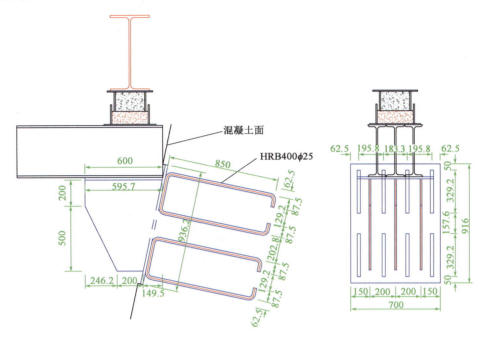

图 6-36 12 号塔柱壁板钢牛腿(尺寸单位:mm)

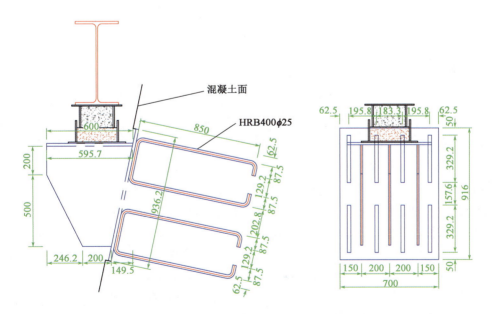

图 6-37 11 号塔柱壁板钢牛腿(尺寸单位:mm)

6.2.4 上横梁施工

上横梁与塔柱采用塔、梁异步施工,考虑塔柱液压爬模施工空间,待上塔柱施工完成3个节段,即完成第22节段后施工上横梁。

1) 施工工艺概述

上横梁距索塔根部99.75m,距离下横梁中心71m。超高H形索塔采用落地式钢管支架施工,支架施工难度大,垂直度很难控制。故本工程选用牛腿托架-贝雷梁支架现浇施工,支架采用地面加工,塔式起重机整体吊装。为提高托架体系的安全系数,横梁高度方向分两层浇筑,第一次浇筑高度为3.25m,第二次浇筑高度为3.25m。第一次浇筑完毕并达到设计强度后,开始第二次浇筑。上横梁施工工艺流程如图6-38所示。

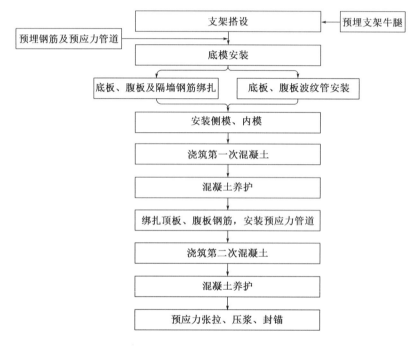

图6-38 上横梁施工工艺流程图

2) 支架结构形式

在塔柱浇筑前,事先采用钢管预留4个直径不小于40mm的孔作为托架上端精轧螺纹钢套管,同时在相应位置预埋连接板,托架上端与预埋钢板焊接,并采用4根精轧螺纹钢将其与索塔对拉固定,托架下端与连接板进行焊接并设置加劲肋,每片托架之间设置I25a平联,将所有托架和中塔柱连成整体。

托架顶设置砂筒,砂筒上设置顺桥向2I45a型钢作主梁(承重梁),贝雷梁作为横向分配梁(在腹板下方设置6排一组的加强型贝雷梁),两边倒角位置采用I25工字钢异型桁架;贝雷梁组与组之间采用7.5cm角钢栓接成整体,桁架与桁架之间采用7.5cm角钢焊接为整体,确保其顺桥向稳定;贝雷梁上顺桥向设置I25a次分配梁,间距为50cm;I25a次分配梁上横桥向设置10cm×10cm的方木,间距为30cm(在腹板下方进行加密,间距设置为20cm);底模采用

2cm 厚竹胶板,侧模采用下横梁钢模板,内膜采用 2cm 厚竹胶板 +10cm 方木背楞 +φ48×3.5 碗扣脚手架支撑,具体结构如图 6-39 ~ 图 6-41 所示。

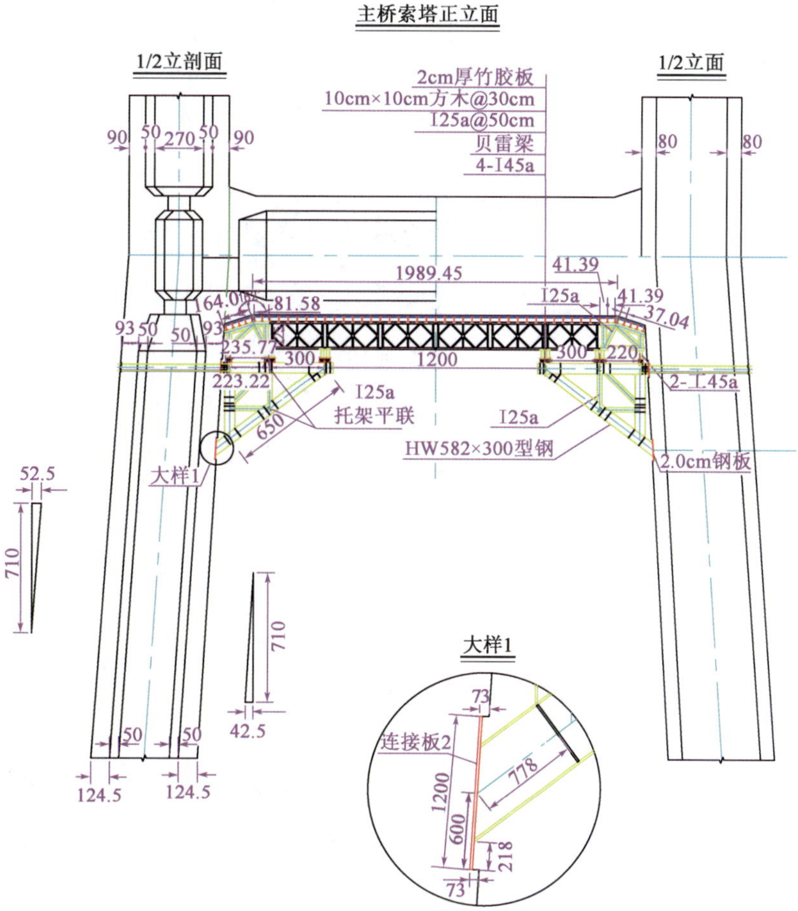

图 6-39　上横梁支架正面图(尺寸单位:cm)

3)支架安装

(1)牛腿托架安装

牛腿采用 HW582×300 型钢焊接而成,单支塔共设置 5 个牛腿,共计 10 个牛腿,通过精轧螺纹管与塔壁锚固。钢牛腿详图如图 6-42 所示,钢牛腿顶部精轧螺纹钢细部详图如图 6-43 所示,牛腿根部加强焊缝劲板示意如图 6-44 所示。

(2)落梁装置

钢牛腿安装完成后,在每个钢牛腿位置安放 5 个砂筒,落梁高度按 10cm 控制。单个牛腿砂筒正立面布置如图 6-45 所示。

(3)承重梁

砂筒安装完成后,在其上摆放 I45 工字钢承重梁,异型型钢骨架两端下承重梁为双拼 I45 工字钢,异型骨架与贝雷梁交接位置贝雷梁下承重梁为双拼 I45 工字钢,牛腿端部承重梁为四拼 I45 工字钢,所有与砂筒交接位置的承重梁均需做加强劲板。承重梁加劲板如图 6-46 所示。

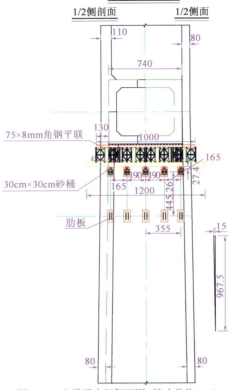

图6-40 上横梁支架侧面图(尺寸单位:cm)

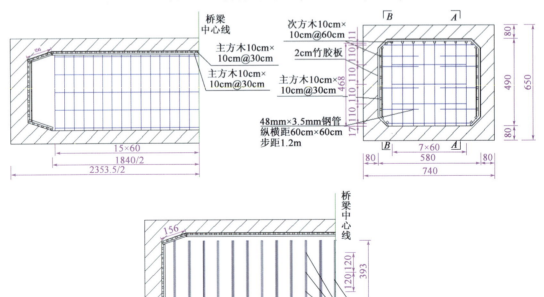

图6-41 上横梁内模结构图(尺寸单位:cm)

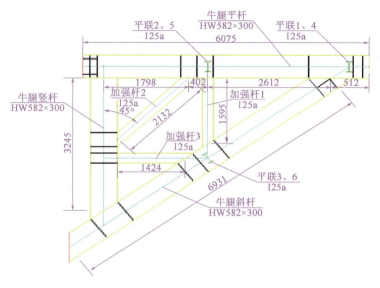

图6-42 钢牛腿详图(尺寸单位:mm)

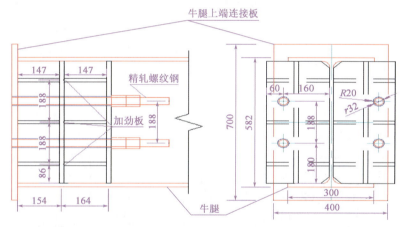

图6-43 钢牛腿顶部精轧螺纹钢细部详图(尺寸单位:mm)

图6-44 牛腿根部加强焊缝劲板示意图

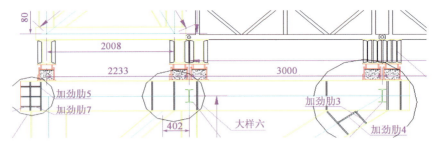

图 6-45 单个牛腿砂筒正立面布置图(尺寸单位:mm)

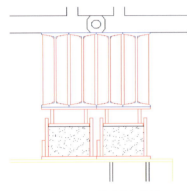

图 6-46 承重梁加劲板

(4)贝雷梁、异型骨架安装

横梁底共 6 组贝雷梁,其中 4 组贝雷梁每组 3 排,排距为 45cm,腹板下 2 组贝雷梁为加强型,每组 6 排贝雷梁,横梁两侧 2 组,每组排距为 90cm,组与组之间采用 7.5cm 角钢栓接固定,上下弦杆各设置两道角钢连接,腹板下贝雷梁为并列加强型,两排并列的贝雷梁采用 U 形螺栓固定,每片贝雷梁设置上、下共 4 个 U 形螺栓。贝雷梁横断面和平面布置如图 6-47 和图 6-48 所示。横梁两端倒角位置采用 I 25 工字钢焊接的型钢固定支撑,高度为 1.5m,顺桥向间距为 1m,并采用 7.5cm 角钢将其连接为整体,横梁异形钢桁架如图 6-49 所示。然后在贝雷梁支点位置进行竖杆加强(图 6-50)。

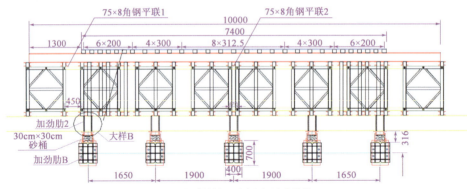

图 6-47 贝雷梁断面示意图(尺寸单位:mm)

(5)分配梁安装

贝雷梁架设加固完成后,在其顶面铺设 I 25a 工字钢分配梁,贝雷梁上工字钢铺设间距为 0.5m,钢桁架位置 I 25 工字钢间距为 0.37m。铺设完成后在分配梁两端采用 20mm 钢筋对分配梁进行横向连接,增加其稳定性。

(6)方木铺设

I 25 分配梁铺设完成后,在其上铺设 10cm×10cm 方木,腹板下方木间距为 20cm,底板下方木间距为 30cm,所有方木接头需放置在 I 25 工字钢位置。

(7)底模铺设

底模采用 20mm 厚竹胶板,竹胶板拼缝出粘贴双面胶条,拼缝需严密不漏浆,竹胶板四周与方木采用钢钉固定,其平整度为2mm,底模铺设完成后高程为471.799m(11号索塔)、472.863m(12号索塔),较设计高程高1cm。

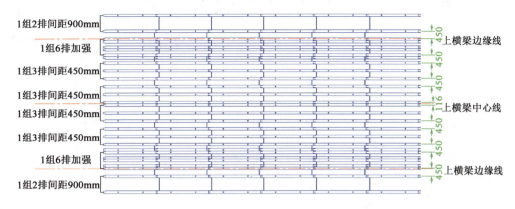

图6-48 贝雷梁平面布置图(尺寸单位:mm)

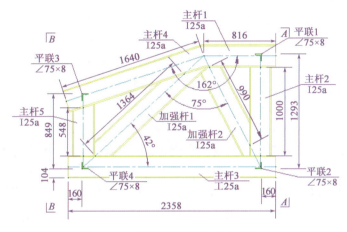

图6-49 上横梁异型钢桁架(尺寸单位:mm)

(8)支架预压

采用模拟压重方法,采用钢锭进行压重,钢锭长约6m,每个钢锭重约1t。吊装到支架顶底模板上进行预压。观测计算得出支架各点的弹性变形数值,调整梁底模板高程。

(9)支架拆除

上横梁施工完成后,拆除塔柱所有临时横撑,松动上横梁纵向2I45a分配梁底的卸荷块,拆除底模及贝雷梁,然后通过横梁上的预留孔,利用4个60t穿心顶与钢绞线配合,将牛腿支架整体缓慢下放至下横梁顶,再分别拆除。牛腿支架下放时四角千斤顶应保持同步。

4)模板施工

内模采用$\phi48 \times 3.5$钢管支架和厚度20mm竹胶板,底模采用20mm竹胶板,侧模采用钢模板,板面为5mm钢板,边肋为∟8cm×8cm角钢,横肋为8号槽钢,竖肋为双拼14号槽钢。侧模之间采用栓接,侧模和底模采用挤压密贴的方式连接,侧模上、下在模板主背肋上设置对拉杆,其拉杆直径为2.5cm,间距为90cm(可根据现场实际情况略微调整),每端利用双螺母和垫板将其固定,使得侧模紧密地夹住底模,保证拼缝严密、不漏浆。

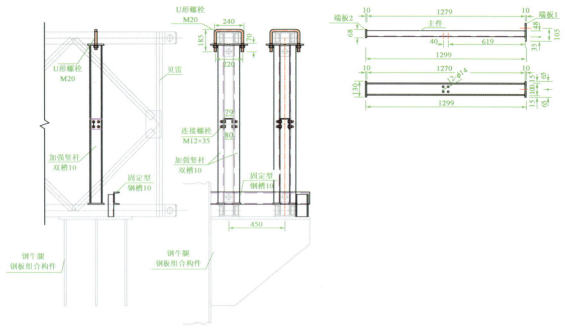

图 6-50 贝雷梁支点加固示意图(尺寸单位:mm)

5)钢筋施工

与下横梁相同。

6)混凝土施工

上横梁混凝土采用泵送工艺,软管布料,串筒入仓。混凝土经拌和站集中拌制,由混凝土搅拌运输车运至塔下,采用 HBT80E-1813 型混凝土输送泵送至塔柱。泵管接头应严密,泵送前用水及砂浆润滑内壁,防止堵管。混凝土输送泵上部水平管接一节 6m 规格的布料软管,移动下灰位置。其余工艺方法也与下横梁相同。

7)预应力施工

详见 6.2.7 节。

6.2.5 劲性骨架施工

劲性骨架主要用于索塔施工导向、钢筋定位、模板固定,亦可为塔柱预应力和斜拉索导管安装定位使用。为方便安装,劲性骨架采用矩形小断面桁架结构,在后场分榀分节段加工,运输至现场由塔式起重机吊装,用型钢连成整体。

1)劲性骨架加工

考虑到运输和型钢长度,劲性骨架标准节段加工高度为 6.0m,部分节段加工高度根据施工节段高度进行适当调整。

劲性骨架加工方法如下:

(1)根据骨架尺寸、倾斜角度,在加工平台上使用墨线弹出立柱桁架外廓线。

(2)按照立柱桁架构件尺寸进行构件下料。

(3)按照立柱桁架外廓线安装下部型钢,临时固定;安装横向联系杆。

(4)安装上部立杆型钢,安装剩余的横向连接撑以及斜撑杆,并焊接加固。
(5)加工完成后按照劲性骨架安装位置进行编号,方便现场安装。
劲性骨架加工工艺流程如图6-51所示。

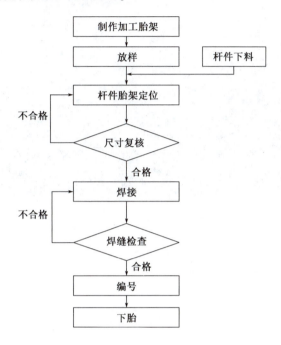

图6-51 劲性骨架加工工艺流程图

2)劲性骨架安装

劲性骨架立柱采用∟100×100×10角钢,其余部位均采用∟75×75×8角钢,加工完成后,装车运输至现场,用塔式起重机吊装。

劲性骨架采用全站仪三维坐标法定位。首节劲性骨架定位前进行底坐标放样,同时抄平(或按塔柱倾斜比)测量,用短对中杆在顶部测量校核坐标进行调整,直至满足要求。其余节段劲性骨架均控制其顶面角点的三维坐标,从而控制劲性骨架横、纵向倾斜及扭转。劲性骨架定位示意如图6-52所示,安装示意如图6-53所示。

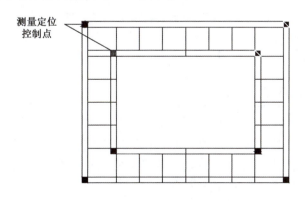

图6-52 劲性骨架测量定位点示意图

图 6-53 劲性骨架安装示意图

劲性骨架现场安装工艺流程如图 6-54 所示。

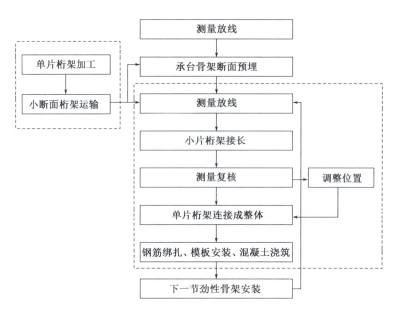

图 6-54 劲性骨架现场安装工艺流程图

6.2.6 索塔混凝土施工

索塔混凝土强度等级为 C50,混凝土采用泵送工艺,软管布料,串筒入仓。混凝土经拌和站集中拌制,由混凝土搅拌运输车运至塔下,采用 HBT80E-1813 型混凝土输送泵送至塔柱。泵管沿塔柱内上升,泵管接头严密,泵送前用水及砂浆润滑内壁,防止堵管。

混凝土浇筑 8h 左右进行养生,输水胶管设置在爬模顶口下 1m 左右,随着索塔的升高,给水设备需加压保证足够的水量和水头高度。索塔拆模后外包塑料薄膜保湿保温养护 14d,塔身混凝土强度达到 25MPa 后,才可继续浇筑上一节段混凝土。

6.2.7 预应力施工

大桥在桥塔拉索区布有环向预应力、上下横梁中布有横向预应力,预应力布置示意如图 6-55～图 6-58 所示。

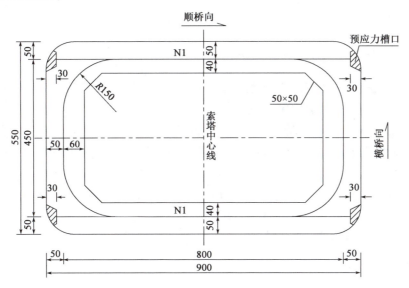

图 6-55 桥塔环向预应力示意图(尺寸单位:cm)

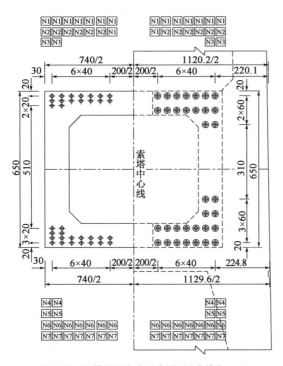

图 6-56 下横梁预应力示意图(尺寸单位:cm)

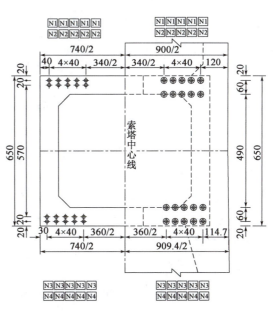

图 6-57 上横梁预应力示意图(尺寸单位:cm)

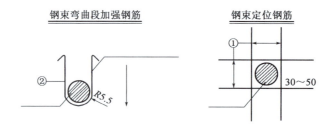

图 6-58 预应力管道固定示意图(尺寸单位:cm)

预应力管道(图6-58)均采用塑料波纹管,曲线段波纹管定位筋间距为30cm,直线段波纹管定位筋间距为80cm,穿束后浇筑混凝土。

混凝土强度达到设计强度的90%且龄期达到7d后方可张拉预应力钢束。张拉遵循先中间后两边、对称张拉的原则。大桥环向预应力设计为M15-12,选用3000kN穿心式千斤顶;下横梁设计为M15-19、上横梁设计为M15-15,均采用4000kN千斤顶。张拉、压浆均通过外模爬架上的吊平台进行。张拉采用锚下应力与引伸量双控进行。当实测伸长值与理论值的误差率超过±6%时,提出修正措施后方可继续张拉。

钢绞线张拉工艺流程如图6-59所示。

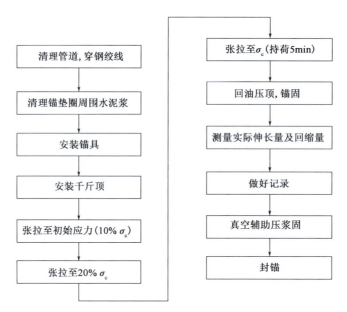

图 6-59 钢绞线张拉工艺流程图

张拉完毕后24h内完成压浆,压浆采用真空辅助技术,压浆料采用P.O52.5普通硅酸盐水泥,浆体强度等级不小于M50。

真空压浆施工工艺流程示意如图6-60所示。

6.2.8 主桥塔柱施工测量控制

塔柱施工测量控制主要技术要求如下:

(1)塔柱倾斜度误差不大于塔高的1/3000,且不大于30mm;
(2)塔柱轴线偏差为±10mm,断面尺寸偏差为±20mm;
(3)预埋件安装定位高程偏差为±10mm,轴线偏差为±10mm。

主塔11号墩、12号墩距岸边最近距离分别为150m和170m。布设控制点时考虑后视距离应大于前视距离,以保证定位方位角时的仪器设站精度,长边控制短边以提高测量精度及数据的可靠性。考虑后期可能有施工或人为因素的影响,每个主塔沿河岸布设4个控制点,保证4个控制点互相之间通视,控制点精度为GPS D级和二等水准。由于仪器测量时受外界因素影响较多,在控制点位处放置直径为2m、高度为2m的钢护筒,并在需要的位置切割开口,方便测量及后视,以消除风力对仪器测量精度的影响。控制点布设如图6-61所示。

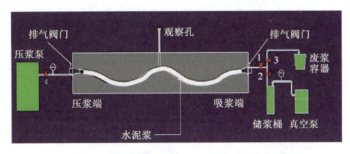

图6-60 真空压浆施工工艺流程示意图

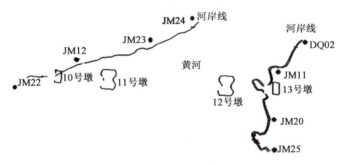

图6-61 主桥施工控制网布设

在斜拉桥斜塔柱施工中,使用精密合理的仪器、高精度的测量控制网,通过四边线控制的方法精确控制模板位置,以保障模板的三维坐标正确;通过观察及复测的方法保证浇筑混凝土时模板的位移;下塔柱向外倾斜时通过设置对拉设施消除塔柱自身重力所产生的应力,防止下塔柱位移发生变化;通过设置对撑设施消除中塔柱自身重力所产生的应力,防止中塔柱位移发生变化。施工完成后检查塔柱斜率是否满足要求。通过上述方法控制斜拉桥斜塔柱的外观线形,使其符合设计及规范要求。

6.3 效果评价

索塔采用液压爬模施工,6m划分一个施工节段,加快施工进度,索塔劲性骨架采用整体吊装工艺进行安装,钢筋采用机械连接、成排吊装工艺,提高安装质量。同时桥址所在地域风力较大,常规的混凝土包裹养护方式无法满足要求,故采取定时喷淋方式。索塔与上下横梁采用异步施工工艺,为提高施工缝位置钢筋有效连接,在设计之外按60cm间距增加锚固钢筋。在上横梁施工过程中,为提高底模保温性能,在模板下铺设双层两布一膜。通过一系列措施,索塔施工各项指标满足要求,过程中未发生任何质量事故。

第7章 钢梁制造

7.1 需求分析

本项目钢构件采用单元散件吊装,种类多,吊装、定位、连接工作量大;主纵梁采用工字形截面,盖腹板之间采用T形熔透焊接,制作质量及精度控制难度较大;而且钢板厚度大,厚钢板焊接熔敷金属的填充量大,焊接变形突出且不易控制。为确保大桥钢结构制造安装质量,制造厂家、咨询单位、设计代表等多次进行研究,编制了《禹门口黄河公路大桥制造规则》。在执行过程中,编制了禹门口黄河公路大桥制造工艺方案、钢结构制造施工组织设计等,在正式投产前,做了充分的准备工作,进行了焊接工艺评定试验、工装设计制作安装和施工图深化设计等。

7.2 结构简介

禹门口黄河公路大桥钢梁制造分为钢主梁、索塔钢锚梁、钢牛腿、检查车等部分。工程总量约1.6万 t。

7.2.1 钢主梁

钢主梁采用纵横梁体系,分为 10 种类型 180 个节段,标准节段长 12.0m,主要由主纵梁、钢横梁、小纵梁、中央稳定板及锚拉板单元等部分组成。主纵梁节段之间、主纵梁与钢横梁之间、钢横梁与小纵梁之间均采用 10.9 级摩擦型高强度螺栓连接。

主纵梁及其连接板件、锚拉板及锚管采用 Q420qD 钢材,钢横梁、小纵梁及钢锚梁等采用 Q345qD 钢材。钢主梁结构简图如图 7-1 所示。

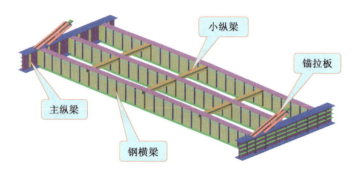

图 7-1 钢主梁结构简图

1) 主纵梁

主纵梁梁高 2.8m(变高段梁高 3.5m),横向中心距 28m。主纵梁采用工字形截面,上、下翼缘水平设置,腹板采用直腹板。主纵梁上、下翼缘板宽度均为 1000mm,上翼缘板厚度为 40mm、50mm,下翼缘板厚度为 65mm、80mm。主纵梁腹板采用 40mm 厚度,纵向设置 22mm×260mm 板式加劲肋。与横梁位置对应,腹板内侧标准节段每隔 4.0m 设置一道竖向加劲肋。主纵梁上盖板与锚拉板单元采用熔透焊接。标准段主纵梁上盖板宽 1.0m,高 2.8m,长 11.98m,吊装重量约 25t,主纵梁最大吊装重量 30t。主纵梁结构简图如图 7-2 所示。

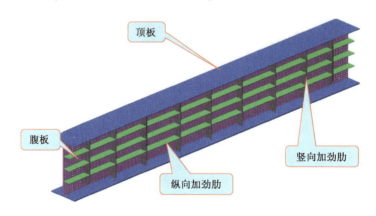

图 7-2 主纵梁结构简图

2) 钢横梁

钢横梁采用工字形截面。标准间距为 4.0m,横梁上、下翼缘板宽度均为 700mm,上翼缘板厚度为 28mm、32mm,下翼缘板厚度为 32mm、40mm,腹板厚度为 16mm、20mm 和 24mm,在横梁腹板两侧分别对称设置一道水平加劲肋和若干竖向加劲肋。横梁节段之间、横梁与主纵梁之间通过高强度螺栓连接。钢横梁结构简图如图 7-3 所示。

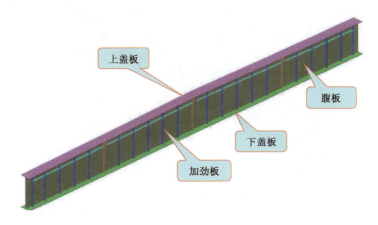

图 7-3　钢横梁结构简图

端横梁采用箱形截面，由上下翼缘板、腹板、隔板及纵横向加劲板组成。横梁腹板两侧设置纵横向加劲板，厚度为 16mm；上翼缘宽度为 2000mm，板厚 28mm，设置 2% 横坡；下翼缘宽度为 2000mm，板厚 32mm。端横梁结构简图如图 7-4 所示。

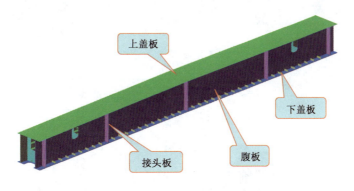

图 7-4　端横梁结构简图

3）小纵梁

主梁共设置 3 道小纵梁，高度为 500mm，上、下翼缘板宽度为 500mm，厚度为 20mm，腹板厚度为 12mm，小纵梁与横梁之间采用 M24 高强度螺栓连接。小纵梁结构简图如图 7-5 所示。

7.2.2　索塔钢锚梁及钢牛腿

钢锚梁主要承受斜拉索的水平力，钢锚梁支承于上塔柱内壁的钢牛腿上。每座索塔中共包括 46 节钢锚梁，每套钢锚梁各锚固一对斜拉索。索塔钢锚梁及钢牛腿如图 7-6 所示。

1）钢锚梁

钢锚梁采用箱形结构，主要由上盖板、下盖板、隔板、腹板、锚箱单元、加劲板及竖板等部分组成，主体结构采用 Q345qD 钢材。索塔钢锚梁结构简图如图 7-7 所示。

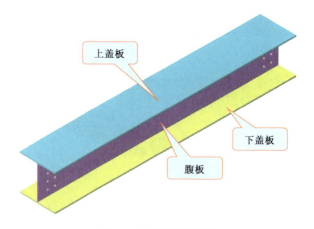

图 7-5 小纵梁结构简图

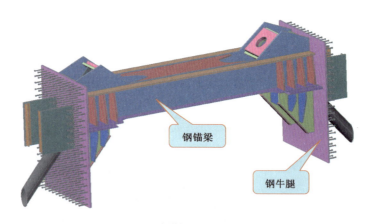

图 7-6 索塔钢锚梁及钢牛腿

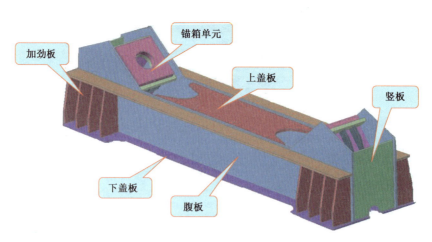

图 7-7 索塔钢锚梁结构简图

2) 钢牛腿

钢牛腿由上承板、托架单元、锚管及塔壁预埋钢板(含剪力钉以及与其连接的刚性预埋板)组成,主体结构采用 Q345qD 钢材,锚管采用 Q235C 钢材。索塔钢牛腿结构简图如图 7-8 所示。

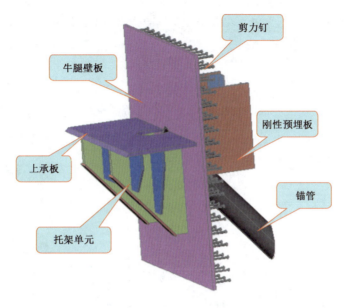

图 7-8　索塔钢牛腿结构简图

7.3　制造总体工艺

针对禹门口黄河公路大桥工程特点,钢结构制造采用"板→板单元→杆件(节段)→试装→桥位连接"的生产方式。

车间主要进行各类杆件及单元的生产,同时完成节段试装。试装完毕后解体,移交涂装车间进行打砂、涂装。涂装完毕后转运至存梁区存放。在桥位进行主纵梁锚拉板单元组焊及补涂装。利用全回转桥面吊机完成钢梁及桥面板安装,钢构件精确定位后完成接口连接、补涂装及成桥面漆的涂装等工作。

钢梁制作工艺流程及检验流程如图 7-9、图 7-10 所示。

7.3.1　钢结构制造工艺

1)主纵梁制造工艺

(1)主纵梁制作工艺(标准节段)

标准节段之间主纵梁主要由上盖板、腹板、下盖板、竖向加劲肋、水平加劲板、横梁接头板及剪力钉等部分组成。

①上、下盖板制作工艺。

a.盖板在下料前,其钢板需要经过滚平,为下料和制作提供条件。

b.采用门式火焰切割机精切下料。根据焊接、加工、矫正等工序要求,下料时预留工艺量。

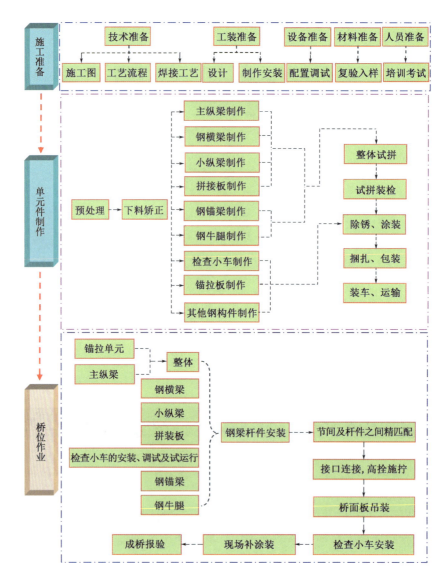

图7-9 钢结构制造工艺流程图

②腹板单元制作工艺。

a. 腹板及水平加劲板在下料前,其钢板需要经过滚平,为下料和制作提供条件。

b. 采用门式火焰切割机精切下料。根据焊接、加工、矫正等工序要求,下料时腹板长度、宽度方向均预留工艺量。腹板水平加劲采用门切机下料,卡样板摇臂钻床钻制螺栓孔,长度方向预留焊接收缩量。

c. 在专用平台上,划出腹板单元的纵横基准线、水平加劲板组装位置线。

d. 按线组装水平加劲板。

e. 修整焊接变形,以修正后的纵横基线为基准划出两长边坡口加工线。

f. 采用半自动小车焰切两长边坡口。

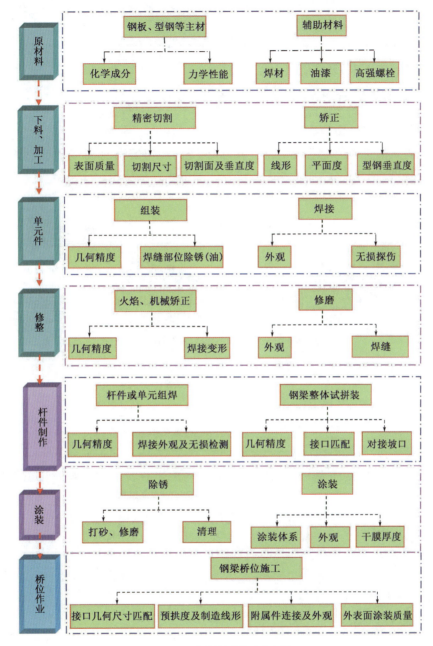

图 7-10 钢梁制造检验流程图

③横梁接头板及其加劲板制作工艺。

横梁接头板及其加劲板采用数控精切下料,宽度及高度方向预留工艺量。卡样板摇臂钻床钻制高强度螺栓孔,参与主纵梁整体组焊。

④标准节段主纵梁整体组焊工艺。

a. 在组焊平台上将上、下盖板及腹板单元组装成整体,保证无余量端错边量不大于1mm,按要求进行焊接、探伤。

b. 修整焊接变形,对纵横基线进行修正,组焊竖向加劲板、横梁接头板及其他加劲板,在划线平台上划两端钻孔对向线及一端头切边线。

c. 卡样板摇臂钻床钻孔,制孔完毕后严格按照二次切头线对主纵梁一端头进行二次配切。

d. 以纵横基线为基准,划线组焊上盖板剪力钉。

e. 参与钢主梁整体试装,试装解体后移交涂装车间。

(2)支座部位主纵梁制作工艺

①支座部位主纵梁结构简介。

支座部位主纵梁主要由上盖板、腹板、下盖板、竖向加劲板、水平加劲板、横梁接头板、竖向支座加劲、支座垫板、横向支座加劲及剪力钉等部分组成。其结构形式如图7-11所示。

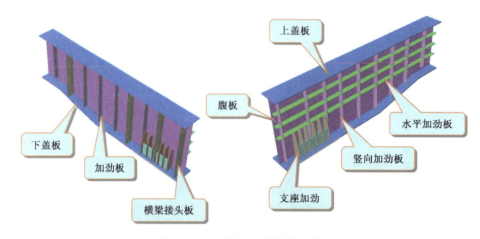

图7-11 支座部位主纵梁结构简图

②支座部位主纵梁整体制作工艺。

a. 在组焊平台上将上、下盖板及腹板单元组装成整体,保证无余量端错边量不大于1mm,并按要求进行焊接、探伤。

b. 按线分步组装支座加劲,按焊接工艺要求进行施焊。

c. 修整焊接变形,修正纵横基线,组焊横梁接头板、竖向加劲板及其余加劲板。

d. 划线组拼支座垫板。

e. 修整焊接变形,对纵横基线进行修正,在划线平台上划两端钻孔对向线。

f. 卡样板摇臂钻床钻孔。

g. 制孔完成后以纵横基线为基准,划配切端切边线及上盖板剪力钉位置线。

h. 严格按线配切端头。

i. 焊接上盖板剪力钉。

(3)合龙口主纵梁制作工艺

①边跨合龙段。

为保证桥位安装精度,在边跨设置合龙段,厂内制造时背塔向预留50mm工艺量暂不切割,此端盖腹板螺栓孔暂不钻制,根据桥位安装情况进行量配。合龙段制作完毕后不参与试装,发运前,根据桥位配切数据进行背塔侧螺栓孔的钻制。其余制作工艺与支座部位主纵梁基本相同。

②主跨合龙段。

主跨合龙段厂内制作时,合龙端单侧预留300mm工艺量暂不切割。合龙端盖腹板螺栓孔暂不钻制。合龙前,桥位进行48h连续观测,确定合龙段长度,并将合龙段加工数据反馈至工厂。工厂完成合龙段螺栓孔钻制。合龙段的整体打砂涂装后运往桥位进行安装。合龙口主纵梁制作如图7-12所示。

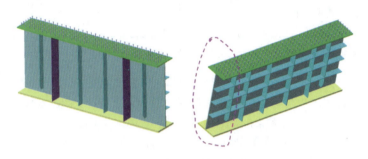

图7-12 合龙口主纵梁制作

2)钢横梁制造工艺

钢横梁采用工形与箱形两种断面,共分9种类型。钢横梁由桥梁中心线向两侧各有2%横坡,横梁长27m,钢横梁与主梁之间通过横梁接头板采用高强度螺栓连接。每道钢横梁设置3个小纵梁接头,纵梁与接头之间采用高强度螺栓连接。

由于超宽、超长杆件运输困难以及现场吊装设备起吊能力限制,对设计图未分块、分段横梁进行分割,具体方案如下:

(1)参照HL2,HL4~HL8横梁长度方向被分割为边横梁、中间横梁两大部分(图7-13);宽度方向根据横梁结构特点,对HL4~HL7进行工艺分割,厂内单独制作,运抵桥位后在现场分别组焊形成边横梁、中间横梁两大部分。现场架设时相互之间采用高强度螺栓连接副连接。

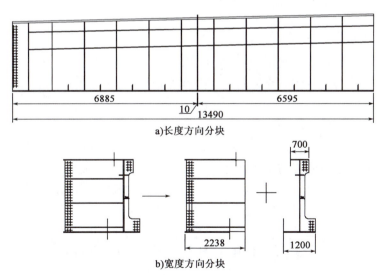

图7-13 HL4~HL8横梁分块方案(尺寸单位:mm)

（2）考虑到 HL0 受力工况复杂，但整体制作运输困难，对 HL0 进行厂内制作工艺分割，形成边横梁、中间横梁两大部分（图 7-14），桥位安装就位后互相焊接形成整体，参与受力。

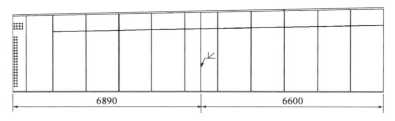

图 7-14　HL0 横梁分块方案（尺寸单位：mm）

分割后所有横梁均由边横梁、中间横梁组成，中间横梁、边横梁的盖板、腹板均在长度方向一端预留工艺量，边横梁、中间横梁的制作工艺流程也基本一致。

除横梁 HL0 的边横梁、中间横梁在桥位架设时焊接为整体外，其余横梁（横梁 HL1～HL8）在安装时，其边横梁、中间横梁之间均采用高强度螺栓连接副连接。

（1）工形钢横梁制作工艺

工形钢横梁由中间横梁和两侧边横梁三部分组成，中间横梁制作工艺流程如图 7-15 所示。

（2）箱形钢横梁制作工艺

①钢板辊平。

②上下盖板、腹板均采用门式火焰切割机下料，一端预留加工量，隔板及竖向加劲板采用数控下料。纵梁接头处拼接板下料后卡样板摇臂钻床钻孔。

③在下盖板及腹板单元上划出纵横基准线，作为后续组装基准。

④在专用组装工装上按线定位组装下盖板单元，并以定位好的下盖板单元纵横基线为基准安装隔板单元及两侧腹板单元。按要求进行焊接，修整焊接变形。

⑤按线组装上盖板单元，控制整体制作精度，按要求进行焊接。修整焊接变形，修正纵横基线。

⑥组装腹板外侧加劲板，控制组装精度。

⑦组装小纵梁接头板，并按要求进行箱内外焊接。

⑧在专用划线平台上整体划横梁两端头的钻孔对向线和一端的二次配切线，固定钻孔样板制孔。

⑨横梁一端整体进行二次配切。

⑩参与试装，试装解体后运至涂装区进行除锈、涂装。

箱形钢横梁制作工艺流程如图 7-16 所示。

3）小纵梁制造工艺

标准小纵梁制作工艺流程具体如图 7-17 所示。

4）锚拉板单元制作工艺

（1）下料：锚拉板采用数控精切下料，锚管采用锯切下料，下料时预留工艺量。锚拉板单元圆弧端部示意如图 7-18 所示。

（2）调直：矫正板面平整度及钢管直线度。

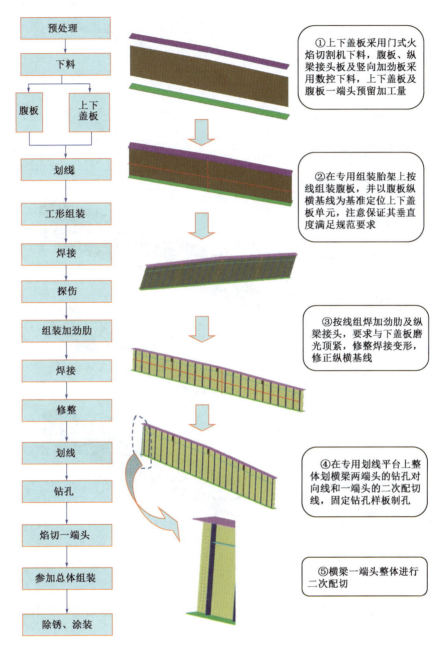

图 7-15 工形钢横梁中间横梁制作工艺流程

(3) 划线:划锚拉板纵横基线及焊接边坡口加工线。
(4) 刨边:按线加工焊接边及坡口。
(5) 组装:以基线为基准划线组装加劲板、锚管、底座板等。
(6) 焊接:按焊接工艺要求施焊。
(7) 探伤:按工艺文件要求对焊缝进行探伤。
(8) 修整:修整焊接变形。

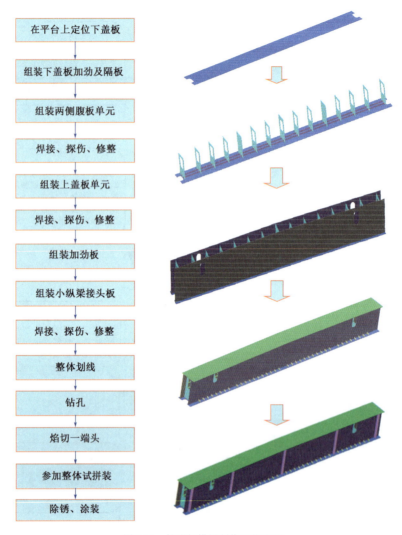

图 7-16 箱形钢横梁制作工艺流程

锚拉板单元组装示意如图 7-19 所示。

5）拼接板制作工艺

根据结构特点，拼接板制作根据其所在位置和连接关系采用先孔法和后孔法相结合的制孔工艺。

（1）先孔法拼接板制作工艺

零件下料后直接采用样板或数控机床制孔，具体如图 7-20 所示。

先孔法主要用于主纵梁节段之间、横梁节段之间、边主梁与横梁之间、横梁与小纵梁之间、横梁与稳定板等部位之间的拼接板及填板。

（2）后孔法拼接板制作工艺

所谓后孔法，即下料时长度方向预留工艺量，先钻制一部分孔群，待试装时投钻另一端孔群。具体制作工艺如图 7-21 所示。

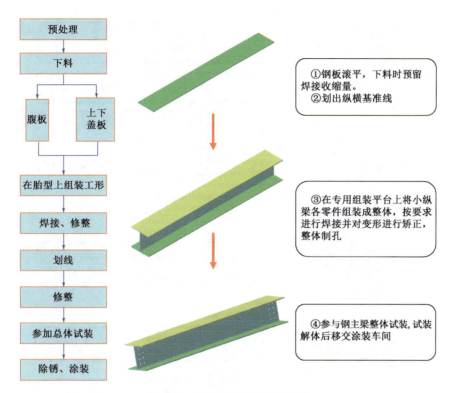

图 7-17 标准小纵梁制作工艺流程

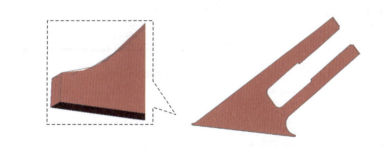

图 7-18 锚拉板单元圆弧端部示意图

图 7-19 锚拉板单元组装示意图

后孔法主要用于线形调整拼接板。

6) 钢锚梁制作工艺

钢锚梁主要由腹板、上盖板、下盖板、锚箱单元(包括锚腹板、承压板、锚垫板、加劲板)、竖板及隔板等部分组成。

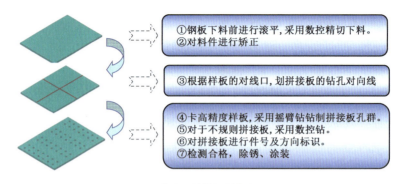

图7-20 先孔法拼接板制作流程图

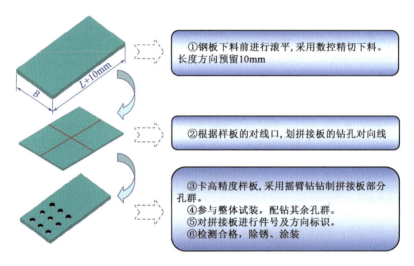

图7-21 后孔法拼接板制作流程图

(1)锚箱单元的制作工艺

①承压板、锚垫板、加劲板、锚腹板在下料前,其钢板需要经过滚平,为下料和制作提供条件。

②采用CAD放样编程,在数控切割机上火焰精密切割下料(含锚孔)。根据焊接、加工、矫正等工序要求预留一定的工艺量。

③在专用平台上,划出锚垫板、锚腹板的纵横基准线及组装位置线。

④按线组装锚腹板及其加劲板,并按工艺要求进行焊接。

⑤修整焊接变形,划锚垫板、锚腹板纵横基准线,以修正后的纵横基线为基准划出锚垫板磨光顶紧端的加工线、坡口切割线等。

锚箱单元制作工艺流程如图7-22所示。

(2)腹板制作工艺

①在下料前,其钢板需要经过滚平,为下料和制作提供条件。

②采用CAD放样编程,在数控切割机上火焰精密切割下料。根据焊接、加工、矫正等工序要求,下料时腹板长宽方向均预留一定的工艺量。

③在专用平台上,双面划出腹板单元的纵横基准线、锚箱单元组装位置线以及长边刨边线。

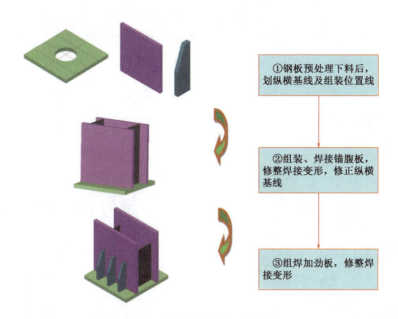

图7-22　锚箱单元制作工艺流程图

④按线刨边，注意坡口方向及大小。

腹板单元基线布置示意如图7-23所示。

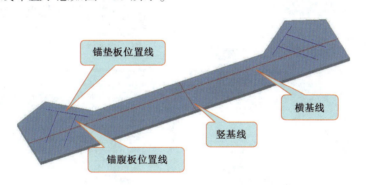

图7-23　腹板单元基线布置示意图

（3）下盖板制作工艺

①下盖板在下料前，其钢板需要经过滚平，为下料和制作提供条件。

②采用数控切割机火焰精密切割下料（含切上下板面锚孔相交部分）。根据焊接、加工、矫正等工序要求，下料时长度方向预留一定的工艺量。

③在专用平台上，划出下盖板单元的纵横基准线、锚孔边缘切割线及腹板位置线，为后续工作做铺垫。

④按线采用等离子气刨设备加工锚孔倾斜边缘，并铲磨匀顺。

（4）其余零部件制作工艺

其余零部件主要包括竖板、腹板加劲肋、上盖板、水平板等。其主要制作工艺如下：

①下料前，其钢板需要经过滚平，为下料和制作提供条件。

②采用CAD精确放样,数控切割机火焰精密切割下料。下料时,注意预留工艺量。
③按线采用等离子气刨设备加工顺桥向腹板板厚方向锚孔倾斜边,并铲磨匀顺。
④调直。
⑤除锈。
⑥涂装。

(5) 钢锚梁整体制作工艺

钢锚梁整体制作工艺流程如图7-24所示。

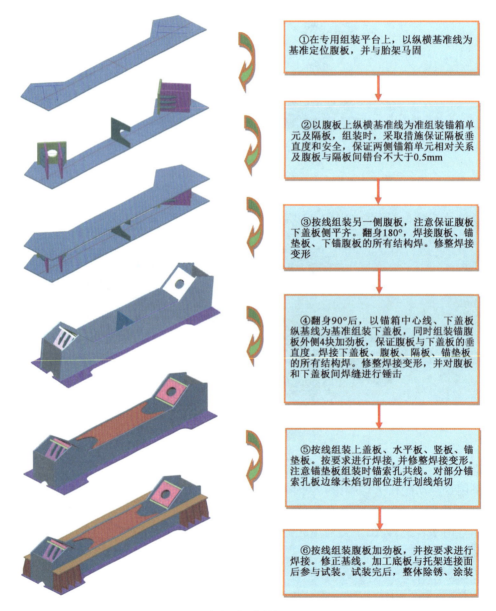

图7-24 钢锚梁整体制作工艺流程

7)钢牛腿制作工艺

钢牛腿主要由托架单元(包括上承板、腹板、加劲板、下翼缘板)、壁板单元(包括壁板、剪力钉)、锚管及预埋板、连接角钢等部分组成。

(1)托架单元制作工艺

①上承板、腹板、加劲板、下翼缘板在下料前,其钢板需要经过滚平,为下料和制作提供条件。

②采用数控(门式)火焰切割机精切下料,根据焊接、加工、矫正等工序要求,下料时预留工艺量。

③在专用平台上,将上承板、腹板、加劲板及下翼缘板组装成整体,严格控制组装精度。

④按工艺要求进行焊接,并修整变形。

⑤对上承板连接面进行机加工。

托架单元制作工艺如图7-25所示。

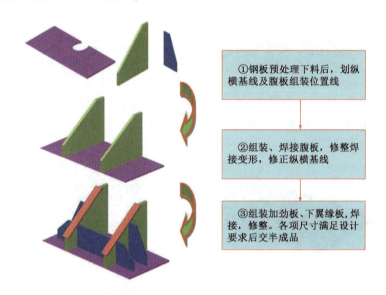

图7-25 托架单元制作工艺

(2)壁板单元制作工艺

①壁板在下料前,其钢板需要经过滚平,为下料和制作提供条件。

②采用数控火焰切割机精切下料(含切上下板面锚孔相交部分),根据焊接、矫正等工序要求,下料时腹板长宽方向均预留工艺量。

③在专用平台上,划出壁板单元的纵横基准线、锚孔边缘切割线、托架单元组装位置线及剪力钉组装位置线。

④按切割线采用等离子气刨设备加工壁板板厚方向锚孔倾斜边,并铲磨匀顺。

⑤焊接剪力钉,修整焊接变形,保证壁板平面度达到设计要求。

壁板制作工艺流程如图7-26所示。

(3)其他零部件制作工艺

其他零部件主要包括锚管、预埋板、连接角钢及加劲板等。其主要制作工艺如下:

①下料前,钢板需要经过整平,为下料和制作提供条件。

②采用CAD精确放样,数控切割机火焰精密切割下料。对于钢管及角钢,锯切下料。
③按切割线手工焰切锚管倾斜边,并铲磨匀顺。
④修整。
⑤专钻连接板上的预留孔。

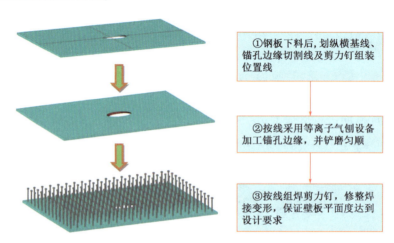

图7-26 壁板制作工艺流程

(4) 钢牛腿整体制作工艺

钢牛腿整体制作工艺流程如图7-27所示。

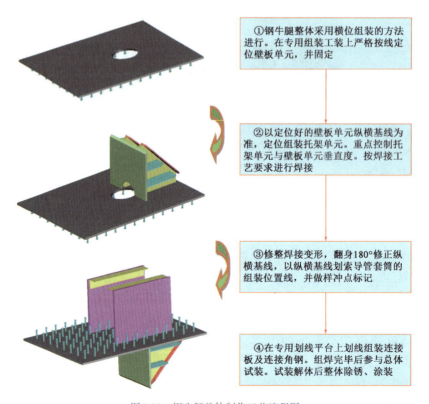

图7-27 钢牛腿整体制作工艺流程图

7.3.2 试装工艺

为保证桥位安装质量,分别对钢主梁和索塔钢锚梁及钢牛腿进行总体试装。

1) 钢主梁试装

每 30 个节间进行一次总体试装。

(1) 试装流程

试装的工艺流程如图 7-28 所示。

图 7-28 钢主梁试装工艺流程图

(2) 试装的工艺要点

①在试装前编制试装工艺指导书、试装检验细则,并设计试装台凳,为试装工作提供充分的技术支持。

②在试装台凳上依次摆放第一个试装节间的构件,摆放时预控制几何精度,摆放后再精确调整。

③在第一个节间构件就位后,全面检测几何精度和接口精度,然后临时固定。

④依次摆放第二节间、第三节间、第四节间、第五节间、第六节间的所有构件,并且进行相应的检测、调整和临时固定。

⑤全面检测一个试装轮次的几何精度和匹配精度,如果出现超差现象,则需要进行相应的调整。

⑥在各项点全部满足要求后,投钻拼接板高强度螺栓孔,并进行位置编号。

⑦连接主梁与横梁之间、横梁与小纵梁之间的高强度螺栓。

⑧检测合格。

⑨试装解体,运往涂装车间。

2)钢锚梁及钢牛腿整体试装

试装在专用试装胎架上进行,使各杆件处于自由状态。包括该试拼区间所有钢锚梁、钢牛腿、连接板等零部件。

试装的工艺要点:

①试装前编制试装工艺指导书、试装检验细则,并设计试装胎架。

②在试装胎架上依次摆放第一个试装节间的构件,摆放时预控制几何精度,摆放后再精确调整。

③在第一个节间构件就位后,全面检测几何精度和接口精度,然后临时固定。

④依次摆放第二节间、第三节间的所有构件,并且进行相应的检测、调整和临时固定。

⑤全面检测一个试装轮次的几何精度和匹配精度,如果出现超差现象,则需要进行相应的调整。

试装是保证桥位顺利架设的关键工序,试装的精度和质量直接影响到桥位的安装质量。编制试装工艺指导书,严格按照构件的摆放顺序进行试装,首节段第一个构件的摆放要严格按照基准线进行对位,将其作为其他块体定位的基准,每增加一个节间的试装,即进行全面的检测,为后面节间构件的试装提供依据。结果显示,试装的节间检测均合格。

7.3.3 焊接工艺

1)板条肋焊接

板肋焊接时制作专用的焊接胎架,胎架横向预设拱度控制横向变形。焊接时胎架面板可以正反旋转约35°,使焊缝基本处于船型位置焊接,为保证焊接质量,板单元生产前针对每台设备焊接方法、焊接材料进行焊接工艺性试验,从而确保焊缝有效的熔深和成型后饱满的外观。

2)钢锚梁箱形焊接

钢锚梁隔板焊缝采用CO_2气体保护焊进行焊接。杆件盖、腹板4条主焊缝为开坡口的棱角焊缝,采用半自动实芯焊丝CO_2保护焊+埋弧自动焊的组合焊接方法,利用瑞典伊萨公司产的埋弧自动焊接中心或MZ-1-1000焊机施焊。在焊接时重点控制焊接电流、电弧电压和焊接速度。在焊接中严格控制4条焊缝的焊接方向一致,以防杆件产生焊接变形。

3)锚箱单元的焊接

锚箱与腹板的熔透角焊缝采用药芯焊丝CO_2气体保护焊,在内侧贴衬垫,外侧焊接,以确保焊缝质量。对承压板与腹板焊缝包头部位按设计要求采用超声波锤击。对于有磨光顶紧要求的部位,先焊接磨光顶紧处,再焊接其他焊缝。焊接顺序按照对称、同向施焊的原则进行,以防工件产生焊接变形。对于焊接变形较大的部位,采用刚性固定措施,控制整体几何尺寸。

4)工字形主纵梁焊接

主梁采用工字形截面,其中顶板有坡度,腹板与顶、底板要求熔透焊缝。为减小焊接变形,采用不对称 K 形坡口,利用瑞典伊萨公司产的埋弧自动焊焊接中心或 MZ1-1000、MZ-1-1000 焊机埋弧自动焊平角位置进行焊接。严格控制 4 条焊缝的焊接方向一致,以防构件产生焊接扭曲变形,保证杆件焊后的直线度。

5)钢横梁焊接

翼缘板与腹板焊缝采用埋弧自动焊船位焊接,更易保证焊缝质量。腹板与加劲板角焊缝采用实芯焊丝 CO_2 气体保护焊平角位焊接,采取对称、分散、同方向的焊接顺序,先焊接加劲肋的平位角焊缝,然后焊接加劲肋之间的立位角焊缝,控制加劲板板焊接引起的角变形和边缘波浪变形。

6)锚拉板单元焊接

斜拉索在钢梁上的锚固采用了锚拉板结构形式。拉板焊接于主纵梁上翼缘板顶面,并与主纵梁腹板对应;锚管嵌于锚拉板上部的中间,锚管两侧通过熔透焊缝与拉板互相连接。锚垫板起承压板及分配索力的作用,在锚管端部与之磨光顶紧,并在两端与拉板焊接。

(1)制作过程中先进行锚管与锚管加劲及锚管垫板的焊接,焊接前检查锚管垫板的定位是否正确,然后施焊。为保证焊接质量,施焊过程中将所有焊接均设置为平位置焊接,并且对称施焊。焊接过程中控制层间温度低于 120℃。

(2)锚管焊接完成后对产生的焊接变形进行火工校。校正后将锚管装配到拉板对应位置,定位准确后进行锚管与拉板的熔透焊缝。

(3)由于拉板的厚度较大,因此采用不对称 K 形坡口焊接。焊接过程中先焊接较大坡口侧,较大坡口完成 2/3 焊接后,进行反面碳刨清跟打磨焊接,反面焊接完成后再完成大坡口侧剩余焊接工作;对拉板焊接要求严格对称焊接,锚拉板的焊接均采用小线能量的焊接,施焊过程中控制层间温度低于 120℃。

(4)为保证拉板与锚管的焊接质量,焊接过程中均匀地进行平位置焊接。

7)锚拉板与主纵梁上盖板的焊接

锚拉板采用不对称 K 形坡口焊接,焊接过程中先焊接较大坡口侧,较大坡口完成 2/3 焊接后,进行反面碳刨清跟打磨焊接,反面焊接完成后再完成大坡口侧剩余焊接工作;对锚拉板焊接要求严格对称焊接,锚拉板的焊接均采用小线能量的焊接,施焊过程中控制层间温度低于 120℃。

8)焊钉的焊接

(1)焊钉的焊接在 5℃ 以上进行。当环境温度低于 5℃ 时,应将工件预热到 60℃ 以上,方可施焊。当底面金属潮湿时,应用火焰烘烤去湿后焊接。

(2)当在板边缘焊接时,应采用防磁偏吹装置,以减少磁偏吹造成的焊脚不均匀现象。

(3)施焊时,焊钉与钢板应保持垂直,焊枪保持稳定,直至焊接金属完全固化。

(4)原则上焊接顺序应按中心对称施焊,以减少焊接变形。

(5)每日每台班开始生产前或变换一种焊接条件时,应将焊接工艺参数调整到最佳状态,试焊两个焊钉进行弯曲 30° 检验,合格后方可正式焊接。

(6)缺陷补焊。焊缝熔合不良的焊钉应从工件上拆除,将母材修磨平整后重焊;对没有获得完整360°周边焊脚的焊钉,缺陷长度不超过90°时,用 φ4 或 φ3.2 的 E5015 焊条补焊,补焊长度应从缺陷两端各外延10mm,补焊的焊脚尺寸为8mm,当补焊时的环境温度低于5℃时应按工艺要求的预热温度进行预热。

7.3.4 涂装工艺

1) 钢板辊平方案

钢板进场后按要求进行辊平,消除内应力。辊平后抛丸或喷砂除锈 Sa2.5 级,喷涂无机硅酸锌车间底漆一道不小于 20μm。

2) 厂内涂装方案

钢结构厂内涂装工艺流程见表7-1 所示。

钢结构厂内涂装工艺流程表　　　　　表7-1

部　位	工　序	涂装体系	道数×厚度
主桥钢梁外表面	表面处理	喷砂除锈 Sa2.5 级、Rz40~80μm	
	底层	无机富锌底漆	2 道 × 40μm
		环氧封闭漆	1 道 × 25μm
	中间层	环氧云铁中间漆	2 道 × 80μm
	面层	聚氨酯面漆	1 道 × 40μm
钢-混凝土结合面	表面处理	喷砂除锈 Sa2.5 级、Rz40~80μm	
	底层	无机硅酸锌车间底漆	1 道 × 30μm
高强度螺栓连接摩擦面	表面处理	喷砂除锈 Sa2.5 级、Rz40~80μm	
	底层	无机富锌防锈防滑涂料	1 道 × 120μm

3) 现场涂装方案

(1) 栓接部位补涂装

现场高强度螺栓施拧完毕检查合格后,对该部位进行表面清理,然后进行补涂装。栓接部位补涂装工艺流程见表7-2 所示。

栓接部位补涂装工艺流程表　　　　　表7-2

序号	工　序	要　求	施工方法
1	表面净化	螺栓除油、螺母和垫圈清除皂化膜	油污用肥皂水或溶剂擦洗,皂化膜采用水洗,清洁淡水冲洗干净
2	表面除锈	除锈 Sa3.0 级,螺栓表面拉毛	用砂纸或钢丝刷打磨
3	拼接缝隙密封	缝隙≤0.5mm 时,用油漆调制腻子密封;缝隙>0.5mm 时,用密封胶密封	采用刮涂、抹涂或注胶枪施工
4	底漆涂装	环氧富锌底漆 80μm	在螺栓、螺母、垫圈上刷涂
5	中间漆涂装	整体涂环氧云铁中间漆 160μm	刷涂或喷涂(涂层交界部位采用刷涂)
6	面漆涂装	整体涂聚氨酯面漆 40μm	

注:第二道面漆待成桥后整体涂装。

（2）焊缝部位补涂装

厂内涂装时，现场焊接部位两侧各留 50mm 不涂装，采取措施进行保护，待现场焊接完毕并经检验合格后再进行补涂。由于无机富锌底漆对表面处理要求相对较高，手工机械除锈无法满足其施工要求。故焊缝部位补涂及损伤部位修补时采用环氧富锌底漆代替无机富锌底漆。焊缝部位补涂装工艺流程见表 7-3 所示。

焊缝部位补涂装工艺流程表　　　　表 7-3

位置	工序	工艺要求	施工方法
1	表面净化	无油、干燥	稀释剂擦洗
2	表面清理	清除焊渣、焊豆、焊缝修整、匀顺	机械打磨
3	除锈	除锈 Sa3.0 级	手工机械除锈
4	底漆涂装	除锈后 4h 内涂环氧富锌底漆 80μm	刷涂
5	中间漆涂装	环氧云铁中间漆 160μm	刷涂或辊涂
6	面漆涂装	聚氨酯面漆 40μm	刷涂或辊涂

（3）损伤部位补涂装

对未损伤至底材的区域，清除表面油污、打磨去除所有受损涂层并将周围的漆膜拉毛，然后根据面积大小采用刷涂或喷涂的方法补涂相应涂层的涂料。

对损伤至底材的部位，应视面积大小进行处理：大面积损伤应重新进行喷砂除锈；小面积局部损伤可采用机械打磨除锈 Sa3.0 级，打磨应适当扩大受损区域并将周围涂层打磨成平滑过渡的斜坡，然后按照该部位涂装体系要求逐层进行补涂装（同样采用环氧富锌底漆代替无机富锌底漆）。

涂层破损处打磨形态示意如图 7-29 所示。

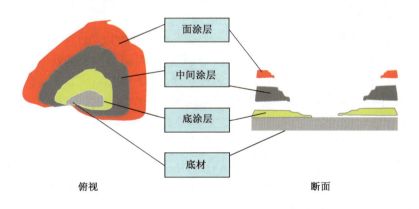

图 7-29　涂层破损处打磨形态示意图

（4）外表面第二道面漆

待成桥后，对整桥外表面进行第二道面漆的涂装。由于第一道面漆在长时间放置后，表面受水汽、灰尘、油污等多方面污染，因此第二道面漆涂装前的重点工作就是做好表面净化处理，即去除外表面污染物并进行拉毛和活化，以保证面漆结合力和外观美观。

外表面第二道面漆涂装方案见表7-4所示。

外表面第二道面漆涂装方案   表7-4

序号	工　序	工艺要求	施工方法
1	表面净化	清除外表面的污物残渣	用铲刀、毛刷清理
		清除油污	清洁剂或稀释剂擦洗
		去除表面盐分、灰尘	洁净高压水清洗
2	表面粗化	涂层表面整体拉毛,并清除粉尘	粗砂纸打磨
3	涂装	拉毛后4h内涂聚氨酯面漆一道40μm	高压无气喷涂

4)涂装工艺要求

(1)喷砂前表面处理

①所有外露边缘须磨成半径至少为2mm的圆弧。

②所有钢板毛刺须除掉。

③清除所有焊渣、焊豆、熔渣,粗糙焊缝打磨光滑,焊缝超过0.8mm的咬边应补焊打磨处理。

④所有支架等妨碍喷砂的物件要移走,表面缺陷部位应进行修整并磨平。

⑤所有油、污物要清除干净。

(2)喷砂除锈工艺要求

①应根据表面清洁度和粗糙度的要求,对喷砂磨料的规格和配比进行调整。

②所用压缩空气必须不含水、油,保持清洁,油水分离器必须定期清理。

③在喷砂除锈施工前,应对相对湿度、钢板温度、露点温度进行检测。空气相对湿度须低于85%,金属表面温度要高于露点以上3℃才能施工。

④喷砂压力≥0.6MPa,喷砂距离为100~300mm,喷砂角度以70°~80°为宜。

⑤喷砂应遵守先内后外、先下后上、先难后易的顺序,对转角和焊缝处做重点处理。

⑥除锈后的表面采用吸尘器或高压空气清理干净,不能用脏手或油手套触摸。

⑦应在喷砂除锈后4h内进行涂装施工,最长不应超过12h。但不管停留多长时间,只要表面出现返锈(钢板表面颜色发生变化),均需重新除锈。

(3)油漆涂装工艺要求

①涂装前对环境条件进行检测,符合要求方可施工,否则应采取措施或停止喷漆。

②严格按照配比进行油漆的混合,采用搅拌器充分搅拌均匀,配好的涂料应在适用期内用完,超过适用期的涂料严禁使用。

③每道油漆喷涂前,要对边角、焊缝、加劲肋背面以及喷枪难以达到的部位进行预涂,预涂采用刷涂或辊涂。

④喷涂时喷枪距工件表面约300mm,喷涂角度为80°~90°,走枪轨迹应平行于工件表面,每枪重叠压盖范围为1/3~1/2。

⑤各道涂料之间的涂装间隔时间应满足涂料说明书要求,上一道油漆干燥后方可涂装下

一道,超过最大间隔时间应按涂料服务商要求进行表面处理,之后可涂装下道涂料。

⑥涂装后4h内不得淋雨,涂层干燥后方可室外存放。

7.3.5 钢结构运输

1)线路的选择

根据节段(杆件)结构特点,考虑经济、现场作业、架设工期等要求,钢梁构件全部采用公路运输。在现场安装施工中,栈桥只搭设到主塔处,而实际安装需要陕西侧和山西侧同时施工,因此需要将全桥一半的钢梁运至陕西侧,一半的钢梁运至山西侧。宝鸡制造厂地距离陕西侧约430km,距离山西侧约460km,公路运输单程需要6~8h。

宝鸡经连霍高速公路、京昆高速公路、G108国道至现场,途经西安、韩城、龙门立交、龙门镇、下裕口村到达桥位(陕西侧),山西侧经京昆高速公路黄河大桥到山西河津市境内,95%为高速公路路段。

2)装载和运输要求

(1)装载要求

①将工厂制造并经检验合格的钢构件,打包后采用门式起重设备进行装车(亦可直接采用汽车起重机装车)。

②对于细而长的构件采用捆装,构件之间加垫;其他小件应按发送杆件表规定装箱发运(装箱时板件之间应加垫,与箱内壁间应塞实,避免运输过程中颠簸而磨损)。

③构件装车时,根据包装后规格、重量选用相匹配的载重汽车。汽车装载不超过行驶证中核定的载重量;大型货运汽车载物高度从地面起控制在4.2m内,宽度不超出车厢,长度后端不超出车身2m。装载时保证均衡平稳、捆扎牢固。

通常使用的加固材料有垫木、三角木、方木、铁丝、钢丝绳、导链等,加固车时,用钢丝绳拉牢固,形式为八字、倒八字形。

杆件装载如图7-30、图7-31所示。

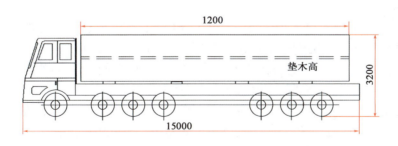

图7-30 主纵梁杆件装载示意图(尺寸单位:mm)

④超限货物装载:根据钢梁的不同尺寸,结合架设顺序选用适用车型进行装载,同时要兼顾车辆的装载率,对于杆件宽度超过2.7m以上的,使用板长为17.5m的半挂车辆进行装载。

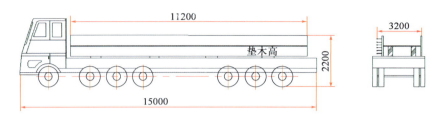

图 7-31　钢横梁杆件装载示意图(尺寸单位:mm)

(2)装载注意事项

装车时,按照设备的技术要求,将平板车的重心与产品的重心重合,在平板车与产品之间垫上垫木或厚 3cm 的胶皮垫,做到均匀对称,防止产品在平板车上滑移。在产品的每个封车点用强度 3t 以上软带将产品与平板车紧固在一起,防止通过陡坡或紧急制动时产品发生移位,并指定专人检查封车情况程度,发生松动及时紧固。

(3)构件捆绑与加固

捆绑与加固措施是运行安全的重要环节之一,实际操作中,项目部按表 7-5 中的五级捆扎级别标准执行。

杆件捆扎级别　　　　　　　　　　表 7-5

捆绑级别	产品长度(m)	软介质封车带强度(t)	捆绑数量(道)	垫木数量(根)
一级	<10	3	2~3	
二级	10~15	5	3~4	
三级	15~20	5	4~6	
四级	20~30	5	6~8	
五级	>30	10	>8	

(4)运输要求

①运输操作前,需要对投入运营的每一辆车进行严格的安全检查和正规的保养措施,并要求承运方提供运营车辆的准运报告,以保证准时、安全地到达目的地。

②为确保钢梁运输安全,以"统一指挥、密切联系、谨慎操作、安全运输、万无一失"为宗旨,成立运输领导小组,负责运输工作中的日常管理工作。

③进行安全技术交底,明确运输过程中的安全事项,并制订切实可行的预防措施。

④提前掌握与运输有关的资料,包括沿途主要路段的地形地貌特征及气象特征,运输途中桥梁、隧道、涵洞及障碍物等情况,做到心中有数。

⑤为确保运输安全,安排经验丰富的驾驶员操作,并进行全程监护。

⑥为克服不良天气对运输安全的影响,及时与气象部门联系,提前获知半个月的天气趋势和突发性灾害气象的预报,以保运输安全。

⑦运输工作开始前,对所有涉及运输工作的人员进行培训,考试合格者方可参加运输工作。

⑧每批构件派专人负责,做好构件的装车、交接等工作。

3)运输过程中成品保护措施

①吊运大型、超长型已包装好的构件必须有专人负责,使用合适的夹具、索具,严格遵守吊运规则,以防止在吊运过程中发生振动、撞击、变形、坠落或其他损坏。

②在运输过程中,保持平稳,必须由经过培训且经验丰富的专职驾驶员运送,在车辆上设置标记。

③严禁野蛮装卸,装卸人员装卸前要熟悉构件的重量、外形尺寸,并检查吊具、索具的情况,防止发生意外。

④保证装车的所有构件不能和对构件可能造成损坏的固体、液体或其他腐蚀性液体接触,必要时采用篷布进行遮挡。

⑤对螺栓孔进行特别防护,禁止杂物和雨水进入孔内毁坏螺栓孔。

4)运输安全

①及时与气象、交通部门联系,掌握与运输有关的资料,克服不良天气、交通道路条件等因素对运输安全的影响。

②进行运输安全技术交底,明确运输过程中应注意的安全事项,并制订切实可行的预防措施,安排经验丰富的人员进行全程监护,确保万无一失。

③构件在运输、堆放过程中应设计专用支架。转运和吊装时吊点及堆放时搁置点的设定均须合理确定,确保构件内力及变形不超出允许范围。转运、堆放、吊装过程中应防止碰撞、冲击而产生局部变形,影响构件质量。

④运输过程中,任何单位或个人均不得任意割焊。凡需对构件进行割焊的,均须提出原因及割焊方案,报监理单位或设计单位批准后实施。

⑤所有构件在转运、堆放、拼装及安装过程中,均需轻微动作。搁置点、捆绑点均需加橡胶垫(或者木垫)进行保护涂装面。

7.4 效果评价

钢结构加工前编制《禹门口黄河公路大桥制造规则》《焊接工艺评定报告》,并经专家评审,首轮5节段钢结构加工完成后进行试拼装,待首轮钢结构拼装完成并经验收合格,开始安排生产,按照"3+2"模式进行试拼装,确保钢结构加工精度,在所有钢结构上悬挂二维码,其从下料到成品运输检测检验指标各个环节均记录在册,便于进场查验和辨识。本工程的钢结构按照钢梁唯一、拼接板通用的方式进行加工,便于现场安装和组织生产。

经检测各单元的几何尺寸、平面度均满足标准规定。焊缝外观质量和内部质量优良,一次探伤合格率高,接头力学性能满足设计要求。钢结构制造方案合理,工艺先进。质量控制程序覆盖钢结构制造全过程,运行正常有效。钢结构防腐涂装质量可靠,可以保证钢梁主体的防腐蚀寿命。

第8章
钢梁、斜拉索安装施工

8.1 需求分析

大跨径斜拉桥主梁目前较为常见的有钢—混凝土组合梁、钢箱梁、PK梁等形式,其安装方式大致分为顶推法、支架法、悬拼法等。斜拉索根据制作和安装方式的不同分为平行钢丝和钢绞线拉索两种,平行钢丝拉索体系对安装环境要求较高,钢绞线拉索以化整为零的方式进行,更为灵活多变,适用不同的安装环境。本工程主梁为钢-混凝土组合梁结构,采用两节段一循环散件悬拼工艺,斜拉索采用钢绞线拉索体系。

8.2 结构概述

8.2.1 结构简介

G108国道线禹门口黄河公路大桥主桥为245m+565m+245m的三跨双索面钢—混凝土组合梁斜拉桥,全长1055m。主桥采用半漂浮结构支撑体系,双工字形钢主梁与混凝土板共同受力的组合梁,主梁断面全宽30.25m,斜拉索扇形布置,梁上索距为12m、8m、4.5m,塔上索距为2.5~3.5m。

斜拉索采用环氧涂层钢绞线,钢绞线公称直径为15.2mm,抗拉强度标准值f_{pk}=1860MPa,钢绞线性能不低于《单丝涂覆环氧涂层预应力钢绞线》(GB/T 25823—2010)的规定。斜拉索在主梁上采用锚拉板构造锚固,在索塔上采用钢锚梁构造锚固,张拉端均设置在塔端。

斜拉索采用OVM250型锚具,分别为OVM250-37、OVM250-43、OVM250-55、OVM250-61、OVM250-73、OVM250-85、OVM250-91共7种规格,每个主塔布置23对平面索,共计184根斜拉索,全桥环氧涂层钢绞线用量约为2383.607t。

斜拉索高密度聚乙烯(HDPE)外护套管:采用双层同步热挤圆形截面的双层HDPE管,内层为黑色,外层为白色,表面同时挤出具有抗风雨激振的螺旋线。

本工程钢箱梁加工和安装由中铁宝桥集团有限公司完成,钢绞线斜拉索由柳州欧维姆工程有限公司完成。

主桥布置如图8-1所示。

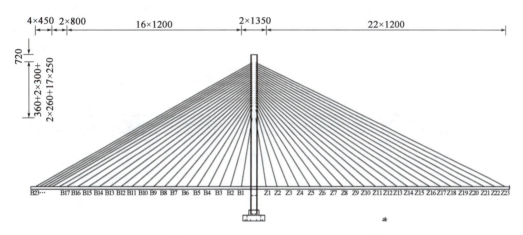

图8-1 主桥布置图(尺寸单位:mm)

1)斜拉索简介

斜拉索由锚固段+过渡段+自由段+过渡段+锚固段构成,如图8-2所示。

(1)锚固段:分张拉端和固定端,主要由锚板、夹片、密封筒及防护罩组成。

(2)过渡段:主要由预埋管、锚垫板及减振器组成。

(3)自由段:主要由带聚乙烯(PE)护套的环氧涂层钢绞线、索箍、HDPE外套管及PE连接装置组成。

斜拉索主要材料见表8-1所示。

2)桥面板

全桥预制混凝土桥面板共有1036块。各类型混凝土桥面板之间的区别主要在于预应力管道和预应力齿块之间的差别。为减少收缩徐变影响,先预制混凝土桥面板,存放期不少于180d,同时,桥面湿接缝采用C60微膨胀混凝土进行现浇。

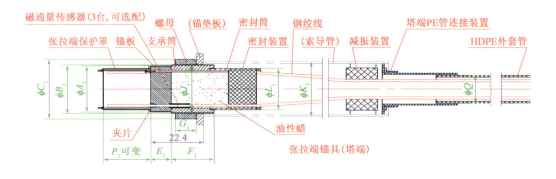

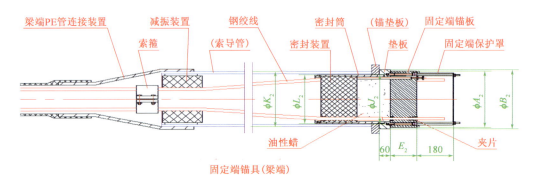

图 8-2 斜拉索结构图(尺寸单位:mm)

斜拉索主要材料表　　　　　　　　　　　　　　　　　　　　　表 8-1

序号	名　　　　称	单　位	数　量
1	$\phi15.2$ 环氧涂层钢绞线	t	2383.607
2	OVM250-37 张拉端、固定端锚具	套	16
3	OVM250-43 张拉端、固定端锚具	套	32
4	OVM250-55 张拉端、固定端锚具	套	40
5	OVM250-61 张拉端、固定端锚具	套	32
6	OVM250-73 张拉端、固定端锚具	套	44
7	OVM250-85 张拉端、固定端锚具	套	8
8	OVM250-91 张拉端、固定端锚具	套	12

以主梁中心线对称横向布置4块预制板。桥面板厚度为28cm,端部加厚至50cm,最大吊重为34t,采用C60混凝土预制。

预制混凝土桥面板支承在工字形钢主梁、横梁及桥梁中心线处小纵梁上,支承宽度为5cm。在支承宽度范围内敷设5cm宽、1cm厚橡胶垫层,以防止吊装混凝土桥面板时对钢结构的冲击损坏。

在两边跨148.3m、中跨231.4m预制混凝土桥面板范围内设置$7\phi_s15.2$预应力钢绞线,采用SBG-70型塑料波纹管,真空辅助压浆,双端张拉,锚下张拉控制应力为1395MPa,张拉力为135.70kN。预应力钢束采用预应力与伸长量双控,伸长量误差控制在±6%以内。

普通桥面板结构简图如图 8-3 所示。

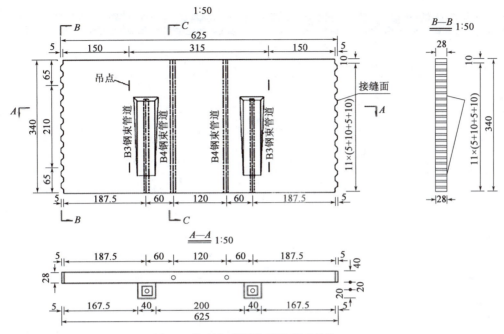

图 8-3 普通桥面板结构简图(尺寸单位:cm)

3) 检查车

该桥在钢梁外设置维护检查车 3 台。检查车为横桥向悬挂式结构,采用电动驱动。驱动机构通过钢轮倒置于钢梁底部的工字钢轨道上,主桁架通过门架与驱动机构相连。主桁架两端设置伸缩装置,钢架梁可伸长至主纵梁下方,检查车最大宽度为 32.6m。

8.2.2 吊装单元工程量

根据桥位施工条件,桥位采用散件吊装,逐件连接成整体的安装方案。吊装单元主要工程量见表 8-2 所示。

主桥安装结构重量统计表　　　　表 8-2

构件名称	节段编号	长度(m)	宽度(m)	数量	最大起重吨位(t)	备注
主纵梁	Z0	13.5	1	4	30.2599	
主纵梁	Z1、B1	12.75	1	8	27.5901	
主纵梁	Z2~Z13/B2~B11	12	1	88	24.7535	
主纵梁	Z14~Z22/B12~B14	12	1	52	23.8593	
主纵梁	B16、B17	12	1	8	26.1754	
主纵梁	B18	12.25	1	4	26.7543	
主纵梁	B19	9	1	4	19.5236	
主纵梁	B20	10.86	1~1.23	4	29.9994	
主纵梁	HL	6.7	1	2	13.5331	
主纵梁	Z23	7.65	1	4	15.248	

续上表

构件名称	节段编号	长度(m)	宽度(m)	数量	最大起重吨位(t)	备注
横梁	HL0	29.1	0.7	2	21.6921	
横梁	HL1	29	0.7	240	21.1823	
横梁	HL2	29	0.7	2	25.4308	
横梁	HL3	29	0.7	6	24.424	
横梁	HL4	29	2.85	2	46.2773	
横梁	HL5	29	4.5	4	64.4137	
横梁	HL6	29	5	2	73.9799	
横梁	HL7	29	3.86	2	66.3269	
横梁	HL8	29	2	2	77.7237	
导流板	B′	12.73	2.5	4	5.5609	
导流板	B	12.73	2.5	4	6.2284	
导流板	C、D、E、E′	11.98	2.5	148	5.9769	
导流板	F	12.23	2.5	4	6.0606	
导流板	G	8.98	2.5	4	3.6386	
导流板	H	10.85	2.5	4	5.6002	
导流板	I	6.68	2.5	2	3.5342	
导流板	J	7.63	2.5	4	3.853	
小纵梁		3.76	0.5	36	0.8245	
小纵梁		3.26	0.5	702	0.7243	
小纵梁		2.66	0.5	6	0.6041	
小纵梁		2.56	0.5	3	0.5841	
小纵梁		3.26	0.5	72	0.7261	
压重纵梁		3.26	0.5	72	0.7531	
压重纵梁		3.01	0.5	24	0.703	
现浇压重混凝土		21.86	29		2999.91	
混凝土预制块		12	29	320	0.50864	
桥面板	W1	6.15	3.4	16	31.2026	
桥面板	M1	6.8	3.4	16	34.5011	
桥面板	W2	6.15	3.4	8	27.229	
桥面板	M2	6.8	3.4	8	30.1916	
桥面板	W3	6.15	3.4	4	22.0108	
桥面板	M3	6.8	3.4	4	22.716675	
桥面板	W4～W12/W14～W24	6.15	3.4	460	16.0604	
桥面板	M4～M12/M14～M24	6.8	3.4	460	17.7449	
桥面板	W13	6.15	3.4	24	18.3466	

续上表

构件名称	节段编号	长度(m)	宽度(m)	数量	最大起重吨位(t)	备注
桥面板	M13	6.8	3.4	24	20.2687	
桥面板	W25	6.15	3.4	4	12.7425	
桥面板	M25	6.8	3.4	4	13.9835	
桥面板	W26	6.15	3.4	2	13.1556	
桥面板	M26	6.8	3.4	2	14.5581	
边跨现浇板		29	34.41	2	21.6082	

8.2.3 桥位施工主要作业内容

根据桥位施工要求,将杆件运输到索塔处栈桥附近,通过提升站、运梁平板车及全回转桥面吊机完成构件的吊装、定位等工作。主要内容包括:

(1)锚拉板单元现场焊接;
(2)钢梁构件存储及转运;
(3)全回转桥面吊机、提升站及配套设施的安装与调试;
(4)钢梁吊装定位、栓接、斜拉索安装及一次张拉等;
(5)桥面板吊装、湿接缝浇筑、斜拉索二次张拉等;
(6)安装设备的拆除;
(7)现场补涂装及钢梁最后一道面漆涂装。

8.2.4 主要施工机具

根据桥位施工特点,桥位安装主要采用的施工设备包括4台TC7052A-25型塔式起重机、4台新型全回转桥面吊机、1台50t门式起重机、1台40t门式起重机、2台50t提升站、4台运梁平板车、2辆50t载重汽车、1台350t汽车起重机、1台260t汽车起重机、卷扬机、液压千斤顶等。

1)塔式起重机

每个索塔各设置2台TC7052A-25型塔式起重机,TC7052A-25型塔式起重机臂长50m,塔式起重机吊重参数见表8-3所示,塔式起重机吊重曲线及现场吊重幅度线如图8-4所示。

塔式起重机吊重参数表 表8-3

臂长 50m	工作幅度(m)	20	25	30	35	38	40	43	45
	起吊重量(t)	23.87	18.38	14.78	12.24	11.04	10.35	9.43	8.89

2)新型全回转桥面吊机

吊装单元中最重的构件为主纵梁,最大重量约为30t。选用50t全回转桥面吊机,起重机采用液压顶推方式移动。全回转桥面吊机吊盘中心与前支点距离6m,吊壁长30m,最大起重量为50t,幅度为7.5~24m,起重机结构和起重曲线如图8-5。全回转桥面吊机构造如图8-6所示。

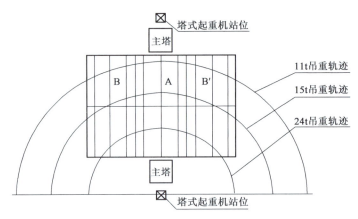

图 8-4 塔式起重机吊重曲线及现场吊重幅度线图

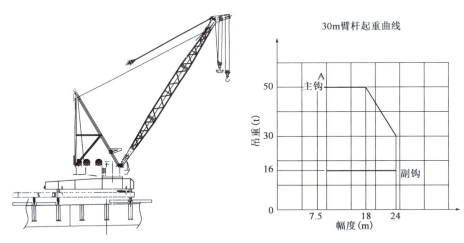

图 8-5 全回转桥面吊机结构示意图及技术参数

图 8-6 全回转桥面吊机构造

全回转桥面吊机轨道与钢横梁采用吊耳铰接固定,耳板焊接于横梁之上,采用钢带将轨道与横梁进行固定,每个固定点焊接 2 个耳板,固定点横桥向间距为 8.62m,塔区段每个横梁上均设置 2 处固定点,标准节段间锚固点纵向间距为 12m,如图 8-7、图 8-8 所示。耳板大样图如图 8-9 所示。所有吊机锚固点连接方式如图 8-10 所示。塔区段吊机前后锚固点在每道钢梁均有锚固,如图 8-11 所示。陕西侧吊机前后锚固点均位于钢梁架设方向两个钢主梁的第一根横梁之上。山西侧吊机前后锚固点均位于钢梁架设方向两个钢主梁的中间横梁之上,如图 8-12 所示。中跨合龙段吊机前后锚固点锚固方式如图 8-13 所示。

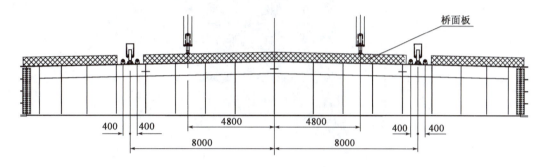

图 8-7 吊耳布置示意图(尺寸单位:mm)

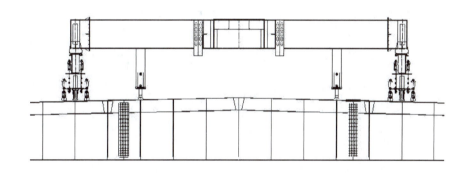

图 8-8 全回转桥面吊机锚固示意图

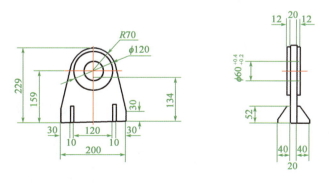

图 8-9 耳板大样图(尺寸单位:mm)

图 8-10 耳板连接图

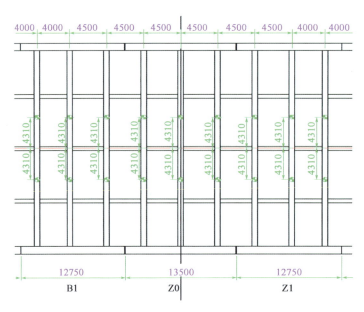

图 8-11 塔区段全回转桥面吊机锚固点布置图(尺寸单位:mm)

3) 提升站

索塔边跨侧附近各安装 1 台提升站,用于提升钢梁及桥面板,起吊能力为 50t,在索塔边跨侧的取梁平台上取梁。钢梁杆件通过提升站起吊后,水平旋转 90°,平移至桥面上,放置于平板车上。根据使用要求,提升站纵桥向宽度为 5.5m,有效净高为 10.5m,提升站设计悬臂为 14.5m,钢梁部分长度为 28m,总长度为 42.5m。提升站结构布置如图 8-14 所示。

由于门式起重机宽度较小,设置主副钩,副钩吊重能力为 16t,桥面板、箱形横梁等超宽构件采用双钩起吊,到达桥面后缓慢起升,保证构件平稳通过提升站。桥位因风力较大,为保证各构件平稳吊装上桥,设置电动转钩,随时调整构件角度。提升站与主塔位置关系如图8-15所示。

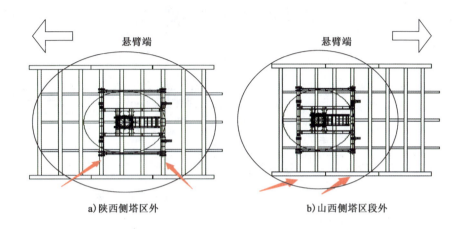

a) 陕西侧塔区外   b) 山西侧塔区段外

图 8-12 吊机锚固点布置图

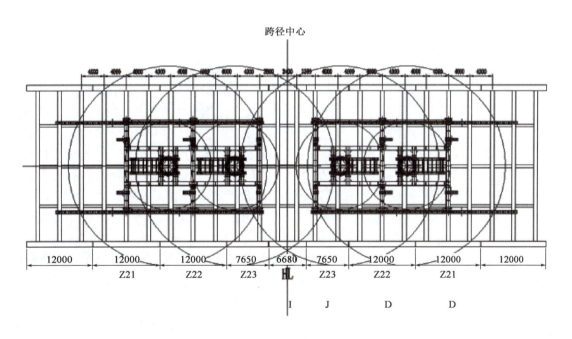

图 8-13 合龙段全回转桥面吊机锚固点布置图(尺寸单位:mm)

提升站前柱脚与钢梁焊接,后柱脚与湿接缝预留槽处的钢梁进行焊接,在湿接缝施工时,根据后柱脚位置预留相应槽口。

根据本桥位施工条件,既有栈桥下方区域不能满足提升要求,需对栈桥进行加宽处理,两侧提升区域加宽示意如图8-16、图8-17所示,提升站如图8-18所示。

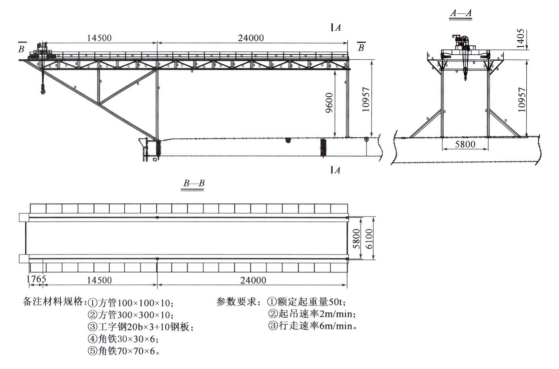

备注材料规格:①方管100×100×10;
②方管300×300×10;
③工字钢20b×3+10钢板;
④角铁30×30×6;
⑤角铁70×70×6。

参数要求:①额定起重量50t;
②起吊速率2m/min;
③行走速率6m/min。

图 8-14 提升站结构示意图(尺寸单位:mm)

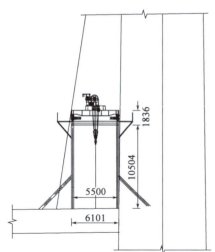

图 8-15 提升站与主塔位置关系(尺寸单位:mm)

4) 运梁平板车

提升站提升钢梁后,通过桥面上设置的平板车运梁至待架设点。运梁平板车采用 P23 铁轨作为滑道。

横梁由于较长,通过提升站分节提升,设置横梁接长平板车,在平板车上利用提升站的起重机拼装成整根后,可临时存放于平板车旁,待架设时,提升站提升至运梁平板车,运输至待架设点。

大桥两侧各配置 2 台运梁平板车,用于各类构件的转运。

运梁平板车结构示意如图 8-19 所示,现场如图 8-20 所示。

5) 门式起重机

在两侧存梁场各安装一台门式起重机,用于锚拉板组焊及各类杆件卸载、转运及存储。门式起重机结构如图 8-21 所示。

(1) 技术参数

①额定起重量:韩城侧 50t,河津侧 40t。

②起升速度 3m/min。

③门式起重机轨距:韩城侧 32000mm,河津侧 21500mm。

④起升高度:主钩底至本机大车行走轨道面以上12m。
⑤沿轨道方向支腿行走轮中心宽度<10m。
⑥行走大车内侧外轮廓距轨道中心。
⑦小车设自动式夹轨器,运行速度25m/min。

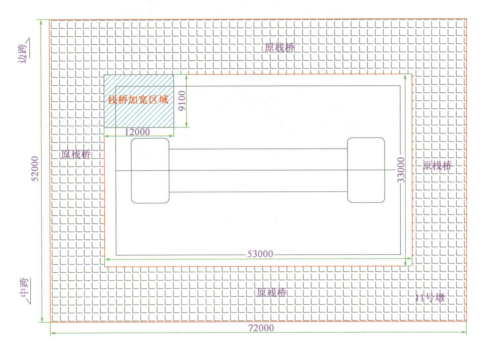

图8-16　11号墩提升站与栈桥位置关系(尺寸单位:mm)

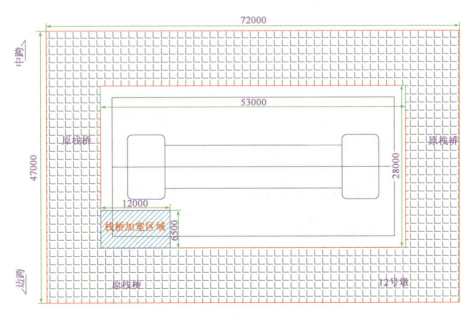

图8-17　12号墩提升站与栈桥位置关系(尺寸单位:mm)

图 8-18 提升站

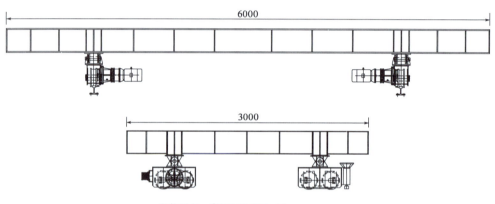

参数要求：①额定载重量>50t；
②行走速率15m/min。

图 8-19 运梁平板车结构示意图（尺寸单位：mm）

图 8-20 运梁平板车

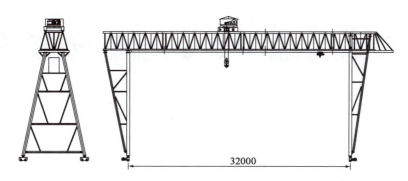

图 8-21 门式起重机结构示意图(尺寸单位:mm)

⑧大车设自动式夹轨器,运行速度 20m/min。
⑨工作环境温度:-25 ~ +40℃。
⑩安全作业风压:150Pa(相当于 6 级风)。
⑪非工作状态风压(自身锚定无系留):800Pa(相当于 11 级风)。
⑫采取系留固定措施后就地抗风能力:>800Pa(大于 11 级风)。

(2)轨道基础施工

为满足门式起重机轨道基础的稳定性和沉降的均匀性,地基处理采用山渣石换填的方式,换填后采用压路机压实,换填宽度不小于 1.8m,换填深度为轨道梁底以下 80cm。基础换填完成后采用轻型触探法检测基础的承载力,要求承载力不得低于 110kPa。

门式起重机轨道处地基要求较高,需设置条形基础,下侧铺设 20cm 厚碎石,碎石层上设置高度 60cm 的混凝土 T 形梁。T 形梁设置预埋件,上侧与门式起重机轨道连接。地基处理断面如图 8-22 所示。

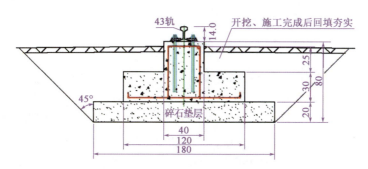

图 8-22 门式起重机轨道基础(尺寸单位:mm)

基础换填完成后浇筑 10cm 厚 C25 混凝土垫层,然后在垫层上放样轨道梁中、边线,绑扎钢筋,支立模板并浇筑混凝土,轨道梁采用 C30 混凝土。

为防止轨道梁裂缝的产生,每隔 20m 设置一道伸缩缝。轨道梁施工时在轨道混凝土内预留泄水孔,将轨道一侧积水排入外侧水沟内。

在门式起重机轨道基础上每隔 10m 设置一个观测点,记录原始数据,门式起重机安装完成并投入使用初期,每天观测一次轨道基础沉降及位移情况,待沉降稳定后,每周观测一次,主要观测轨道是否沉降及两侧轨道是否处于同一高度上。

8.3 钢梁安装工艺

主桥上部结构安装总体工艺流程如图 8-23 所示。

图 8-23 主桥钢—混凝土组合梁总体施工工艺流程图

8.3.1 锚拉板单元组焊

受公路运输运输界限的影响,锚拉板单元在现场进行组拼。具体组拼方案如下。

1)组装前的准备工作

(1)所有主纵梁、锚拉板单元均为检测合格后的成品件。

(2)检测设备:全站仪、水准仪、钢盘尺、定位样板、钢板尺及线锤等。

(3)施工图及工艺文件的准备。

2)锚拉板单元组焊工艺

(1)锚拉板单元组装前,对主纵梁上盖板基线进行修整,同时划出锚拉板组装位置线,精确号出锚点位置。

(2)采用门式起重机吊装,按线组装锚拉板单元。采用全站仪确定锚拉板单元组装角度,精确定位后采用定位马板固定。

(3)按焊接工艺要求焊接锚拉板与主梁熔透焊缝,并按制造规则进行无损检测。

(4)焰切锚拉板下端圆弧预留工艺量,并打磨匀顺。

(5)组装锚拉板附近圆柱头焊钉。

(6)对焊缝及漆膜损伤部位进行补涂装。

3)锚拉板单元组装工艺要点

锚拉板单元组焊的关键在于熔透焊缝焊接质量及斜拉索角度的控制。其工艺要点及控制措施如下:

(1)锚拉板组装前,注意检查锚拉板与钢主梁是否一一对应,防止安装错误。

(2)安装前,检查锚拉板组装位置线是否划出,划线是否准确。

(3)锚拉板组装时采用定位样板对锚拉板角度进行控制,安装时应注意边主梁的摆放位置与成桥安装不同,主边跨需考虑不同的角度修正。

4)锚拉板单元焊接工艺要点

(1)严格执行焊接工艺规定的电流、电压、焊接速度及焊接层数等。冬季施工时按工艺要求进行预热。焊接时注意层间温度的控制。

(2)施焊前必须彻底清理待焊区的铁锈、油污、水分等杂质,保证焊接预热温度。焊缝两侧除锈后 24h 内必须进行焊接,以防接头再次生锈或被污染,否则应重新除锈,方可施焊;如果组焊温度低于工艺文件规定的温度参数,则采用电加热或烤枪对焊缝两侧进行加热,并用红外测温计测量,合格后方可施焊。焊后必须清理熔渣及飞溅物,并按图纸要求将焊缝打磨平顺。

(3)焊接时在锚拉板两侧增加型钢加劲,增加结构的整体刚度,减小变形。

(4)当使用 CO_2 气体保护焊时周围风速超过 2m/s 和使用人工电弧焊时周围风速超过 8m/s 时,应采取有效的防风措施。现场焊接采用防风棚进行局部防护,雨天时一般停止焊接,如进度需要,除采取局部加热和防风外,还应采取搭设防雨棚的措施,使整条焊缝处于防雨棚保护下进行焊接。

(5)马板应分两次去除,打底完成后去除两块马板,剩余两块马板间距不能超过 1.5m,填充完成后去除其余马板。

(6)定位马板必须采用火焰切割或碳弧气刨的方法清除,注意不得伤及母材,严禁用强力拆除，以免撕裂母材。

锚拉板焊接过程中需考虑一定的反变形，可采用反变形工装。焊接完毕后需对斜拉索角度进行复测，并按要求进行修正。

(7) 锚拉板探伤前，对连接部位进行超声波锤击，以减小应力集中。

5) 锚拉板单元现场补涂装工艺

锚拉板现场焊缝无损检测完毕并检查合格后，清除所有焊渣、焊豆，对焊缝缺陷进行修整并磨平；采用手工机械除锈达到清洁度 St3.0 级，并将周围的漆膜打磨成平滑过渡的斜坡，然后按照外表面涂装体系要求逐层补涂装。

6) 锚拉板组焊质量控制

锚拉板作为本桥最关键的传力构件之一，其组装精度和焊接质量直接关乎成桥传力可靠，为此，确定了"焊前检查、过程监测、焊后复查"的100%全过程跟踪检查，确保锚拉板组焊严格按照下发的施工工艺执行、确保焊接质量完全满足标准要求。

(1) 锚拉板焊接前后结构外形偏差检测

首先利用水准仪、塔尺检测钢梁底板处于同一水平面，然后钢卷尺、线锤、直角尺等互相配合进行锚拉板焊接前后结构尺寸、垂直度偏差检测（图8-24）。当锚拉板焊后变形较大时，使用热矫正方法矫正焊接变形至合格。

图8-24 锚拉板组焊外形偏差检测

(2) 锚拉板焊接过程管控

由于锚拉板现场焊接环境存在大风、淋雨等影响，制作了锚拉板焊接专用防护棚，防风防雨，将现场焊接受外部环境的影响降至最低。同时，严格按照工艺要求对锚拉板焊前及焊接过程中进行温度控制，并采用便携式红外测温计进行预热温度检测，检测合格方可进行焊接。锚拉板组焊工艺措施如图8-25所示。

(3) 锚拉板焊缝焊接质量检测

编制《国道108线禹门口黄河公路大桥钢结构制造验收规则》，采用磁粉及超声波检测方法对锚拉板焊缝进行100%检测（图8-26），自检合格后向第三方检测机构及监理进行报验，检测结果均满足规则要求。

图 8-25 锚拉板组焊工艺措施

图 8-26 锚拉板焊缝无损检测

8.3.2 支座安装

1)需求分析

主塔支座采用塔式起重机直接安装,由于支座尺寸较大,支座垫石表面平整度及安装精度控制是支座安装的重点。

2)应对措施

支座安装平面度主要从支座垫板加工、现场安装及测量定位等方面进行控制:

(1)支座垫板采用厚度大于最大板厚 5~10mm 的钢板下料,下料后在斜面铣床上进行加工,保证斜面精度要求。

(2)为保证支座垫石表面平整度,在下座板范围垫石表面设置一块3cm厚钢板,在钢板上设置调节螺杆,中间预留φ80混凝土排气孔。安装时升降螺杆进行调整,可将平面度控制在3mm之内。

(3)支座现场安装前,利用索塔施工监控用测量控制网,将支座安装的平面位置精确放样至支墩顶面。测量支墩顶面高程,满足要求后安装中支座。

3)施工工艺

为保证支座安装精度,制定以下施工工艺:

(1)主塔处主纵梁安装结束,高强度螺栓100%终拧后,选择无阳光偏晒的天气,实测支座误差。

(2)解除水平限位措施,利用纵向水平千斤顶将钢梁整体纵移,调整中支座纵向误差。

(3)利用横向水平千斤顶调整中支座平面误差。

(4)地脚螺栓孔灌注高强砂浆,完成支座安装。

8.3.3 塔梁固结与解除

1)需求分析

塔梁固结是斜拉桥现场施工的关键环节,需保持在整个主梁架设施工期间,塔区钢梁与桥支座不发生相对位移。本工程Z0段梁段支座两侧3.1m位置各设置2个临时支墩,支墩尺寸为1.3m×1.7m(顺桥向×横桥向),在临时支墩位置设置8根(2排每排4根)φ32×4000精轧螺纹钢,精轧螺纹钢一端预埋于下横梁中,精轧螺纹钢外套直径5cm的波纹管,端部为一个垫板和螺母,埋入深度为2.146m,外露长度为1.854m,然后支立模板浇筑临时支墩,第一次浇筑高度为1.3m,待主梁就位后,在主梁翼缘板对应位置开8个孔,使得精轧螺纹钢精准穿过钢梁翼缘板,调整钢主梁线性高程,再支立剩余部分临时支墩模板,采用高强、早强支座灌浆料将剩余部分填充至钢梁底,待达到设计强度后,对精轧螺纹钢进行预张拉,每根精轧螺纹钢的张拉力为586.2kN。

2)应对措施

索塔下横梁施工时,提前设置预埋件(可采用φ32精轧螺纹钢),螺纹钢一端预埋于下横梁中,另一端与索塔横梁上方的锚固支座连接。现场安装时在塔区主纵梁下盖板与腹板之间设置锚固件。塔区钢梁安装完毕后,利用精轧螺纹钢将索塔下横梁上的锚固支座与钢梁上的锚固件连接成整体。塔梁固结方案如图8-27所示。

塔梁固结是桥位安装的关键环节,施工中需注意以下事项:

(1)锚固件需提前组焊在主纵梁上,上侧螺栓孔根据螺纹钢安装情况进行特配。主纵梁精确定位后方可进行精轧螺纹钢的栓合。

(2)栓合前检查下横梁上方锚固支座与下横梁是否固结成整体。

(3)检查塔梁锚固件与钢梁之间焊缝的焊接质量是否满足要求。

(4)固结完成后,在钢梁底面做出标记。施工过程中定期对塔梁固结情况进行检查。发现标记有变化时立即采取措施进行加固。

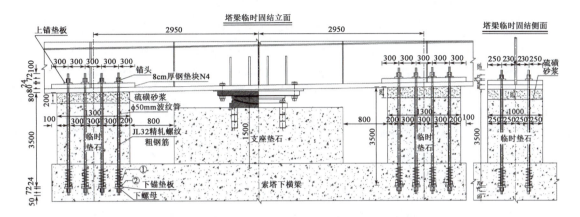

图 8-27　塔梁固结方案(尺寸单位:mm)

塔梁临时约束解除前,根据监控计算确定主纵梁处的拉力,并根据计算结果进行临时压重,防止临时约束解除后桥面突然上移。临时约束的解除方法是直接割除精轧螺纹钢,割除前,将利用钢板盒罩住锚头并与主梁焊接牢固,防止锚具及夹片反弹伤人。

3)施工工艺

为保证支座安装精度,制定以下施工工艺:

(1)下横梁施工时,提前预埋塔梁固结锚固支座,控制其相对位置。

(2)主纵梁定位后,逐件安装梁内塔梁固结件,按要求焊接。

(3)安装支座与钢梁处的临时螺栓并施拧,安装锚固支座与塔梁固结件之间的精轧螺纹钢,拧紧两侧螺母完成临时固结。

(4)主跨合龙后,解除塔梁固结,完成体系转换。

塔梁临时固结如图 8-28 所示。

图 8-28　塔梁临时固结

8.3.4 索塔区施工

索塔区施工包括支架设计与施工、塔区横梁及小纵梁拼装、全回转桥面吊机拼装、塔区梁段主纵梁安装、塔梁固结、斜拉索安装、塔区桥面板安装、湿接缝浇筑及提升站安装等内容。

具体施工步骤为：塔区段钢梁支架搭设，并安装滑移轨道→Z0 段横梁、小纵梁拼装→Z0 段横梁、小纵梁滑移到位→Z1、B1 段横梁小纵梁拼装→第一台全回转桥面吊机拼装→Z0 段钢主梁吊装→Z0 段钢主梁滑移到位→Z1、B1 段钢主梁吊装→桥面板安装→利用第一台全回转桥面吊机拼装第二台全回转桥面吊机→Z1、B1 斜拉索安装并第一次张拉→桥面板湿接缝的浇筑→Z1、B1 斜拉索第二次张拉→安装提升站和运梁平板车。

1) 塔区支架设计及施工

支架设计应能满足如下功能：承受塔区 Z0、Z1、B1 三个梁段钢梁及桥面板自重，承受附加全回转桥面吊机及提升站自重，承受钢梁拼装过程中边、中跨不平衡荷载等。另外，塔区还需存放一定数量的钢梁杆件。

（1）支架结构形式

支架采用钢管支架形式，支架系统主要由钢管立柱、平联、斜撑、对拉系统及操作平台等部分组成。

下横梁施工完成后，施工支架暂不拆除，将存梁支架与下横梁支架连接，保证其稳定性。支架立柱采用 φ820×10 钢管，钢立柱底部支撑于主墩承台之上，立柱间采用 [32a 槽钢作为平联，如图 8-29 ~ 图 8-32 所示。

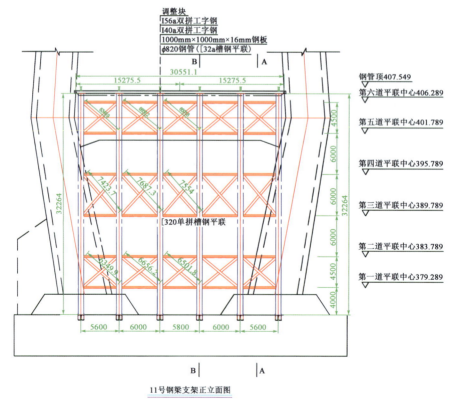

图 8-29 11 号墩支架正面布置图（高程单位：m；尺寸单位：mm）

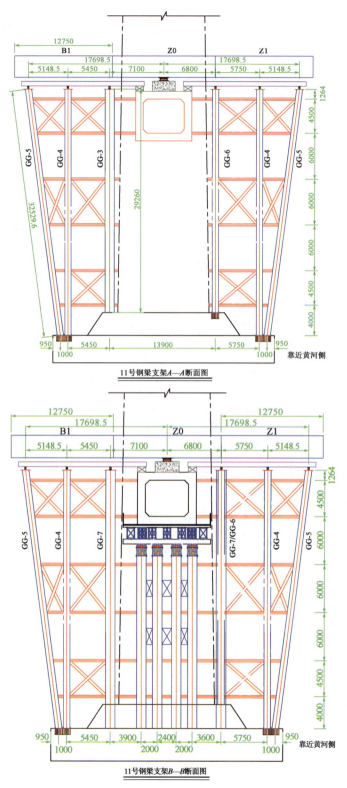

图 8-30　11 号墩支架侧面布置图(尺寸单位:mm)

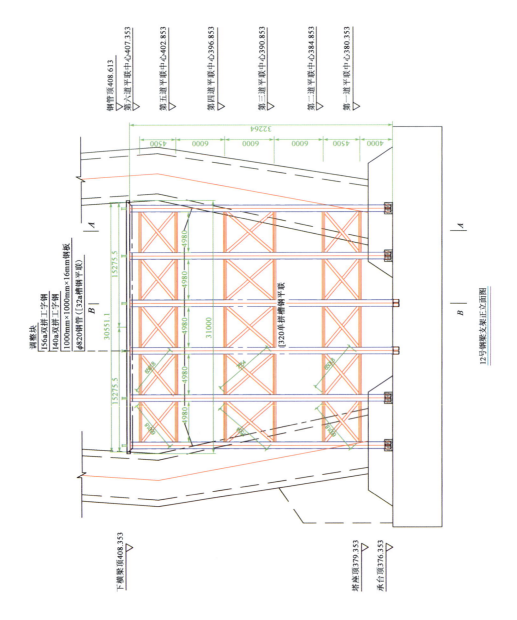

图8-31 12号墩支架正面布置图（高程单位：m；尺寸单位：mm）

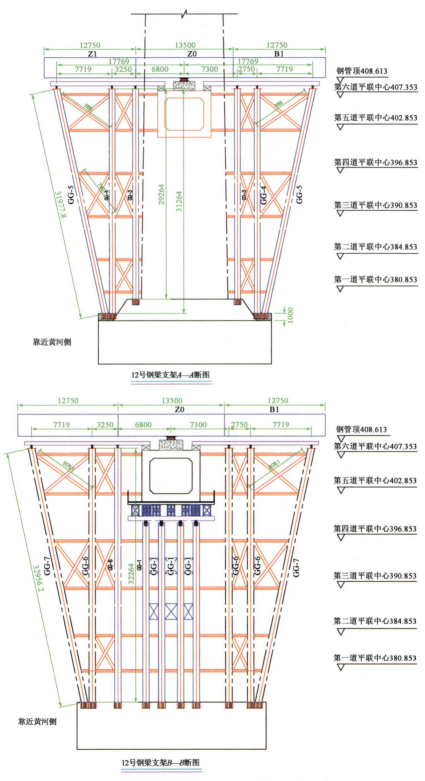

图 8-32 12号墩支架侧面布置图（尺寸单位：mm；高程单位：m）

（2）支架安装

单个构件最大重量6.5t，吊高约32m，采用塔式起重机或汽车起重机吊装。

第一步：施工承台、塔座、塔柱及下横梁时在相应位置进行支架预埋板施工，预埋件的位置满足图纸要求（图8-33~图8-35），确保基础承载力。

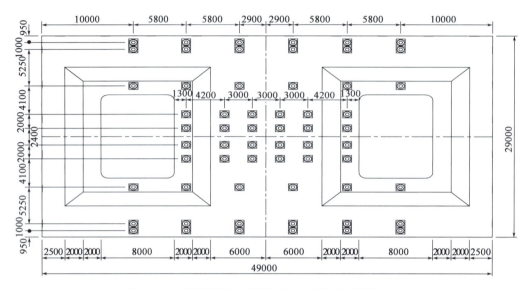

图8-33　11号墩存梁支架预埋件位置示意图（尺寸单位：mm）

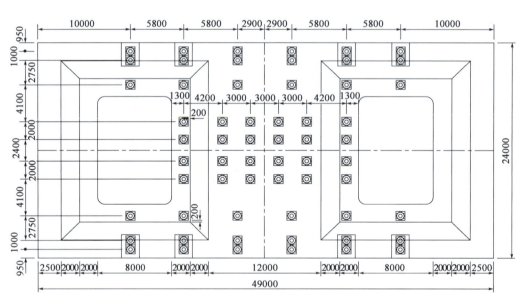

图8-34　12号墩存梁支架预埋件位置示意图（尺寸单位：mm）

第二步：钢管桩加工完成后运输至主塔处，利用塔式起重机、50t履带起重机进行支架钢管桩的吊装，并与塔柱、横梁进行临时固结。

第三步：斜撑、操作平台及支架间横撑安装。支架立杆安装完成后，首先进行水平横联和临时施工操作平台的安装，然后根据现场实际长度进行双排托架之间各联系撑的安装。

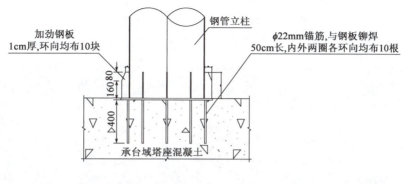

图 8-35　预埋件大样及其与钢管立柱连接示意图(尺寸单位:mm)

第四步:分配梁安装。钢管桩顶进行柱帽加强,将分配梁与钢管桩固结。

第五步:上部施工平台搭设。为保证施工安全,分配梁顶面利用型钢和花纹钢板设置施工平台,施工平台错开钢梁安装位置。施工平台周边设置防护栏杆。塔区横梁、小纵梁及桥面板安装均在施工平台上进行。支架全貌如图 8-36 所示。

图 8-36　支架全貌

2)塔区横梁及小纵梁拼装

根据现场地形,采用塔式起重机将 Z0、B1、Z1 梁段的横梁、小纵梁分别吊装至塔区施工平台进行安装。首先采用现场塔式起重机将 Z0 梁段 3 个中间横梁、纵梁吊放至存梁支架上,距离桥墩中心线靠岸侧 9m 处,拼接成整体后,通过通长设置的滑块,利用穿心式千斤顶将其滑移至设计位置,调整中部横梁高程及水平度。横梁 HL0 组焊如图 8-37 所示。

图 8-37 横梁 HL0 组焊

采用拖拉装置将 Z0 梁段横梁平移至设计位置,并调整高程、轴线及里程。预先在纵向三拼 I56a 工字钢分配梁顶面和钢横梁底面接触部位安装通长滑块,滑块与三拼 I56a 工字钢之间安装聚四氟乙烯板。待横梁组拼完成后,采用穿心式千斤顶拖拉滑块进行平移。

滑移轨道梁采用三拼 I56a 工字钢,根据梁段结构布置形式,滑道梁在桥宽方向共布置 4 道。两根滑道梁接头位置采用高强度螺栓连接,以便拆装。滑移轨道梁布置如图 8-38 所示,滑移轨道梁结构如图 8-39 所示。

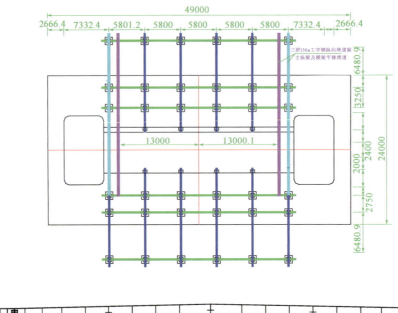

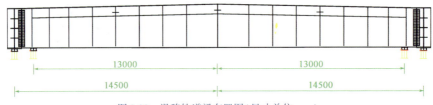

图 8-38 滑移轨道梁布置图(尺寸单位:mm)

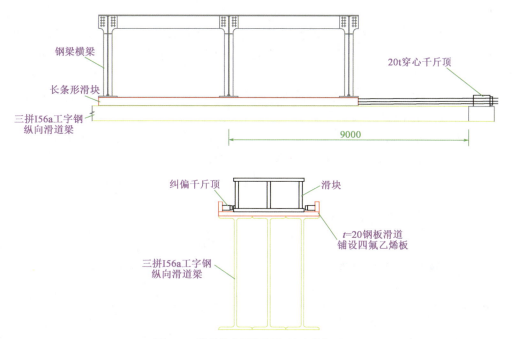

图 8-39　滑移轨道梁结构图(尺寸单位:mm)

拖拉装置：在轨道梁端设置两组 20t 穿心千斤顶连接拖拉系统。均匀地将钢梁拖拉前进，克服传统千斤顶由于反复启动、停止，而造成拉力不均匀的影响，大大加快施工进度。

Z0 梁段横梁和小纵梁拼装到位后，利用塔式起重机安装 B1、Z1 梁段的横梁、小纵梁并与 Z0 梁段连接为整体。利用精轧螺纹钢和支架上的连接装置将钢横梁与临时支架锚固为整体。横梁与分配梁的锚固示意图如图 8-40 所示。

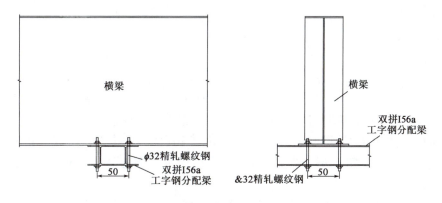

图 8-40　横梁与分配梁的锚固示意图(尺寸单位:cm)

3) 全回转桥面吊机安装

全回转桥面吊机最重构件不超过 10t，均在塔式起重机的吊重范围之内，因此，直接采用塔式起重机在塔区施工平台上进行全回转桥面吊机拼装，拼装顺序为：目测检查→拼装下车体→安装上车体骨架→安装回转机构、配重→安装卷扬机→安装三角架→安装司机室平台及司机室→安装电气、液压系统并调试→拼接吊臂、安装吊臂、穿钢丝绳→安装附属件→检查、准备试车。具体安装顺序如下：

（1）在已搭设好的 Z0、Z1、B1 梁段横梁及小纵梁顶面铺设木板,周围设置防护栏杆,便于施工人员行走。第一台起重机安装时,副臂不安装,待第二台起重机安装完成后,安装第一台的副臂及副钩。

（2）采用汽车将第一台全回转桥面吊机轨道运至起吊作业点,采用塔式起重机将轨道分段(单重 7t)吊运至桥面。按图纸要求间距摆放并初步固定。轨道固定时,应根据设计图纸,确保前后锚固点对准梁段,轨道前端朝向岸侧。全回转桥面吊机轨道安装如图 8-41 所示。

（3）利用塔式起重机将底盘结构左右侧长纵梁吊放至桥面摆放到位,如图 8-42 所示。

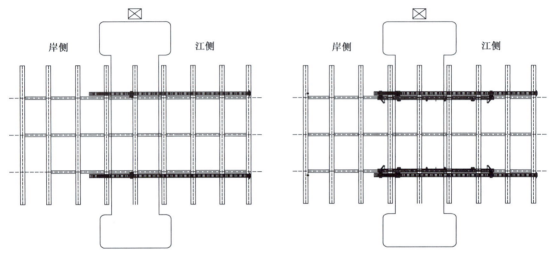

图 8-41　全回转桥面吊机轨道安装　　　　图 8-42　全回转桥面吊机纵梁安装

（4）利用塔式起重机吊装前横梁(重约 10.4t,幅度 30m),并与纵梁对位安装。

（5）利用塔式起重机将后横梁吊放至桥面后与两侧纵梁连接。

（6）前后横梁安装完成后,利用塔式起重机依次吊装中部横梁、纵梁、井字梁、回转支撑、液压系统等,完成底盘结构的安装工作。全回转桥面吊机回转机构安装如图 8-43 所示。

（7）采用塔式起重机将转台结构(重量 14.7t,幅度 23m)吊装后,将转台吊至底盘附近,同回转支撑进行对位安装。全回转桥面吊机转台安装如图 8-44 所示。

（8）采用塔式起重机依次吊装回转机构、配重、卷扬机、三角架、梯子平台、电气系统。

（9）上述结构安装完成后,调试好电气系统,确保回转机构、卷扬机、走行机构能正常运转。

（10）在塔式起重机附近的空地上将吊臂结构、变幅动滑轮组拼装成整体。吊臂组拼如图 8-45 所示。

（11）将变幅钢丝绳吊放至桥面,在转台前设置好钢丝绳胎架,便于钢丝绳安装。

（12）在吊臂拼装完成后,采用塔式起重机将吊臂整体起吊后,同转台结构进行对位安装。吊臂销轴安装完成后,不松钩,人工完成变幅钢丝绳的安装工作。变幅钢丝绳安装完成后,利用卷扬机将吊臂拉起。吊臂安装如图 8-46 所示。

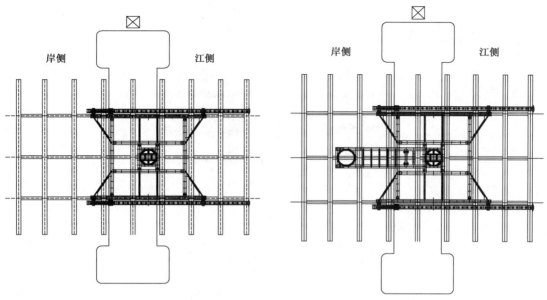

图 8-43　全回转桥面吊机回转机构安装　　　　图 8-44　全回转桥面吊机转台安装

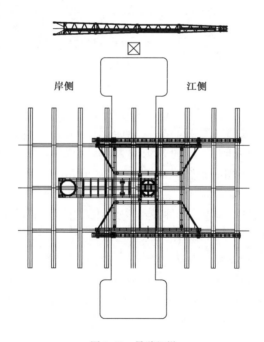

图 8-45　吊臂组拼

(13)吊臂拉起后,利用塔式起重机将吊钩、起升钢丝绳等吊装至桥面,完成全部安装工作。利用塔式起重机将试验配重吊运至桥面后,完成桥面起重机的试验取证工作。

(14)全回转桥面吊机吊装试验

全回转桥面吊机安装完毕后在现场进行荷载试验,额定单绳拉力 1.1 倍的动载和 1.25 倍的静载试验。

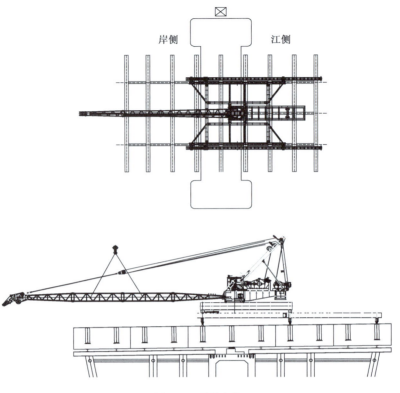

图 8-46 吊臂安装

动载试验的目的主要是验证起重机各机构及制动器的功能,如果各部件能完成其功能试验,在目测检查中没有发现机构(结构)有损坏,连接处没有松动现象,则认为这项试验合格。

起重机动载试验由主钩完成,荷载为主钩最大额定起重量41.6t的1.1倍(46t)。

主钩在吊距16m时,起吊46t试验荷载,由地面升至2m高度,起升过程中制动一次,在作业区范围全程左、右回转。下降过程中,中间制动一次。该工况试验连续做两次。

静载试验的目的是检验起重机零部件及结构的承载能力,如果未产生裂纹、永久变形、油漆剥落或对起重机的性能及安全有影响的损坏,连接处未产生松动,则认为这项试验合格。

起重机静载试验由主钩完成,荷载为主钩最大额定起重量的1.25倍(55t);静载试验的荷载是逐渐加上去的,并将吊重停留在离地面100~200mm高度处使吊重悬空停留10min。

(15)将全回转桥面吊机走行至主跨侧梁段锚点位置,将起重机同横梁进行锚固。

第一台全回转桥面吊机安装如图8-47所示。

4)塔区梁段主纵梁安装

采用全回转桥面吊机自岸侧桥面下方取梁,安装Z0、B1、Z1梁段的主纵梁。主纵梁最大重量为29.89t,幅度20m,主塔处主纵梁吊装如图8-48所示。

采用全回转桥面吊机分别安装索塔处Z0梁段两侧主纵梁。Z0梁段主纵梁安装时,受塔壁影响主纵梁不能直接就位,需要先吊装至B1梁段安装位置处,再通过纵向滑移装置平移到位。

在主纵梁下方纵移轨道上设置通长滑块,滑块与轨道之间设置聚四氟乙烯板,Z0梁段到达B1节间后,上侧起重机不摘钩,远端设置钢倒链将Z0逐步拖拉至安装位置。

图 8-47 第一台全回转桥面吊机安装

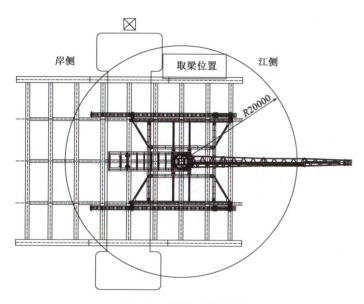

图 8-48 主塔处主纵梁吊装

Z0 梁段主纵梁安装到位后,采用全回转桥面吊机依次安装两侧的 B1、Z1 梁段主纵梁,并按要求进行接口连接。主纵梁安装如图 8-49 所示。

图 8-49 主纵梁安装

根据施工特点,塔区主纵梁安装需注意:
(1)主跨侧Z1梁段主纵梁可在安装前,提前吊装至桥面存放。存放时两侧采用钢倒链进行固定。
(2)Z0梁段主纵梁安装前,需对横梁安装精度(包括轴线、高程、里程)进行确定,满足要求后方可进行安装。
(3)由于主纵梁和索塔连接处间隙很小,塔梁固结件需提前放入。
(4)Z0梁段主纵梁安装完毕后,连接塔梁固结装置,并进行初步固定。

5)塔区斜拉索安装

塔区段钢梁拼接完成、桥面板吊装完成、两台全回转桥面吊机安装完成后,进行Z1、B1斜拉索安装,并进行第一次张拉,桥面板浇筑湿接缝,待达到强度后,进行第二次斜拉索张拉。

具体斜拉索安装方案见第四节。

6)塔区梁段桥面板安装

采用全回转桥面吊机从边跨侧桥面下方吊取桥面板,架设主跨侧桥面板,并按图8-50所示要求逐块安装。桥面板平均重量为16.35t,幅度20m,此时起重机可吊40t。

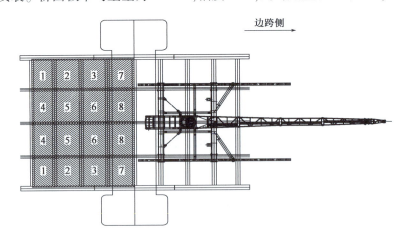

图8-50　主跨侧桥面板安装示意图

塔区桥面板安装时,按照由外向内、由边向中的顺序进行安装。吊机附近部分桥面板无法安装时,可将吊机向边跨侧移动。

采用全回转桥面吊机从主跨侧桥面下方吊取桥面板(亦可将主跨侧部分桥面板提前放置在AB梁段已安装的桥面板上方),逐块架设边跨侧桥面板(图8-51)。

桥面板现场安装如图8-52所示。

7)第二台全回转桥面吊机安装

先将第一台全回转桥面吊机纵移至边跨侧,然后利用塔式起重机和第一台全回转桥面吊机逐步完成主跨侧全回转桥面吊机安装。第二台全回转桥面吊机安装如图8-53所示。

8)运梁平车及提升站安装

(1)提升站在2号斜拉索张拉完毕后适时安装。
(2)采用岸侧全回转桥面吊机安装提升站支腿及支腿斜撑。

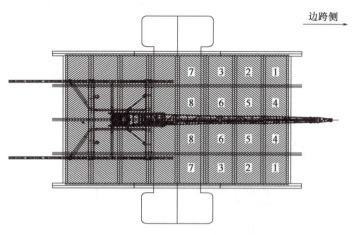

图 8-51 边跨侧桥面板安装示意图

图 8-52 桥面板现场安装

图 8-53 第二台全回转桥面吊机安装

(3)在桥面上将提升站上横梁及吊装小车拼装成整体后,采用岸侧全回转桥面吊机整体起吊,支腿完成对位安装。相对位置如图 8-54 所示。

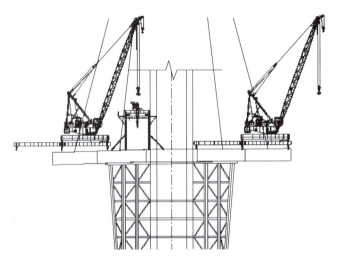

图 8-54　提梁站安装

(4)提升站试吊及取证工作完成后,全回转桥面吊机向两侧走行,准备进行后续梁段架设。

(5)采用提升站将运梁平车吊装至桥面,利用全回转桥面吊机完成平车轨道及车体结构的安装工作。

8.3.5　标准节段施工方案

塔区段湿接缝浇筑完成、二次张拉结束后,进行标准节段钢梁构件拼装,两个节段一循环,详细施工流程如下。

第一步:第一节段钢主梁吊装,导流板提前拼装,如图 8-55 所示。

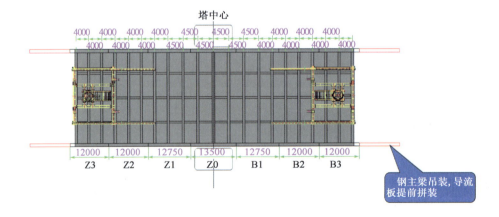

图 8-55　第一节段钢主梁安装

第二步：第一节段悬臂端钢横梁拼装，如图 8-56 所示。

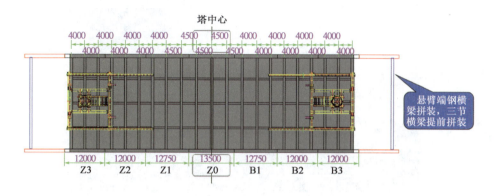

图 8-56　第一节段第一根钢横梁安装

第三步：第一节段中间钢横梁拼装，如图 8-57 所示。

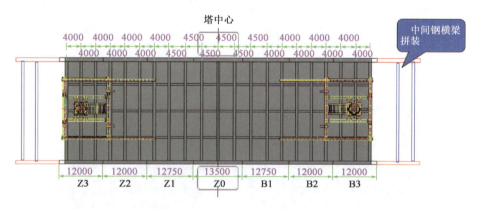

图 8-57　第一节段第二根钢横梁安装

第四步：第一节段 HDPE 外护套管安装，如图 8-58 所示。

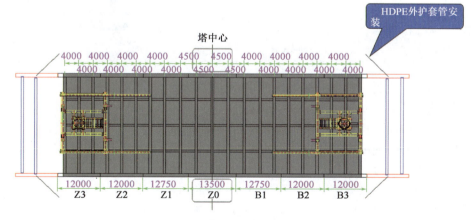

图 8-58　第一节段外护套管安装

第五步:第一节段第三根钢横梁安装,如图8-59所示。

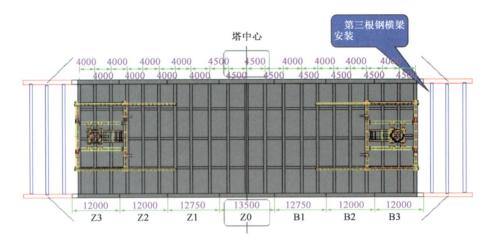

图8-59 第一节段第三根钢横梁安装

第六步:第一节段中央稳定板、隔流板、小纵梁安装,如图8-60所示。

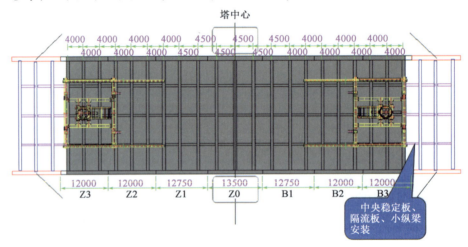

图8-60 第一节段小横梁安装

第七步:第一节段斜拉索第一次张拉,如图8-61所示。
第八步:第一节段桥面板铺设,如图8-62所示。
第九步:第一节段斜拉索第二次张拉,如图8-63所示。
第十步:全回转桥面吊机前移,如图8-64所示。
第十一步:第二节段钢主梁吊装,导流板提前拼装,如图8-65所示。
第十二步:第二节段悬臂端钢横梁拼装,如图8-66所示。
第十三步:第二节段中间钢横梁拼装,如图8-67所示。
第十四步:第二节段HDPE外护套管安装,如图8-68所示。
第十五步:第二节段第三根钢横梁安装,如图8-69所示。

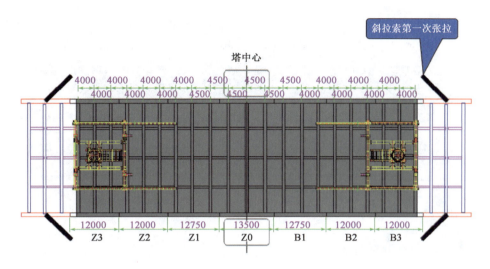

图 8-61 第一节段斜拉索第一次张拉

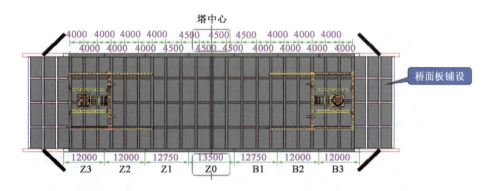

图 8-62 第一节段桥面板铺设

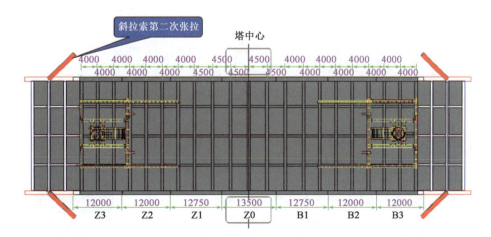

图 8-63 第一节段斜拉索第二次张拉

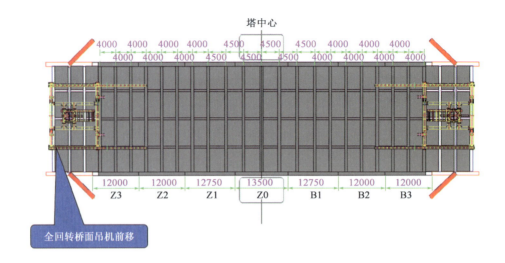

图 8-64　第一节段回转吊机前移

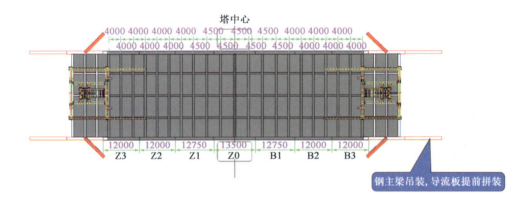

图 8-65　第二节段钢主梁安装

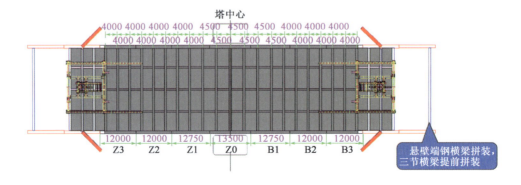

图 8-66　第二节段第一根钢横梁安装

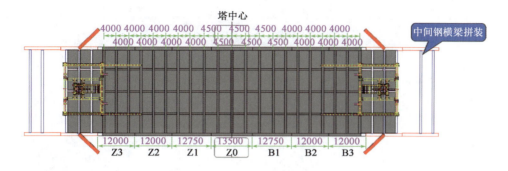

图 8-67 第二节段第二根钢横梁安装

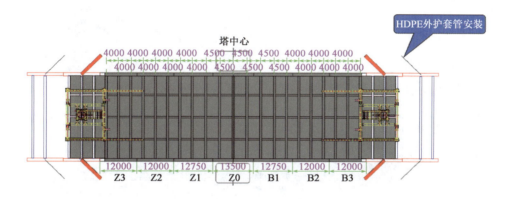

图 8-68 第二节段外护套管安装

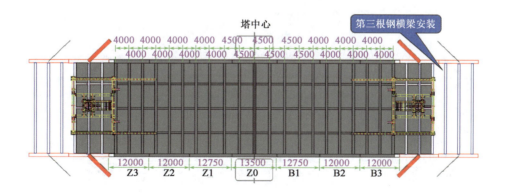

图 8-69 第二节段第三根钢横梁安装

第十六步:第二节段中央稳定板、隔流板、小纵梁安装,如图 8-70 所示。

第十七步:第二节段斜拉索第一次张拉,如图 8-71 所示。

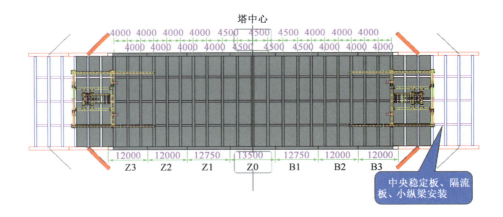

图 8-70　第二节段小横梁安装

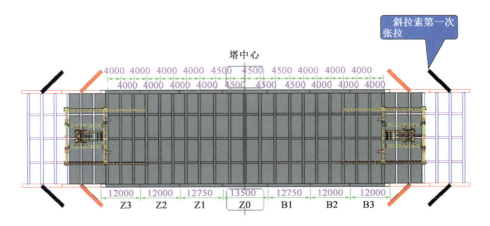

图 8-71　第二节段斜拉索第一次张拉

第十八步：第二节段桥面板铺设，如图 8-72 所示。

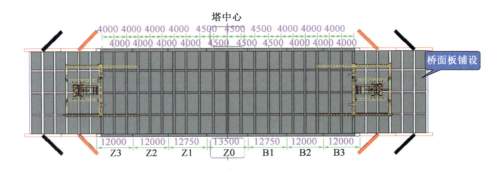

图 8-72　第二节段桥面板铺设

第十九步：两个节段湿接缝现浇，如图 8-73 所示。
第二十步：第二节段斜拉索第二次张拉，如图 8-74 所示。

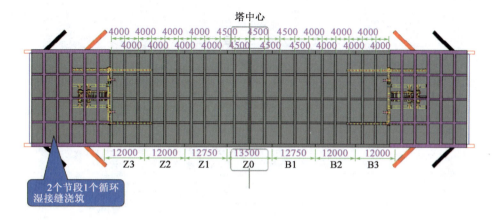

图 8-73 两个节段桥面板湿接缝浇筑

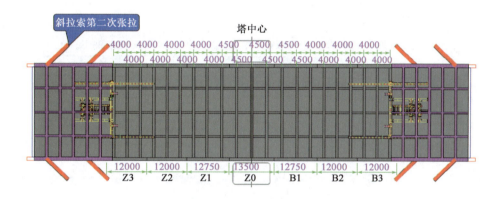

图 8-74 第二节段斜拉索第二次张拉

1)安装测量流程

标准节段安装测量流程如图 8-75 所示。

2)安装方案

(1)安装前准备工作

①全回转桥面吊机纵移(标准节段纵移 12m,边跨非标准节段根据梁段长度确定),全回转桥面吊机轨道与横梁锚固,对全回转桥面吊机进行全面检查,使其满足吊装要求。

全回转桥面吊机移动工作流程如下:

a. 全回转桥面吊机通过油缸支撑于上层桥面横梁上。在支撑油缸的作用下,轨道梁悬吊于全回转桥面吊机上。

b. 通过步履油缸的伸缩动作,轨道梁沿钢桥纵向向前移动到位。

c. 回缩支撑油缸,使轨道梁支撑于钢桥横梁上。继续回缩支撑油缸,使其脱离与钢桥横梁的接触。

d. 通过步履油缸的伸缩动作,全回转桥面吊机沿轨道梁向前移动到下一个工作位。

步履走行油缸设置有双向液压锁,以保证移位的安全及锁定。

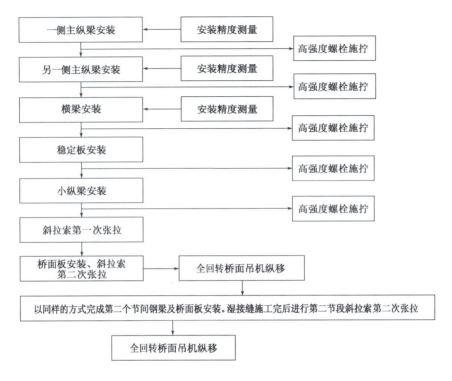

图 8-75　标准节段安装测量流程

②利用提升站将待架设主纵梁、横梁等吊运至桥面指定区域。其中主纵梁吊装至运梁平车上,再通过平车转运至待安装区域。横梁转运至索塔附近横梁拼装区域进行整体拼装。

③在桥面上将边横梁(2根)与中间横梁(1根)组拼成整体,横梁组拼应在专用组装平台上进行,组拼时严格对线,保证组拼精度。高强度螺栓施拧前对横梁直线度、盖腹板垂直度、扭曲、旁弯等进行检测。若超标,进行矫正,合格后方可进行吊装。为便于钢横梁整体吊装,上盖板吊点区域螺栓暂不安装。

(2)主纵梁安装

利用全回转桥面吊机同步对称安装主边跨主纵梁,安装需交错进行,如图8-76所示。

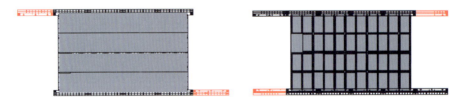

图 8-76　主纵梁交错安装

全回转桥面吊机将主纵梁吊装至待安装位置以上1m处后,缓慢降落。粗略定位后,利用经纬仪进行测量,并同步调整,保证轴线偏差不大于10mm(若前期安装误差需要消除时,偏差可适当提高,具体数值由监控和现场技术人员根据安装情况确定,但必须以误差减小为原则);利用水准仪对主纵梁两端高程进行测量,并同步调整,保证高差在10mm以内。

为保证整体安装精度,首节主纵梁粗定位时,宜向外侧偏移3~5mm。测量精度满足要求后按照上盖板→腹板→下盖板的顺序打定位冲钉,冲钉数量不小于螺栓孔总数的15%。

以同样的方式同步对称安装另一侧主纵梁,利用测量仪器控制整体安装精度,主要包括以下工艺项点:

①主梁中心距:28000mm+8mm(包括两端头、横梁连接部位)。
②四角高差≤10mm。
③主纵梁轴线≤8mm。
④主梁纵桥向安装精度满足设计要求。

主纵梁安装注意事项如下:

a. 主纵梁安装时,定位冲钉数量不少于螺栓孔总数的15%。若梁段安装偏差较大,应增加冲钉使用数量。
b. 严格控制主纵梁线形及中心距,以保证横梁安装。
c. 主纵梁安装时注意保证下底面水平,防止节段扭曲。
d. 主纵梁吊运时应注意避开斜拉索。
e. 注意前期安装误差的消除。
f. 打完冲钉,定好位再施拧(终拧)高强度螺栓。
g. 主纵梁高强度螺栓全部终拧完后拼装横梁,先装端头横梁。

(3)横梁安装

利用全回转桥面吊机由远及近依次安装横梁。横梁安装如图8-77所示。

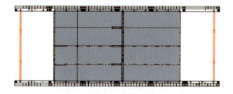

图8-77 横梁安装

全回转桥面吊机将横梁吊装至待安装位置以上1m处后,缓慢降落。由于横梁与主梁之间每侧仅有10mm间隙,安装时可将横梁与主梁错开一定的角度。利用撬杠+定位靠档辅助定位。横梁粗略定位后,两侧同时栓合,避免影响主纵梁定位精度。横梁定位时按照下盖板→腹板→上盖板的顺序安装定位冲钉及定位螺栓,定位冲钉数量不少于螺栓孔总数的15%。

以同样的方式依次定位其余两道横梁,安装过程中,利用经纬仪进行检测,重点控制以下工艺项点:

①横梁间距:4000mm±5mm,两端及小纵梁连接部位偏差值≤3mm。
②横梁的垂直度≤3mm,以保证稳定板的安装。
③整个节间对角线差≤10mm。
④对主纵梁中心距、轴线偏移、四角高差等进行复核,保证安装精度满足要求。

(4)高强度螺栓施拧

高强度螺栓施工质量控制的关键是保证摩擦面抗滑系数及高强度螺栓扭矩系数。其施工流程为:扳手标定→螺栓扭矩系数测定→连接板四角定位→安装冲钉和普通螺栓→安装高强度螺栓穿孔→初拧→高强度螺栓替换冲钉及普通螺栓并初拧→连接板密封→终拧→检验。

高强度螺栓施工的其他要求如下:

①高强度螺栓外委试验资料要交试验室,进场批次、数量报备试验室。

②电动扳手标定要有试验室人员旁站并在标定记录上签字。

③扳手每次标定后贴标签,标示使用部位,施工扳手不允许混用。

④高强度螺栓施工严格按照施拧工艺进行,杜绝螺栓混用或错用。

⑤高强度螺栓施工必须按要求做好标记,并按程序进行报检。

⑥高强度螺栓施拧完毕后,按要求及时进行检查。

(5)稳定板及小纵梁安装

利用全回转桥面吊机逐块安装稳定板及小纵梁,安装宜由近及远依次进行。稳定板及小纵梁安装前应注意接口部位考虑弹性压缩量的影响,精确定位后按要求施拧高强度螺栓。

稳定板与小纵梁安装注意事项如下:

①主纵梁接口部位的稳定板及小纵梁需要增加压缩量,其长度与其余部位不同,安装时需进行区分。

②安装前,对横梁间距进行测量,超差时及时进行修整。

(6)斜拉索安装及初次张拉

钢梁构件安装完毕后,按要求进行斜拉索安装,同步对称完成初次张拉。

斜拉索安装注意事项如下:

①斜拉索一张必须在钢梁高强度螺栓施拧且检测合格后进行。

②斜拉索张拉只能在日出前或日落后进行。

(7)桥面板安装

安装前,利用提升站和运梁平车将桥面板转运至塔区和安装区域。钢梁构件之间的高强度螺栓检测合格后,按照先边侧后中间的顺序由远及近依次完成桥面板安装。

桥面板安装注意事项如下:

①桥面板允许不对称安装,但主边跨数量不允许超过一块。

②桥面板必须按照件号进行安装,注意桥面板钢筋错开距离。

③全回转桥面吊机锚固部位钢筋与锚固座抵触需要切割时,需得到现场管理人员的认可,在保证钢筋对接情况下,尽可能少切或不切。严禁沿预制板断面齐头切割。

④桥面板安装时注意确保桥面板与黏贴胶条密贴。

⑤桥面板安装严禁急停、急落,注意保护边角部位,避免碰撞。

(8)湿接缝施工及斜拉索二张

第一节段桥面板安装完成后,进行斜拉索二张,然后进入下一节段钢梁施工,下一节段桥面板安装完毕后,按工艺要求进行钢筋接头焊接,并对两节段湿接缝待浇筑部位进行清理,浇筑纵横向湿接缝,待强度达到设计要求后,进行第二节段斜拉索二次张拉。

3）钢梁安装纠偏方案

(1) 安装前对已安装梁段定位精度进行检测,累计安装误差在随后几个节间内逐步消除。

(2) 主纵梁安装时随时采用经纬仪对安装精度进行测量,避免误差积累。

(3) 根据节段定位精度情况,通过高强度螺栓施拧顺序消除一定的安装偏差。例如若 Z3 梁段安装时发现远端轴线向上游侧偏 5mm,主梁与横梁之间高强度螺栓施拧时先施拧下游侧主纵梁。

(4) 根据桥位安装情况,每隔几个接口设置匹配接口,此接口高强度螺栓采用特配,可根据既有线形进行现场配孔,消除安装误差。

(5) 制作一定数量的调整垫板,当轴线安装偏差大于 10mm 时,接口部位采用垫板进行调整。

(6) 根据安装定位情况增加冲钉数量,保证主纵梁梁位置不发生变动。后续横梁或小纵梁安装时若需要进行调整,逐步撤除部分冲钉。

(7) 对安装经验进行总结,积累第一手资料,根据定位情况设置预偏量。

(8) 远端横梁定位时,设置倒链用来调整主纵梁定位精度。

4）钢梁吊装防护措施

防护措施采用在桥宽方向两侧设置两道减速机行走轨道,轨道通过支架和主纵梁固定。在减速机上顺桥向固定一根吊装节间长度的方钢,方钢上间隔 2.5m 拉钢丝绳,钢绞线上间隔 1m 设置夹具固定防护网,防护网要求拉平拉紧。减速机通过电机驱动在两侧的轨道上行走带动防护网行走,减速机轨道可以进行拆卸交替向前安装使用。安装防护网如图 8-78 所示。

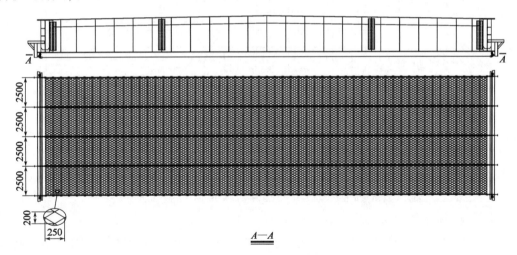

图 8-78　安装防护网(尺寸单位:mm)

8.3.6　边跨支架段钢梁安装

1）总体施工工艺

主桥边跨钢梁 B18、B19、B20 梁段采用汽车起重机分段进行安装,所有横梁均分 3 段进行吊装,然后栓接成整体,HL4~HL8 之间纵隔梁、底板加劲肋采用栓接和焊接结合方式连接为整体,主梁与横梁、横梁与小纵梁、横梁与压纵梁采取栓接方式连接为整体。永久配重采取分段、分批次施加方式进行配载,第一次完成 HL8 所有配重、HL8~HL7 之间二分之一配重、HL7~HL4 三分之一配重,剩余配重随中跨节段的安装对称逐步施加。

边跨梁段图如图 8-79 所示。HL4 横梁与 HL5 横梁及 HL5 横梁与 HL6 横梁连接构造如图 8-80 所示。底板加劲肋连接构造如图 8-81 所示。

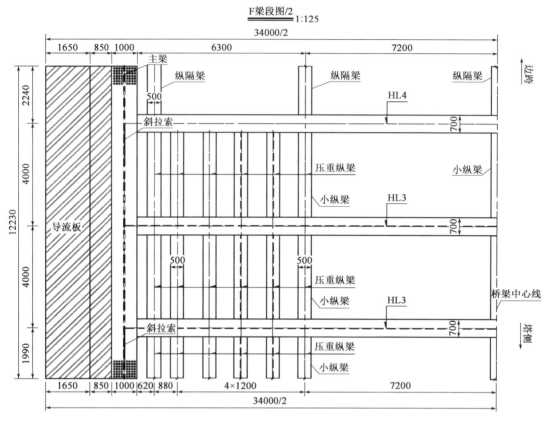

图 8-79 边跨梁段图(尺寸单位:mm)

(1)边跨钢梁吊装难点和应对措施

①边跨钢梁最大横梁重 78t,在工厂分 3 段制作、运输、吊装难度均较高,现场装配工作量极大。为此,从工厂制作开始控制分段尺寸,确保分段尺寸符合工地安装的要求,并在运输等环节采取措施,保证分段在运输中不变形。

②工地现场部分区域地面基础较差,不利于车辆行走和吊运,为此需预先对地面进行加固,包括浇制混凝土基础、铺设钢板等。

③支架最高达 30m,钢支撑采用条形混凝土基础。

④单根钢梁吊装重量较大,施工场地狭小局限性较大,且地处河滩起重机站位基础较差,工期要求比较紧张,因此在 10 号墩处采用 1 台 200t 汽车起重机吊装,13 号墩采用 2 台 260t 汽车起重机配合吊装。

(2)配重混凝土难点和应对措施

配重混凝土采用铁砂混凝土,设计重度为 35kN/m³,目前的拌合站无法生产此混凝土,泵车也无法泵送,只能采取现场拌和和垂直起吊的方式进行施工,施工效率大大降低。为此,将配重的铁砂混凝土,调整为普通 C30 混凝土,重度调整为 $25kN/m^3$,施工过程中保证每延米配重量满足设计要求。

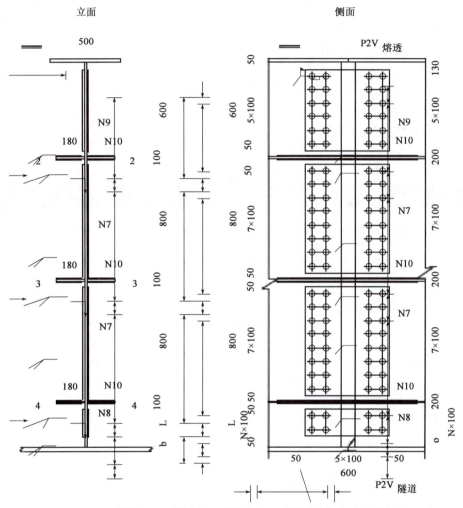

图 8-80　HL4 横梁与 HL5 横梁及 HL5 横梁与 HL6 横梁连接构造(尺寸单位:mm)

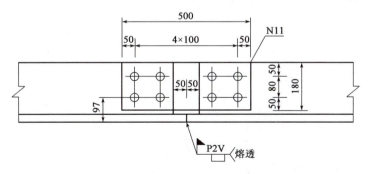

图 8-81　底板加劲肋连接构造(尺寸单位:mm)

2)钢梁吊装施工

(1)吊装施工组织

吊装时统一指挥,每个人按吊装前安排的任务各司其职,根据信号实施操作,指挥信号优先采用吹哨法。对讲机作为备用辅助信号工具,指挥人员发出的信号要清晰明亮。

起重吊装人员必须持有执业资格证;挂钩操作人员在操作开始之前,在检查吊环、吊钩、钢丝绳等索具,并验明指挥信号;吊装前对所有施工人员进行技术交底及安全教育培训。分析此次吊装的难点和重点,以及技术规范标准及要求,使所有参与吊装的人员清楚吊装的操作程序和有关注意事项,严格执行所制订的方案实施步骤,安全、进度、质量都得到有效的控制。

(2)吊装起重机的选择

①13号墩钢梁吊装起重机选择。

a.最大吊装重量见表8-4。

边跨现浇段重量统计表　　　　表8-4

序号	组件	结构部位	数量	单件重量	单位	重量	小计	合计
1	钢梁结构	F梁段	2	26.754	t	53.508	642.5	3456.2
2		G梁段	2	19.524	t	39.048		
3		H梁段	2	29.083	t	58.166		
4		HL3	2	24.424	t	48.848		
5		HL4	1	46.277	t	46.277		
6		HL5	2	64.414	t	128.828		
7		HL6	1	73.98	t	73.98		
8		HL7	1	66.327	t	66.327		
9		HL8	1	77.724	t	77.724		
10		压纵梁	—	35.548	t	35.548		
11		小纵梁	18	—	t	14.246		
12	桥面预制板	W1	8	29.875	t	239	810.1	
13		W2	4	26.05	t	104.2		
14		W3	2	20.725	t	41.45		
15		M1	8	33.05	t	264.4		
16		M2	4	28.825	t	115.3		
17		M3	2	22.875	t	45.75		
18	压重混凝土	现浇	663.7	1499.96	t	1499.955	1591.51	
19		预制	53.7	91.555	t	91.555		
20	现浇桥面板	桥面板、湿接缝	412.09	—	t	412.09	412.09	

b.工作时汽车起重机站位及吊装幅度,如图8-82~图8-84所示。

c.260t汽车起重机起重性能见表8-5。

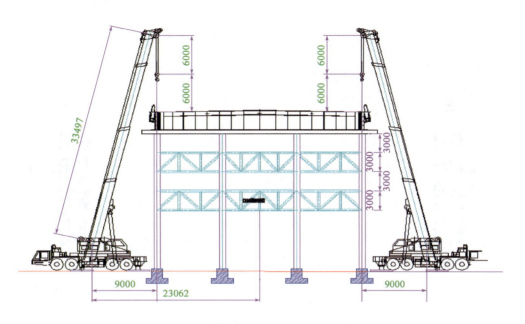

图 8-82 吊装立面图(尺寸单位:mm)

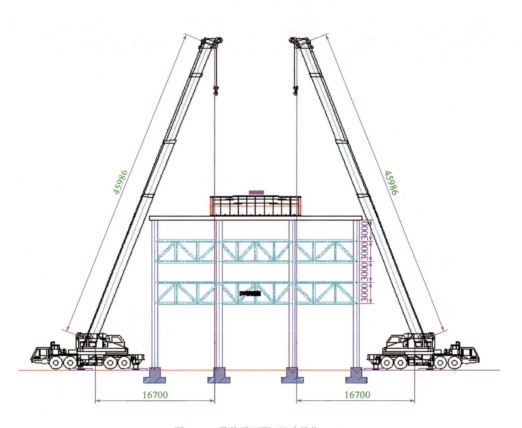

图 8-83 吊装平面图(尺寸单位:mm)

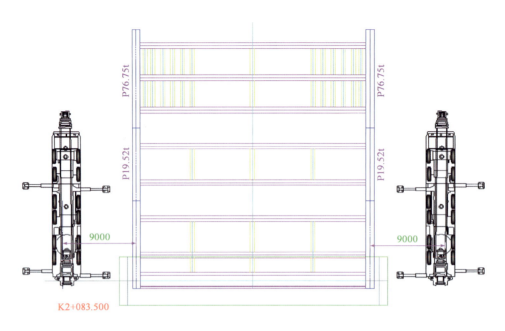

图 8-84 吊装平面图(尺寸单位:mm)

260t 汽车起重机起重性能 表 8-5

工作半径(m)	15.5 后方	20.7	25.9	31.1	36.3	41.5	46.7	51.9	57.1	62.3	67.5	72
3	250	176										
3.5	173	173	135									
4	157	157	135	117								
4.5	144	144	134	117								
5	136	136	127	116	86							
6	123	123	115	109	86	71						
7	112	112	104	100	84	70	55					
8	102	102	96	92	82	69	55	43				
9	93	91	89	85	79	68	54	42.5	33.5			
10	84	83	83	79	74	65	54	40.5	33.5	26.2		
11	74	74	76	73	69	62	53	38.5	32.5	26.2	20.7	
12	63	63	69	69	65	58	51	37	31.5	26.2	20.7	17
14			58	58	57	52	46	33.5	29.2	24.8	20.6	16.9	14
16			49.5	49.5	49	46.5	42	29.9	26.6	23.3	19.9	16.8	14
18			25.8	43	42.5	42.5	38.5	27.2	24.3	21.6	18.9	16.2	13.9
20				37.5	37	38	35.5	25.2	22.1	19.9	17.7	15.6	13.5
22				32.5	32.5	33.5	32.5	23.7	20	18.4	16.5	14.8	13.1
24					28.9	31	30	22.4	18.4	17	15.4	14	12.4

续上表

击臂长度(m) 工作半径(m) 后方	15.5	20.7	25.9	31.1	36.3	41.5	46.7	51.9	57.1	62.3	67.5	72
26				25.8	28.4	27.6	21.1	17.2	15.6	14.1	13.2	11.7
28			21.1	25.7	24.9	20	16	14.4	13.4	12.4	11
30				23.4	22.6	18.9	15	13.3	12.5	11.7	10.4
32				21.1	20.6	18.1	14	12.5	11.7	11	9.8
34					18.8	17.4	13.1	11.7	10.9	10.3	9.2
36					17.3	16.8	12.6	11	10.2	9.7	8.7
38						15	16.2	12	10.3	9.6	9.1	8.1
40							15.4	11.6	9.8	9	8.5	7.7
42							14.3	11.1	9.2	8.5	7.9	7.2
44							6.3	10.6	8.8	8.1	7.4	6.7
46								10.2	8.3	7.7	6.9	6.3

②10号墩钢梁吊装起重机选择。

a. 最大吊装重量见表8-6。

边跨现浇段重量统计表

表8-6

序号	组件	结构部位	数量	单件重量	单位	重量	小计	合计
1	钢梁结构	F梁段	2	26.754	t	53.508	642.5	3456.2
2		G梁段	2	19.524	t	39.048		
3		H梁段	2	29.083	t	58.166		
4		HL3	2	24.424	t	48.848		
5		HL4	1	46.277	t	46.277		
6		HL5	2	64.414	t	128.828		
7		HL6	1	73.98	t	73.98		
8		HL7	1	66.327	t	66.327		
9		HL8	1	77.724	t	77.724		
10		压纵梁	—	35.548	t	35.548		
11		小纵梁	18	—	t	14.246		
12	桥面预制板	W1	8	29.875	t	239	810.1	
13		W2	4	26.05	t	104.2		
14		W3	2	20.725	t	41.45		
15		M1	8	33.05	t	264.4		
16		M2	4	28.825	t	115.3		
17		M3	2	22.875	t	45.75		
18	压重混凝土	现浇	663.7	1499.96	t	1499.955	1591.51	
19		预制	53.7	91.555	t	91.555		
20	现浇桥面板	桥面板、湿接缝	412.09	—	t	412.09	412.09	

b. 工作时起重机站位及吊装幅度如图 8-85～图 8-87 所示。

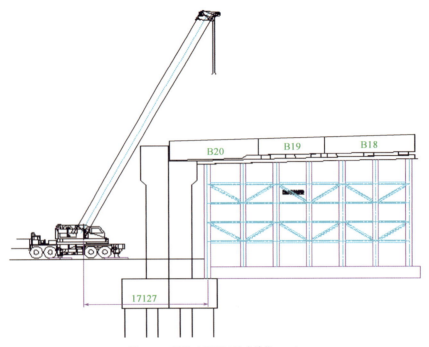

图 8-85　吊装立面图(尺寸单位：mm)

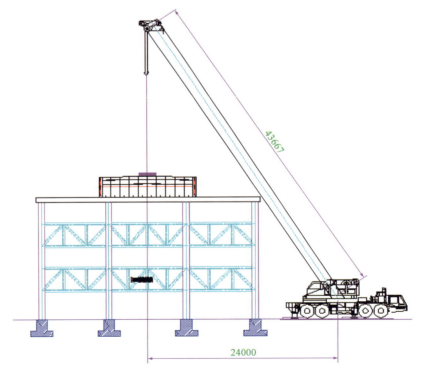

图 8-86　吊装立面图(尺寸单位：mm)

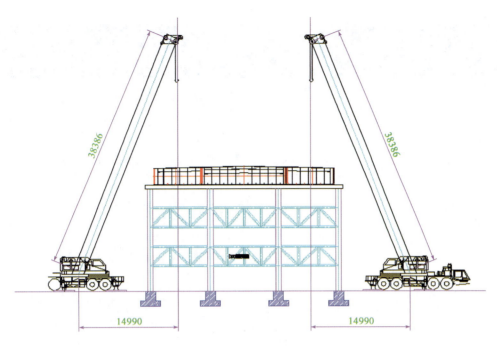

图 8-87 吊装立面图(尺寸单位:mm)

c. 200t 汽车起重机起重性能见表 8-7。

200t 汽车起重机起重性能 表 8-7

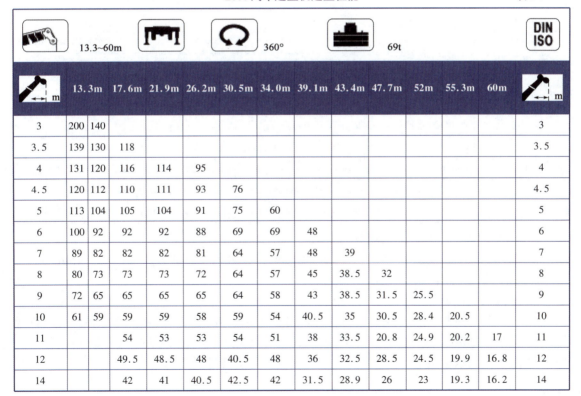

m	13.3m	17.6m	21.9m	26.2m	30.5m	34.0m	39.1m	43.4m	47.7m	52m	55.3m	60m	m
3	200	140											3
3.5	139	130	118										3.5
4	131	120	116	114	95								4
4.5	120	112	110	111	93	76							4.5
5	113	104	105	104	91	75	60						5
6	100	92	92	92	88	69	69	48					6
7	89	82	82	82	81	64	57	48	39				7
8	80	73	73	73	72	64	57	45	38.5	32			8
9	72	65	65	65	65	64	58	43	38.5	31.5	25.5		9
10	61	59	59	59	58	59	54	40.5	35	30.5	28.4	20.5	10
11			54	53	53	54	51	38	33.5	20.8	24.9	20.2	17	11
12			49.5	48.5	48	40.5	48	36	32.5	28.5	24.5	19.9	16.8	12
14			42	41	40.5	42.5	42	31.5	28.9	26	23	19.3	16.2	14

续上表

	13.3m	17.6m	21.9m	26.2m	30.5m	34.0m	39.1m	43.4m	47.7m	52m	55.3m	60m	
16			35	36	36.5	36	28.3	26	23.6	21.4	16.4	15.5	16
18			30.5	32	31.5	31	25.8	23.4	21.5	19.6	17.6	14.9	18
20				28.3	27.9	27.2	23.5	21	19.5	18.1	16.4	14.2	20
22				25.1	24.7	24.1	21.8	19.2	17.9	16.7	15.4	13.7	22
24					22.1	21.4	20.4	17.6	18.4	15.4	14.4	13.2	24
26					19.8	19.1	19.2	16.3	15.1	14.3	13.4	12.3	26
28						17.1	17.7	15.1	13.9	13.2	12.5	11.5	28
30						18	16	14	12.8	12.2	11.7	10.6	30
32						13.3	14.5	13.2	11.8	11.3	10.9	10.1	32
34							13.2	12.4	11.2	10.5	10.2	9.4	34
36							11.3	11.7	10.0	9.8	9.6	6.8	36
38								11.2	10	9.1	9	8.3	38
40								10.2	9.4	8.7	8.4	7.7	40
42									8.9	8.3	7.8	7.2	42
44									8.5	7.9	7.4	6.7	44
46										7.5	6.9	6.3	46
48										7.1	5.5	5.9	48
50											5.1	5.6	50
52											5.7	5.2	52
54												4.9	54
56												4.6	56
I	0	0/0/0	0/0/0	46/0/0	46/46/0	92/46/0	92/45/46	92/45/46	92/45/46	92/46	92	100	I
II	0	0/0/0	46/0/0	46/92/0	92/46/46	46/46/46	46/92/46	92/92/46	92/92/46	92/92	92	100	II
III	0	46/0/0	46/0/0	46/46/46	46/46/46	46/46/46	46/46/46	46/46/46	92/46/92	92/92	92	100	III
IV	0	0/46/0	0/46/0	0/46/46	46/46/46	46/46/46	46/46/92	46/92/92	46/92/92	92/92	92	100	IV
V	0	0/0/46	0/46/92	0/0/46	0/46/46	0/46/92	46/46/92	46/46/92	46/46/92	46/92	92	100	V

（3）汽车起重机吊装对施工现场的要求

根据有关技术资料，260t/200t 汽车起重机吊装站位处地基承载力要求不小于 150kN/m²。

（4）起吊钢绳选用及吊环设计

①钢绳的选择与绑扎。

每一分段梁上设 2 个吊环，钢梁吊装时采用 2 根 6×37ϕ37 的钢芯钢绳穿钢销连接，钢丝绳抗拉强度 1850MPa，每一根钢绳长 6000mm，ϕ36 的钢芯绳的最小破断拉力为 953kN，每一分段构件采用 2 根钢绳，其合力为 1906kN，构件安全系数大于规范要求。

②吊环的设计。

在每一分段梁上设 2 个吊环,先找到该段梁的重心位置,在重心点 2m×3m 范围内设置吊环,吊环必须设置在有隔板、加劲肋的位置。本工程最大起重量 30t,按 50t 考虑,采用 2 个吊点,选择 30t 吊耳,如图 8-88 所示。

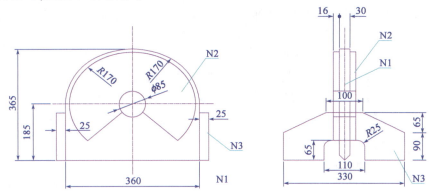

图 8-88　吊耳构造图(尺寸单位:mm)

(5)安装支架设计

主桥边跨钢梁 B18、B19、B20 梁段采用钢管支架进行支撑,支架坐立于 C30 混凝土条形基础之上,钢管顶为纵横向分配梁和调整块。

①支架基础。

支架采用条形基础,顺桥向共设置 4 条,为扩大基础,基础底宽 3000mm,高 2250mm,顶宽 2000mm,基础埋入地下 2m,外露 250mm,基础下设 50mm 厚 C10 垫层,垫层较基础宽 100mm,垫层下为 5000mm 宽,厚 1000mm 的未筛分碎石换填层,并分层碾压回填,基础承载力不小于 175kPa。基础采用 C30 混凝土,主筋为 HRB400C25,拉钩为 HRB400C16,箍筋间距 200mm,拉钩间距 600mm。基础施工时,在基础内埋设 1500mm×1500mm×20mm 预埋钢板(A1170 钢管)和 1120mm×1120mm×20mm 预埋钢板(A820 钢管),钢板下设置 HRB400C25 锚固钢筋,锚固长度 700mm。支架基础钢筋布置如图 8-89 所示。

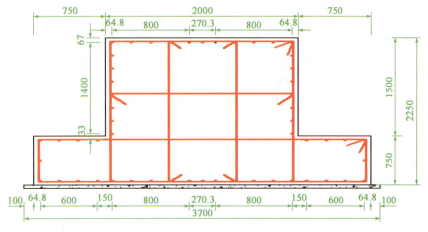

图 8-89　支架基础钢筋布置图(尺寸单位:mm)

②钢管立柱。

钢管支架顺桥向设置7排,横桥向设置4排,共计28根,顺桥向钢管间距为4667mm,横桥向中间两排钢管间距为10000mm,两侧钢管间距为9000mm,钢管与基础顶面的预埋钢管焊接,同时在其四周设置8块150mm×300mm×20mm加劲板,顺桥向钢管之间通过Z字形[32槽钢平联连接为整体,横桥向钢管之间通过[32槽钢桁架连接为整体。

10号墩钢梁边跨支架钢管为φ1170×16,13号墩钢梁边跨支架钢管为φ1170×16(横桥向4排)和φ820×10(横桥向3排)。10号墩钢管高度为14650mm(靠近墩柱2排)和15658.7mm(其余5排),平联共设置2层,层间距为4000mm,13号墩钢管高度为25576mm(靠近墩柱2排)和26010mm(其余5排),平联共设置3层,层间距为5500mm。

10号边墩支架布置如图8-90所示,10号边墩支架立面图如图8-91所示,13号边墩支架布置如图8-92所示。13号边墩支架立面图如图8-93所示。

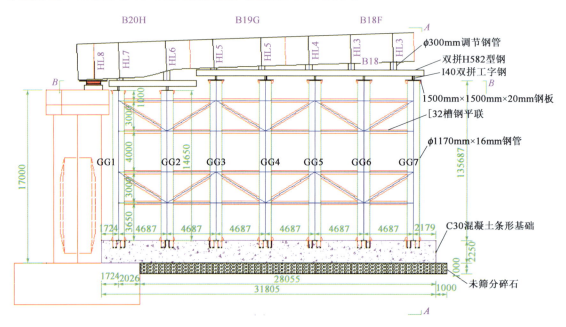

图8-90　10号边墩支架布置图

③钢管顶结构设置。

φ1170×16钢管顶为1500mm×1500mm×20mm封端钢管,φ820×10钢管顶为1320mm×1320mm×20mm封端钢管,钢板四周焊接8块150mm×300mm×20mm加劲板,钢管顶横桥向放置双拼I40工字钢,共7排,I40双拼工字钢顶顺桥向放置双拼H582型钢,所有连接点均采用点焊固定,因钢梁存在纵坡,在横梁与纵向双拼H582型钢之间设置φ600×20调整块,每侧边跨共计设置55个调整块,每个横梁设置6个,每个主梁设置2个。

④滑动装置设置。

横梁连接为整体后,将每道横梁下的调整块减少为4个,在顺桥向H582型钢处设置调整块,HL8处两端为支座,在墩顶、盖梁中心线处设置调整块,共3个,然后将所有调整块与钢梁点焊固定,并在调整块与顺桥向H582型钢之间铺垫四氟乙烯滑板,确保索力张拉时,梁体可适时在支架上滑动。调整块布置示意如图8-94所示。

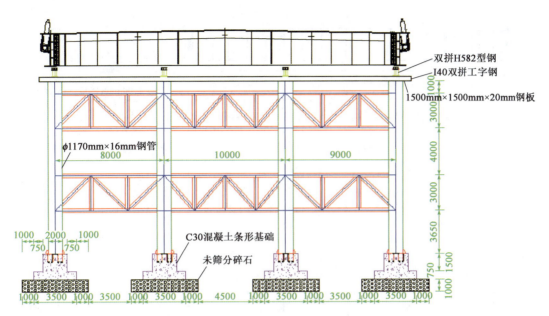

图 8-91　10 号边墩支架立面图（A—A）

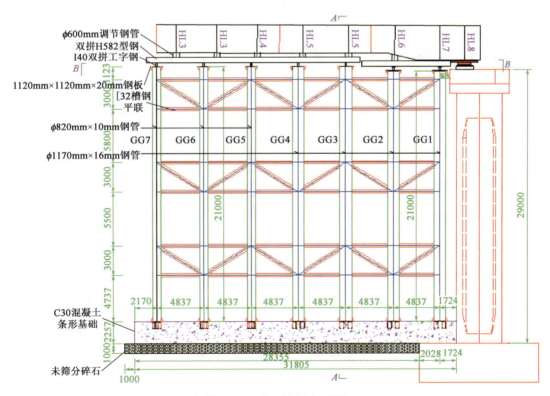

图 8-92　13 号边墩支架布置图

(6) 支座安装

本梁采用球型支座，右侧支座型号为 LYQZ(GNS)-12.5SX，左侧支座型号为 LYQZ(GNS)-12.5DX。支座布置方式如图 8-95 所示。

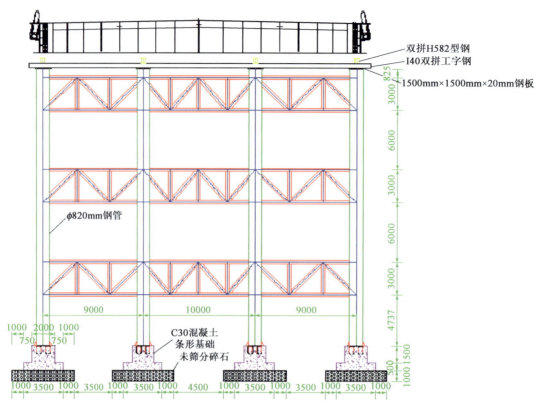

图 8-93　13 号边墩支架立面图（A—A）

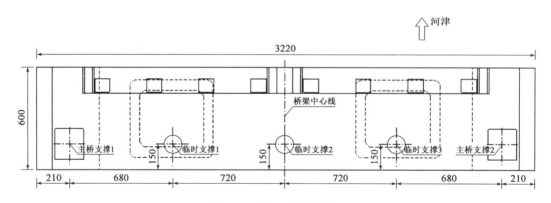

图 8-94　调整块布置示意图

钢梁安装前，进行支座安装；支座安装前应检查支座连接状况是否正常，不得任意松动上、下支座连接螺栓；另外，凿毛支承垫石表面，清除锚栓孔中的杂物，安装灌浆用模板，并用水将支承垫石表面清洗干净；支座就位，用钢楔块楔入支座四角，找平支座，并将支座调整到设计高程，在支座底面与支承垫石之间应留 20～50mm 空隙；仔细检查支座中心位置及高程后，用高强度无收缩材料灌浆，灌浆料强度不小于 50MPa。

灌浆采用重力灌浆方式，浇筑支座底部及锚栓孔处空隙，灌浆过程从支座中心部位向四周注浆，直至从模板与支座底板周边间隙处观察到灌浆材料全部灌满为止，灌浆前应初步计算所需浆体体积,实际浇筑浆体数量不应与计算值产生过大的误差,防止中间缺浆;灌浆材料终凝后,拆除模板及钢楔块,检查是否有漏浆处,对漏浆处进行补浆,并填堵钢楔块抽出后的空隙,拧紧下支座板锚栓,按照监控指令要求进行支座纵向预偏量调整,拆除支座上下钢板固定螺栓,按监控指令的预偏量值调整支座上钢板纵向偏移量,并将支座上下钢板采用钢板临时焊接固定,待边跨合龙后解除。永久支座安装示意如图8-96所示,连续梁支座安装允许误差见表8-8。

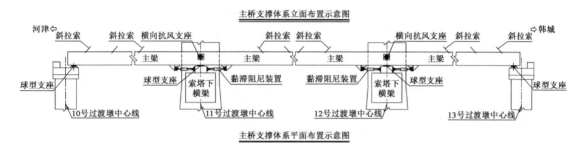

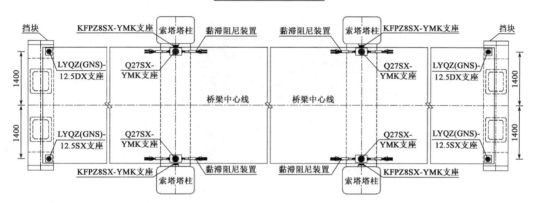

图8-95 主桥支撑体系立面、平面布置示意图(尺寸单位:mm)

连续梁支座安装允许误差表　　　　　　　　　　　　　　　　　表8-8

序号	项目		允许误差
1	支座中心线与墩台十字线的纵向错动量(mm)		≤15
2	支座中心线与墩台十字线的横向错动量(mm)		≤10
3	支座板每块板边缘高差(mm)		≤1
4	支座螺栓中心位置偏差(mm)		≤2
5	同一端两支座横向中心线间的相对错位(mm)		≤5
6	螺栓		垂直梁底板
7	四个支座顶面相对高差(mm)		2
8	同一端两支座纵向中线间的距离(mm)	误差与桥梁设计中心线对称	+30,-10
		误差与桥梁设计中心线不对称	+15,-10

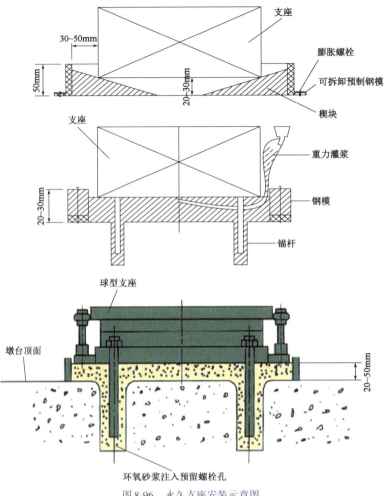

图 8-96　永久支座安装示意图

(7) 10 号墩钢梁吊装

10 号边墩处钢梁主要采用 1 台 200t 汽车起重机吊装至支架上进行拼装成型,施工步骤如下。

第一步:分 3 段将 HL8 吊装就位,如图 8-97 所示。

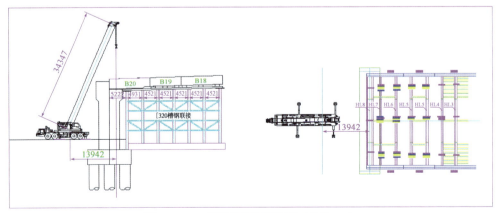

图 8-97　HL8 梁段吊装示意图(尺寸单位 mm)

第二步:分3段将HL7吊装就位,如图8-98所示。

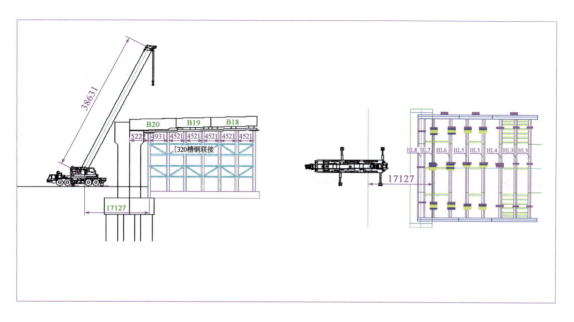

图8-98　HL7梁段吊装示意图(尺寸单位mm)

第三步:吊装HL3～HL6中间横梁,如图8-99所示。

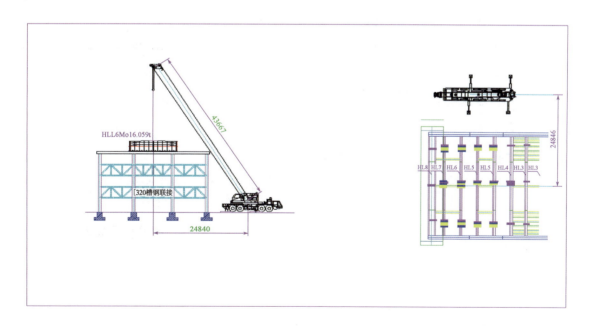

图8-99　HL3-HL6中间横梁吊装示意图(尺寸单位mm)

第四步:吊装HL3～HL6两侧横梁,如图8-100所示。
第五步:吊装主梁B20、B19、B18,如图8-101所示。

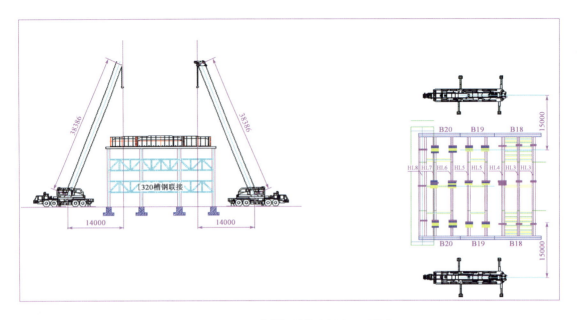

图 8-100　HL3-HL6 两侧横梁吊装示意图(尺寸单位 mm)

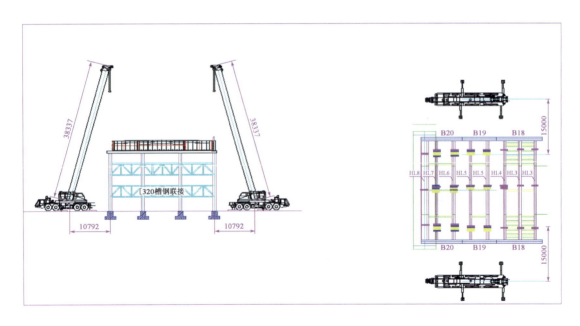

图 8-101　主梁 B20、B19、B18 吊装示意图(尺寸单位 mm)

(8)13 号墩处钢梁安装

13 号边墩处钢梁主要采用 2 台 260t 汽车起重机吊装至支架上进行拼装成型,施工步骤如下。

第一步:双机抬吊横梁 HL8、HL7 中间部分,如图 8-102 所示。

第二步:吊装横梁 HL3～HL6 中间部分,如图 8-103 所示。

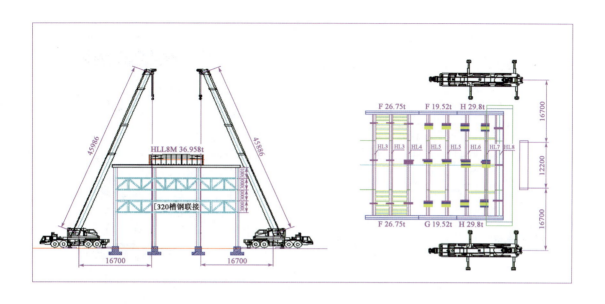

图 8-102　双机抬吊横梁 HL8、HL7 吊装示意图(尺寸单位 mm)

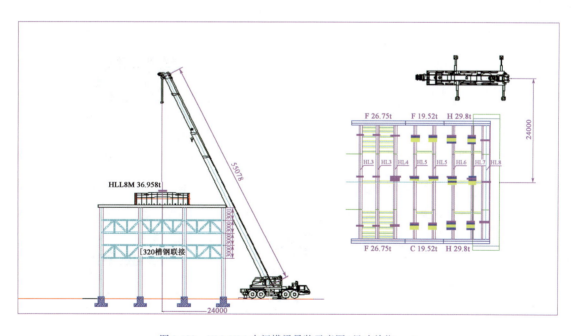

图 8-103　HL3-HL6 中间横梁吊装示意图(尺寸单位 mm)

第三步：吊装横梁 HL3～HL8 两侧部分，如图 8-104 所示。
第四步：吊装主梁 B20、B19、B18，如图 8-105 所示。
(9) 测量控制
① 测量内容及控制方法。

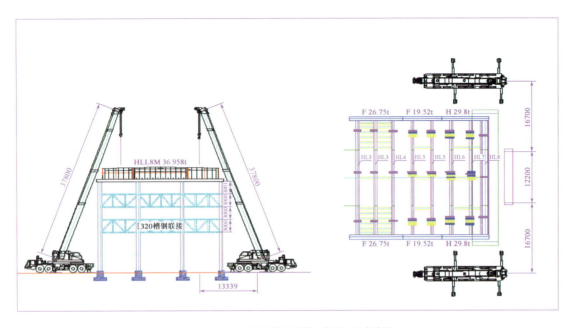

图 8-104　HL3-HL6 两侧横梁吊装示意图（尺寸单位 mm）

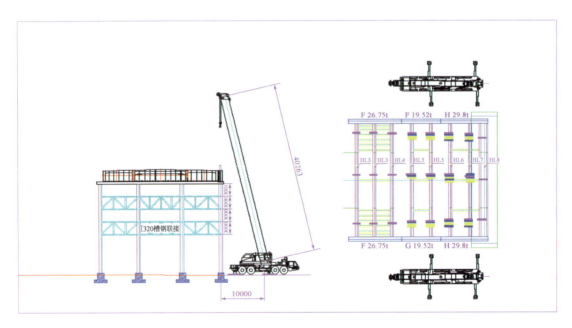

图 8-105　主梁 B20、B19、B18 吊装示意图（尺寸单位 mm）

a. 对基础轴线及预埋件高程必须进行复测。

b. 在安装前对钢梁子块段按有关规定进行外形尺寸检测，安装过程中，对子块段安装就位、对接位置和高程进行监测控制。

c. 在安装结束后，对结构进行验收测量。除按一般规范内容进行外，应增加监测分段顶端高程和支座的水平位移。具体采用水准仪测量控制。

d. 纵、横向轴线测量根据全站仪确定定位点。

e. 高程测量根据土建提供高程控制点,采用水准仪测试水平高程,要求在每两个区间设置两个高程控制点。

f. 测量工具的统一:涉及钢结构制作与安装两方面,土建与钢梁之间的测量工具也必须统一。

②施工测量过程控制网布设原则及要求。

a. 控制网的布设应先从整体考虑,遵循先整体后局部、高精度控制低精度的原则。要根据设计总平面图、现场施工平面布置图、基础及首层施工平面图进行。

b. 控制点应该选在通视条件良好、安全、易保护的地方。控制点注意保护,经常校测,保持准确。雨后、春融期或受到碰撞、遭遇损害,及时校测。

c. 测量外业工作必须有多余观测,并构成闭合检测条件。控制测量、定位测量和重要的放样测量必须坚持采用两种不同的方法(或不同仪器)或换人进行复核测量。利用已知点(包括平面控制点、方向点、高程点)进行引测、加点和施工放样前,必须坚持"先检测后利用"的原则。

d. 测量仪器架设好时要对其他控制点进行复核性复测,避免仪器设站存在错误。

e. 对已经放样好的重点控制点,采用另外的测量方法或者将仪器架设到其他高级控制点上对放样点位进行复核,以增加点位精度的可靠性。

③控制测量。

在进行轴线控制点测设前,对依据的轴线控制网进行复测,测量完成后进行平差计算满足规范要求后方可进行施工测量,复测按照规范和设计要求,采用布设加密导线的方法,对附合导线进行施测。

a. 施工放样及测量复核。

放样前进行图纸审查,图纸无误的情况下按照图纸设计基础点坐标对土建单位放样结果进行复测,复测结果不合格要求其调整。对于控制点的加密布设要尽量选在通视情况好,边角关系符合设计规范要求,做好明显标记和保护措施。

b. 质量精度控制。

现场使用的测量仪器设备应根据《测量仪器使用管理办法》的规定进行检校维护并做好记录,发现问题后立即将仪器设备送检。测量放线作业过程中,严格执行换手复测制度。

3)边跨钢梁配重施工

配重混凝土采用铁砂混凝土,设计重度为35kN/m³,拌合站无法生产此混凝土,泵车也无法泵送,只能采取现场拌和和垂直起吊的方式进行施工,施工效率大大降低。为此,将配重的铁砂混凝土,调整为普通C30混凝土,重度调整为25kN/m³,施工过程中保证每延米配重量满足设计要求。边跨压重布置示意如图8-106所示。预制混凝土压重布置示意图如图8-107所示。

具体施工步骤如下。

第一步:边跨B18、B19、B20梁段钢管支架搭设。

第二步:B18、B19、B20钢梁拼装组焊,先拼装横梁组焊成型,每个横梁采用6个支点支撑,然后拼装主纵梁,每节主纵梁采用2个支点支撑。

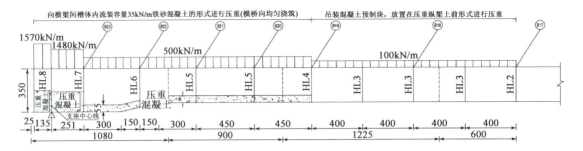

图 8-106　边跨压重布置示意图(尺寸单位:mm)

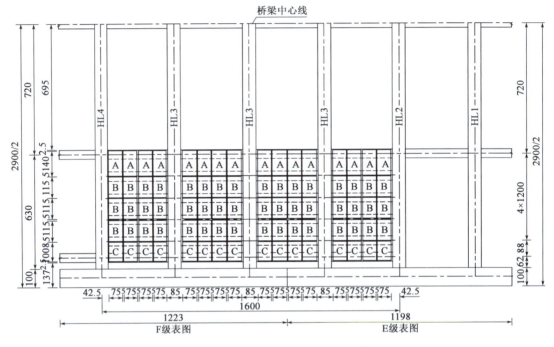

图 8-107　预制混凝土压重布置示意图(尺寸单位:mm)

第三步:施加现浇混凝土配重。HL8 横梁箱室全部施加配重,线荷载 1570kN/m(配重量约为 211.95t),HL7~HL8 横梁之间箱室施加一半配重,线荷载为 740kN/m(配重量约为 185.74t),HL4~HL7 横梁之间箱室施加三分之一配重,线荷载为 170kN/m(配重量约为 306t),如图 8-108 所示。

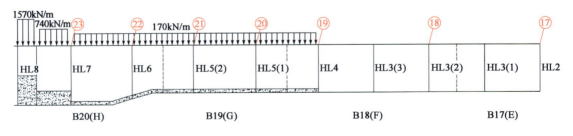

图 8-108　步骤三施工示意图

第四步:安装 B16、Z16 梁段,然后第一次张拉,铺设 B16、Z16 梁段桥面板,B16、Z16 斜拉索第二次张拉,全回转桥面吊机前移至 B16、Z16 梁段之上,完成 B17、Z17 主纵梁安装(边跨合龙),吊装 B17 钢横梁、压纵梁、稳定板、小纵梁等。

第五步:B17、Z17 斜拉索第一次张拉。

第六步:吊装 B17 梁段预制压重块,线荷载为 100kN/m(布置长度 6m,配重量约为 60t),然后吊装 B17(至 HL3(1))和 Z17 桥面板,如图 8-109 所示。

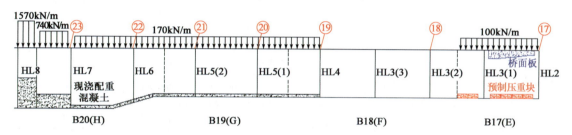

图 8-109　步骤六施工示意图

第七步:B17、Z17 斜拉索第二次张拉。

第八步:全回转桥面吊机移动至 B17、Z17 梁段,浇筑 B16、B17、Z16、Z17 梁段湿接缝并等强。

第九步:吊装 Z18 梁段,安装 Z18 梁段钢主梁、横梁、小纵梁、稳定板、隔流板。

第十步:Z18、B18 斜拉索第一次张拉。

第十一步:吊装 B18 梁段压重块(布置长度 6m,线荷载为 100kN/m,配重量为 60t),吊装 B18(HL3(1)~HL3(3))、Z18 桥面板,如图 8-110 所示。

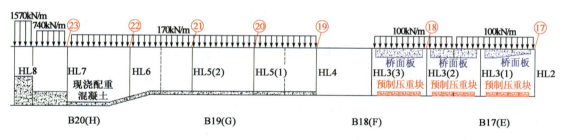

图 8-110　步骤十一施工示意图

第十二步:Z18、B18 索第二次张拉。

第十三步:中跨全回转桥面吊机前移至 Z18 之上,吊装 Z19 梁段,安装主梁、横梁、小纵梁、稳定板、隔流板。

第十四步:B19、Z19 斜拉索第一次张拉。

第十五步:吊装 B18 梁段压重块(布置长度 4m,线荷载为 100kN/m,配重量为 40t),浇筑 B18 梁段剩余现浇配重混凝土(布置长度 2.25m,线荷载为 330kN/m,配重量为 74.25t),吊装 B18(HL3(3)~HL4)桥面板和 Z19 桥面板,如图 8-111 所示。

第十六步:B19、Z19 斜拉索第二次张拉。

第十七步:全回转桥面吊机前移至 B18、Z19,浇筑 Z18、Z19、B18 梁段湿接缝并等强,如图 8-112 所示。

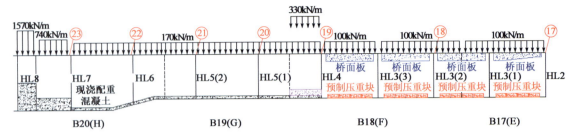

图 8-111　步骤十五施工示意图

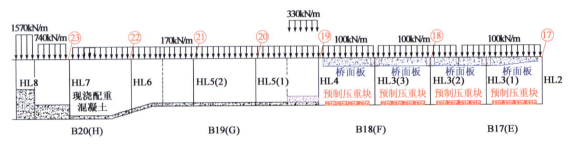

图 8-112　步骤十七施工示意图

第十八步：吊装 Z20 梁段，安装主梁、横梁、小纵梁、稳定板、隔流板。

第十九步：Z20、B20 斜拉索第一次张拉。

第二十步：浇筑 B19 梁段剩余现浇配重混凝土（布置长度 2.25m，线荷载为 330kN/m，配重量为 74.25t）、B19 桥面板（HL4～HL5(1)）和 Z20 桥面板，如图 8-113 所示。

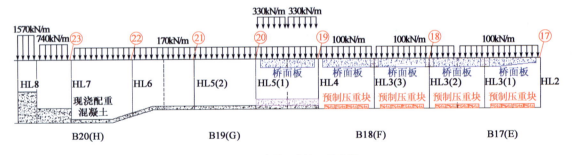

图 8-113　步骤二十施工示意图

第二十一步：Z20、B20 斜拉索第二次张拉。

第二十二步：中跨全回转桥面吊机前移至 Z20 梁段吊装 Z21 梁段，安装主梁、横梁、小纵梁、稳定板、隔流板。

第二十三步：Z21、B21 斜拉索第一次张拉。

第二十四步：浇筑 B19 梁段剩余现浇配重混凝土（布置长度 4.5m，线荷载为 330kN/m，配重量为 148.5t）、B19 桥面板（HL5(1)～HL5(2)）和 Z21 桥面板，如图 8-114 所示。

第二十五步：B21、Z21 斜拉索第二次张拉。

第二十六步：边跨全回转桥面吊机前移至 B19，中跨全回转桥面吊机前移至 Z21，浇筑 Z20、Z21、B19 梁段湿接缝，如图 8-115 所示。

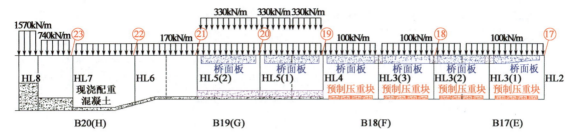

图 8-114 步骤二十四施工示意图

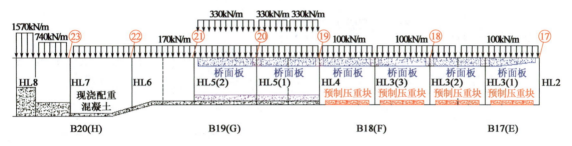

图 8-115 步骤二十六施工示意图

第二十七步：中跨吊装 Z22 梁段，安装主梁、横梁、小纵梁、稳定板、隔流板。

第二十八步：Z22、B22 斜拉索第一次张拉。

第二十九步：浇筑 B19、B20 梁段剩余现浇配重混凝土（布置长度 4.5m，线荷载为 330kN/m，配重量为 148.5t）、B20 桥面板（HL5(2)～HL6）和 Z22 桥面板，如图 8-116 所示。

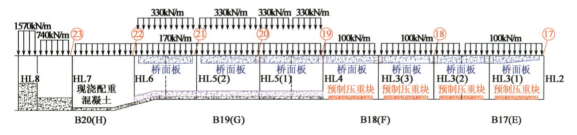

图 8-116 步骤二十九施工示意图

第三十步：Z22、B22 斜拉索第二次张拉。

第三十一步：中跨全回转桥面吊机前移至 Z22 梁段，吊装 Z23 梁段，安装主梁、横梁、小纵梁、稳定板、隔流板。

第三十二步：Z23、B23 索第一次张拉。

第三十三步：浇筑 B20 梁段剩余现浇配重混凝土（布置长度为 4.5m 和 2.51m，线荷载为 330kN/m 和 740kN/m，配重量为 148.5t 和 185.74t）、B20 桥面板（HL6～HL7）和 Z23 桥面板，如图 8-117 所示。

第三十四步：B23、Z23 索第二次张拉。

第三十五步：中跨吊机移动至 Z23，浇筑 Z22、Z23、B20 梁段湿接缝和 B20 现浇混凝土板，如图 8-118 所示。

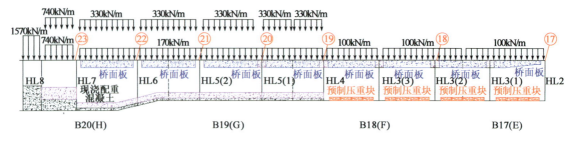

图 8-117 步骤三十三施工示意图

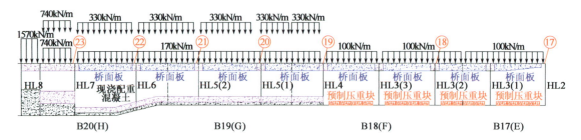

图 8-118 步骤三十五施工示意图

第三十六步：边跨桥面板预应力张拉、压浆。
第三十七步：中跨合龙。
第三十八步：中跨桥面板预应力张拉、压浆。
第三十九步：塔区钢梁临时固结解除。
第四十步：拆除边跨、中跨全回转桥面吊机。
第四十一步：拆除边跨 B18~B20 支架。
第四十二步：施工桥面系安装附属结构。
第四十三步：全桥调索。
第四十四步：安装边墩伸缩缝。

8.3.7 检修车安装

检修车为横桥向悬挂式结构，采用电动驱动。驱动机构通过钢轮倒置于钢梁底部的轨道上，主桁架通过门架与驱动机构相连。主桁架两端设置伸缩装置，桁架梁可伸长至主纵梁下方，检修车最大宽度为 32.6m。全桥设置维护检修车 3 台。

检修车采用整体吊装方案。塔区施工完毕后，根据施工需要确定起重机安装时机。安装前，全回转桥面吊机前移，在桥面安装两台 10t 卷扬机和滑车组，进行检修车的整体吊装。检查车吊装示意如图 8-119 所示。

8.3.8 钢梁合龙

合龙是钢梁安装施工的关键工序，本桥有边跨合龙和中跨合龙两个过程。边跨合龙是将过渡墩梁段和主塔最大双悬臂梁段连成整体，边跨合龙后保证了大跨径悬臂安装的稳定性。中跨合龙将两个独立塔梁固结体系连成整体，合龙后梁系由固定转换为半漂浮体系。

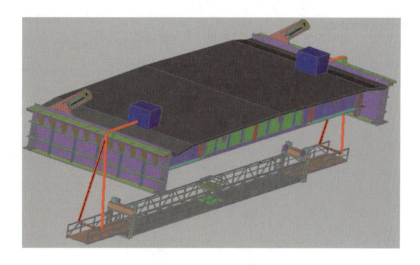

图 8-119 检修小车吊装示意图

1)边跨合龙施工

(1)总体安装方案

边跨 B18、B19、B20 梁段提前在支架上进行定位,两侧 B17 梁段作为边跨合龙段(图 8-120)。

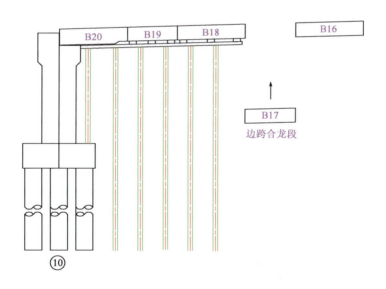

图 8-120 边跨合龙示意图

边跨 B16 梁段安装完毕后,对合龙接口长度进行测量。根据合龙时间、温度等确定 B17 梁段加工长度,并将这一数据反馈至工厂,工厂进行合龙口高强度螺栓孔的钻制及接口配切。B17 梁段运到现场后进行锚拉板焊接及补涂装。利用全回转桥面吊机完成主纵梁边跨合龙。随后依次进行横梁、稳定板、小纵梁及导流板安装。

边跨合龙段施工工艺流程如图 8-121 所示。

图8-121 边跨合龙段施工工艺流程

(2) 边跨合龙总体情况

11号钢梁边跨于2019年5月28日12时30分完成合龙,12号钢梁边跨于2019年5月12日5时10分完成合龙,12号计算合龙温度16.5℃,实际合龙温度为16.4℃和16.9℃,11号计算合龙温度20℃,实际合龙温度20.2℃和20.1℃,计算合龙温度与实际合龙温度高度一致。

结果表明:

①主桥钢梁边跨采用温度合龙法是有效可行的。

②监控和监控咨询单位对合龙前悬臂端梁体与支架段梁体线形控制到位。

③监控和监控咨询单位对数据观测前合龙段姿态(高程、轴线、转角)模拟准确。

④连续24h(环境温度与时间变化曲线、钢梁温度与时间变化曲线、合龙口长度与时间变化曲线、高程与时间变化曲线等)数据采集的准确性。

⑤监控和监控咨询单位对合龙时间段温度等天气的评估准确。

⑥中铁宝桥合龙段钢梁加工尺寸准确。

施工、监控、测量各单位的工作分工明确、到位、细致,边跨合龙一次完成,为主桥中跨合龙赢得了时间。边跨合龙现场如图8-122所示。

2) 中跨合龙施工

中跨23号索梁段安装完成后,对先行安装的主梁和拉索内力及桥梁线形进行检查和综合评价,符合设计要求后进行中跨合龙施工。在设计合龙温度和设计合龙加载状态下,反复测量需要的合龙梁段长度和连接转角,在工厂精确加工合龙梁段钢梁。合龙时,由两侧全回转桥面吊机对称起吊合龙纵梁,在合龙温度下快速将钢梁定位并打上定位冲钉,尽快在温度恒定区段时间内,安装连接螺栓实现合龙。如果合龙安装困难,要分析产生误差原因,确定合理的解决方案,不能大量绞孔而影响合龙质量。中跨合龙后,及时解除塔梁之间的临时固结。主纵梁合龙完成后,安装横梁、小纵梁,最后安装桥面板并浇筑接缝,然后拆除全回转桥面吊机。中跨合龙段施工工艺流程如图 8-123 所示。

图 8-122　边跨合龙现场

（1）吊装前的主要准备工作

中跨合龙梁段吊装前,要进行一些准备工作。

①加强对已完成主梁线形、索力、塔偏位及应力等方面的监测,对不满足要求的部位及时进行调整。

为确保合龙梁段与两侧 23 号索梁段的平顺连接,应重点控制好主跨南北两侧梁段的轴线及高程偏差。当梁段的安装越来越接近合龙口时,除了保证梁段的轴线及高程偏差值满足要求外,还要使两侧梁段的偏差方向一致,缩小对应测点的相对差值,尤其是轴线偏位。合龙口两侧梁段调位时,应同时进行,除梁段上各测点的绝对偏差满足要求外,对应点的相对偏差也必须合格。

②张拉 23 号斜拉索,全回转桥面吊机前移,在梁段上架设合龙口通道(上下游各一道,一端固定)。

③合龙口两侧钢主梁上临时压载,每侧压载重量根据监控计算结果确定。压载采用水箱加水,水箱置于主纵梁附近横梁上,并考虑两侧全回转桥面吊机偏心起吊压载。

④选择合理时机,按监控要求对两侧梁段同时进行精确调位,使两侧梁段对称控制点的标

高之差满足要求,而后在主纵梁近横梁处挂设手拉葫芦交叉斜向对拉,使两侧主梁在横向的位置上相对固定。

图8-123 中跨合龙段施工工艺流程

⑤在合龙口两侧梁段上布设测量点(测点位置根据监控要求确定),选择风力较小的一天,每间隔2h测量一次合龙口间距及相邻主梁的高程,同时测量大气温度、主梁内表温度,连续观测1~2昼夜。根据实测数据,确定合龙梁段实际长度及合龙时间,加工合龙段主纵梁拼接板(合龙段主纵梁拼接板一侧暂时不打孔,待合龙长度确定后,精确进行高强度螺栓连接孔眼钻孔)。

(2)合龙口两侧梁段相对位置调整

合龙口两侧梁段主纵梁相对位置包括相对高差、合龙口轴线差,相对高差与轴线差需同步调整。

①两侧梁段相对高差调整。

两侧梁段相对高差利用斜拉索和临时压重荷载完成,通过调整斜拉索索力和临时压重荷载的位置及其大小,使得合龙口两侧梁段对应的高程控制点相对高差满足要求。

当主纵梁合龙完成后,卸除临时荷载,并调整斜拉索索力。

②两侧梁段轴线相对偏差调整。

两侧梁段轴线相对偏差有两种情况,即以设计桥轴线为基准,两侧梁段轴线会出现同向和异向偏差。

轴线同向偏差需预先控制,即对接近合龙口的两侧梁段加强联测,发现梁段轴线同向偏位时,通过调整后续梁段逐渐进行纠偏,同向偏差须随时纠偏,不得累积。11 号梁段及以后梁段安装时,每次都应进行通测,发现偏差,及时纠正。

合龙口两测梁段轴线出现异向偏差时,通过设置在悬臂梁前段的轴线调整系统对拉完成。轴线调整系统由耳板(在工厂内安装)、滑轮组、手拉葫芦以及钢丝绳组成。当合龙梁段主纵梁连接完成后,解除轴线调整系统。

(3)合龙段吊装

主跨合龙梁段主纵梁在晚上合适的时候开始进行吊装。吊装时,合龙口两侧的两起重机同步进行,吊装过程中,对称均匀地移走临时压载,主纵梁一端与 11 号主塔侧主梁高强度螺栓连接,待合龙温度到来时,迅速将主纵梁另一端与 12 号主塔侧主梁匹配、冲钉和高强度螺栓连接。

当合龙梁段主纵梁合龙后,安装横梁和小纵梁,拆除通道,全回转桥面吊机后移,安装桥面板和现浇合龙段桥面板,解除塔梁固结。中跨合龙段吊装立面、平面示意分别如图 8-124、图 8-125 所示。

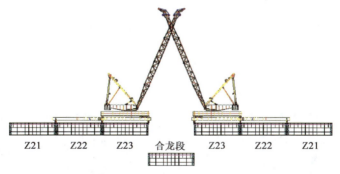

图 8-124 中跨合龙段吊装立面示意图

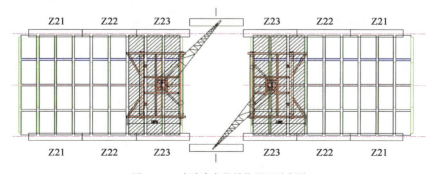

图 8-125 中跨合龙段吊装平面示意图

(4)合龙施工关键工艺

合龙口主纵梁拼接栓合：

为便于合龙口处主纵梁拼接板的栓合,减少桥位高空作业内容。按照拼接板的使用位置和梁段安装方案,对其栓合方案进行以下规定：

①主纵梁上盖板拼接板:临时存放于两侧 Z23 梁段桥面,合龙口处腹板栓合完毕后,采用全回转桥面吊机散装。

②主纵梁腹板拼接板:内侧拼接板栓合于两侧 Z23 梁段之上,外侧拼接板栓合于主跨合龙段上;腹板加劲拼接板栓合于两侧 Z23 梁段之上,并旋转至外侧,确保合龙段安装。中跨合龙段主纵梁栓合平面示意如图 8-126 所示。

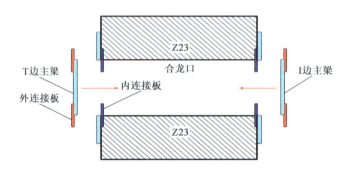

图 8-126　中跨合龙段主纵梁栓合平面示意图

③主纵梁底板拼接板:底板下侧拼接板栓合于两侧 Z23 梁段之上,内侧拼接板栓合于主跨合龙段上,拼接板旋转至外侧,以确保安装。主纵梁自上方定位时,底板拼接板亦可起到限位的作用。中跨 Z23 主纵梁栓合立面示意如图 8-127 所示。中跨合龙段主纵梁栓合正面示意如图 8-128 所示。

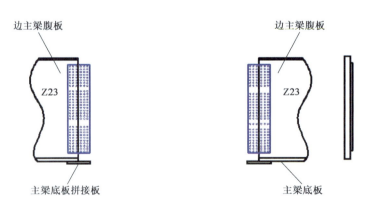

图 8-127　中跨 Z23 主纵梁栓合立面示意图

主跨合龙影响因素较多,外界温度、索力、施工方案等都会对合龙工作带来很大影响。各种问题处理方案如下：

①主纵梁高差处理。

a.合龙前,对已安装梁段的远端高程进行监控,确保其在可控范围之内。

b. 合龙段安装前,在监控要求的合理范围内,对两侧 23 号斜拉索索力及配重进行调整,使 Z23 梁段高程差值最小。

c. 合龙时,一侧连接口出现高低差 50~60mm,采用 100t 千斤顶对接口处反力架进行调整,使其高差在工艺要求范围之内。

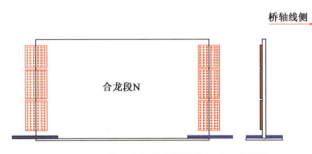

图 8-128　中跨合龙段主纵梁栓合正面示意图

中跨合龙段主纵梁高差调整示意如图 8-129 所示。

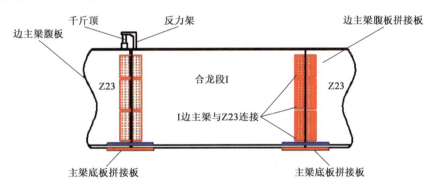

图 8-129　中跨合龙段主纵梁高差调整示意图

② 主纵梁轴线偏差处理。

a. 对已安装梁段的轴线进行监控,确保其在可控范围之内。

b. 合龙段安装前,对两侧 Z23 梁段中心距和轴线偏差进行测量。

c. 合龙段安装时,当一侧主纵梁就位后,首先用冲钉和普通螺栓进行连接。并调整好远端线形,使其与一侧 E9 梁段腹板错边控制在 5mm 以内;以同样的方式安装另一侧主纵梁,安装完毕后,对主纵梁中心距进行测量。出现偏差时,采用倒链配合反力架进行调整,使其控制在 28000~28005mm 之间,以保证横梁安装。中跨合龙段主纵梁轴线调整示意如图 8-130 所示。

(5) 塔梁固结解除

中跨合龙段主纵梁成功连接合龙后,在第一个气温回升点前完成 12 号塔区临时锚固解除及临时墩的凿除,在低温环境下完成 11 号索塔塔区临时锚固解除及临时墩的凿除。

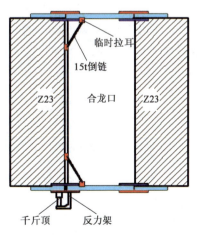

图 8-130　中跨合龙段主纵梁轴线调整示意图

塔梁临时约束解除前,根据监控计算确定 A 梁段处的上抬反力,并根据计算结果进行临时压重,防止临时约束解除后桥面突然上抬。

(6)全回转桥面吊机拆除

合龙后,全回转桥面吊机按照监控要求及时进行拆除。全回转桥面吊机拆除采用汽车起重机,由汽车运离现场。全回转桥面吊机拆除的顺序为:配重、起升机构及变幅机构→吊臂→回转机构→步履机构→轨道梁。全回转桥面吊机拆除方案如下:

①在全回转桥面吊机吊臂正前方设置支架,用于搁置吊臂,如图 8-131 所示。

图 8-131　全回转桥面吊机拆除支架设置示意图

②将吊臂搁置在支架上;起升吊钩等放置在桥面,拆除钢丝绳固定端。钢丝绳折弯的位置采用火焰切割割除。

③启动卷扬机,将起升钢丝绳都缠绕在卷扬机上。

④拆除变幅钢丝绳死头,采用麻绳引导,将变幅钢丝绳全部缠绕在变幅卷扬机上。

⑤拆除吊臂尾部铰轴,采用汽车起重机吊装,将吊臂放置在桥面后,将吊臂节段解体运输走。

⑥采用汽车起重机悬挂三角架顶部吊点,先使汽车起重机微微受力,拆除后拉杆下部销轴。之后汽车起重机起钩,使三角架绕前撑杆铰点旋转直至前撑杆为竖直状态。

⑦拆除前撑杆下部销轴,将三角架吊放置桥面。

⑧采用汽车起重机依次拆除电器柜、司机室、卷扬机、回转机构等转台上的附件。

⑨上述附件拆除后,拆除转台后部配重。

⑩采用千斤顶或码凳,支撑转台后部,将回转支撑同转台的连接螺栓拆除,完成后将转台结构整体吊放至桥面运走。

⑪拆除底盘上的平台、液压系统等附件。

⑫采用码凳支撑底盘中部连接梁,然后从底盘结构一侧开始,拆除杆件连接法兰位置螺栓,依次将底盘结构全部解体,完成全回转桥面吊机的拆卸工作。

8.3.9　施工测量

主梁测量控制主要包括主梁纵横轴线和高程控制。测量数据根据设计和监控指令执行。

(1)纵横轴线的控制

由于主梁在直线上,线形方面的计算较简单,线形的控制也较容易。可以直接在测量控制点上直接采用全站仪放样主梁的轴线点和边线点。

(2)高程的控制

主梁高程的控制是测量控制非常重要和关键的环节,它的好坏影响成桥线形的美观。主梁的控制高程要综合考虑设计高程、设计预拱值、支架挠度变形值及基础沉降值、混凝土收缩徐变等因素。使用全站仪结合水准仪观测,缩小测量误差到规范之内。

(3)测量时机的选择

设计时所提供的每个施工节段相应桥面高程和其他变形值一般是基于标准气温下的设计值。因此,测量时机选择在凌晨日出之前。这时气温较稳定,日照误差对结构变形影响最小。测量频率按照监控小组要求执行。

(4)测量方法

测量主要采用全站仪测量三维坐标,从平面坐标(X,Y)可以推算出点位在纵横轴线上的变形,从高程坐标(Z)可以计算高度方向的变形。

(5)数据的整理

测量外业完成之后,及时整理数据,确保数据真实,按照规定表格认真填写,及时反馈给监控小组。监控小组根据测量数据下达施工指令。

8.3.10 高强度螺栓安装

1)基本规定

(1)本桥高强度螺栓施拧采用扭矩法施工,松扣法检查。施工前进行工艺试验,检测扭矩系数、预拉力损失、温度与湿度对扭矩系数的影响,调整扭矩,确定施拧扭矩,松扣法检查扭矩,复验每批板间滑动摩擦系数等工作。

(2)主桥上部结构除 HL0 采用焊接形式连接,其余均为高强度螺栓连接。本桥采用了 M20、M24、M30 三种规格的螺栓,主纵梁间为 M30 高强度螺栓,主梁与横梁、横梁与小纵梁连接采用 M24 高强度螺栓,主纵梁、检修道、导流板三者之间以及横梁 HL1 与中央稳定板之间连接均采用 M20 高强度螺栓。

(3)高强度螺栓应符合《钢结构用高强度大六角头螺栓》(GB/T 1228—2006)、《钢结构用高强度大六角螺母》(GB/T 1229—2006)、《钢结构用高强度垫圈》(GB/T 1230—2006)、《钢结构用高强度大六角头螺栓、大六角螺母、垫圈技术条件》(GB/T 1231—2006)规定中的 10.9S 级,高强度螺栓材质均选用 35VB 钢,螺母及垫圈均采用 45 号优质碳素钢,M24、M30 高强度螺栓设计预拉力分别为 155kN、230kN、370kN。

(4)钢梁杆件栓接面架设时其板面之间的抗滑移系数不得小于 0.45。

(5)拼装用螺栓可直接用高强度螺栓,一次到位,无须进行更换。高强度螺栓施拧采用扭矩法施工。

2)高强度螺栓的验收与保管

为保证施工现场各个环节受控,建立高强度螺栓连接副存放库房,进场高强度螺栓经取样复验合格后,按存放要求进行分批分类存放,并进行标识。高强度螺栓存储管理如图 8-132 所示。

a) 高强度螺栓进场取样复验

b) 高栓规范存放

图 8-132　高强度螺栓存储管理

针对现场高强度螺栓管理,编制了禹门口黄河公路大桥高强度螺栓入库记录表及禹门口黄河大桥高强度螺栓领用记录表,严格执行"未经复验合格的,不入库""现场使用多少,领用多少"等现场高强度螺栓管理原则,保证高强度螺栓的质量满足规范要求。

3) 施拧工艺试验

(1) 施拧工艺试验包括扭矩系数试验、施拧工具标定方法试验、施拧质量的检查及摩擦面抗滑移系数试验。

(2) 扭矩系数试验:扭矩系数是保证高强度螺栓施拧的关键数据,其离散率越小越好。因此,施工前选择钢梁上用的 3 种规格各 25 套做试验,通过分析归纳得出可靠的扭矩系数 K 值进行施工,同时由于温度、湿度,对扭矩系数的影响也要通过试验进行适当的调整。

(3) 施拧工具标定方法试验:定扭矩电动扳手,在使用前需进行测试标定,在保证螺栓预紧力满足设计要求的情况下定出扭矩值,使用过程中不得随意调整,测定时一般用轴力计与扭矩仪进行测试,带响定扭矩扳手与指针扳手在使用前用力矩法或挂重法进行标定。建立详细登记表,由高强度螺栓组统一保管和发放。

(4) 施拧质量的检查试验:高强度螺栓施拧质量采用紧扣法检查,通过在轴力计上取 25 套单栓做紧扣检查试验,测出轴力变化及扭矩值的大小,归纳分析其离散率,从而确定这种检查方法的可靠性。

(5) 摩擦面抗滑系数试验:钢梁出厂时,制造厂应提供抗滑移系数试验资料,f 值应不小于 0.55,工地复验不小于 0.45。

4) 高强度螺栓的施拧

(1) 施拧工具

① 初拧、复拧:用柄长 500~600mm 的手动扳手或经过标定的电动扳手。

② 终拧:用经过标定的电动扳手,狭窄处用手动讯响扳手。

③ 检查:用经过校验的指针扳手。

(2) 高强度螺栓施拧扭矩值计算

① 高强度螺栓初拧值取终拧值的 50%,初拧后对每个螺栓敲击检查。

② 终拧采用扭矩法,用电动扳手(不能用电动扳手的部位可用带响扳手)将初拧后的螺栓拧紧到终拧值,考虑到螺栓预拉力的损失及误差、实际使用扭矩,按设计预拉力提高 10% 确

定。扭矩值按下式计算：

$$T_c = K \cdot P_c \cdot d$$

式中：T_c——终拧扭矩（N·m）；

    K——同一批号扭矩系数平均值，取复验报告值；

    P_c——高强度螺栓施工预拉力（kN），施工预紧力 = 设计预紧力 ×（1 + 10%）；

    d——高强度螺栓公称直径（mm）。

（3）高强度螺栓连接副的拧紧方法为扭矩法，每批连接副的扭矩系数 K 在施拧前须经过扭矩系数试验确定，同批连接副的扭矩系数平均值应在 0.085～0.12 范围内，标准偏差应小于或等于 0.01。

扭矩系数修正：为了保证螺栓预拉力误差在 ±10% 设计值以内，各施工期终拧扭矩要根据扭矩系数变化（如每批螺栓扭矩系数平均值不同的影响、施拧时气温与扭矩系数复验时气温不同的影响），分别计算确定。采用表面磷化、皂化处理的高强度螺栓扭矩系数随温度升高而降低，成线性比例关系，温度每上升 10℃，扭矩系数减少 6.7%。若厂家提供高强度螺栓表面处理工艺其温度对扭矩系数的影响资料，按厂家资料修正。

$$修正值 K = 标准 K × 0.067 × 温差 ÷ 10$$

（4）高强度螺栓施拧次序

①无论使用电动扳手或带响扳手，均从螺栓群中心向外扩展逐一拧紧，否则影响螺栓群的合格率。初终拧完毕即用不同颜色记号笔在螺栓端头逐个作出标志，防止重拧和漏拧。

②螺栓施拧过程中应用扳手卡死螺栓头部，防止螺杆随扳手转动。

③对不同扭矩系数使用不同扭矩值的扳手进行施拧。对高强度螺栓应加强管理，同一批号的高强度螺栓、螺母、垫圈使用于一个部位，不得混用。

（5）施拧工具的校验与保管

①电动扳手、带响扳手均需编号，建立履历表，详细登记。电动扳手控制仪要与电扳固定配套编号，不得混杂，使用时不得随意调换控制仪，调节控制仪旋钮。扳手和控制仪由螺栓小组统一标定、保管和发放。施拧工班应在上班前领取，下班后交回，不得自行保管。

②电动扳手的正常使用期限规定为连续使用 4h，超过 4h 后应重新标定，若其他原因影响不能连续施拧，则每台扳手施拧 400～600 套螺栓后必须重新标定。

③电动扳手采用扭矩测量仪标定，标定工作定为每班，上班发放前与下班交回后进行一次。电动扳手的输出扭矩值要求与规定施拧扭矩的误差不大于 3%。施拧后的标定：当误差小于 5% 时，本班施拧的螺栓检查数量按规定抽查；若误差大于 5%，则该电动扳手在本班次所施拧的螺栓应全部重拧。电动扳手使用过程中若发现异常现象，或因保管不善被碰撞应停止使用，立即检查校正，标定时做好详细记录。电动扳手上班前校验时，若发现异常或误差大于规定值的 3% 时应停止使用，立即检查校正，并详细记录。

④带响定扭矩扳手采用力矩法标定，每把扳手每天要有专人检查校正，详细登记。当天使用完的带响定扭矩扳手，检查后要放松弹簧。

⑤施拧扳手要有专人进行维修与保养。

5)施拧质量的检查

(1)高强度螺栓施拧质量检查按相关规范规定进行,并经监理工程师复检验收。

(2)高强度螺栓施拧质量检查由专职质量检查员进行,当天施拧的螺栓当天检查完毕。

(3)使用前,检查扭矩扳手必须标定,其扭矩误差不得大于使用扭矩值的±3%。

(4)初拧检查:用0.3kg小锤敲击螺母侧,用手按住相对的另一侧,如颤动较大者即认为不合格,应再次施拧。合格后作油漆标记。

(5)终拧检查:先检查划线错开情况,螺母是否相对螺栓和垫圈发生了转动,发现漏拧作出补拧标记,然后用表盘扳手进行松扣回扣法检查或紧扣法检查。

松扣、回扣法检查:先在螺栓、螺母的相对位置划一细直线作为标记,然后将螺母拧松约30°。再用检查扭矩扳手把螺母重新拧紧至原来位置(使所划细直线重合),测取此时的扭矩应在$(0.9 \sim 1.1) T_{ch}$(单位为N·m)范围内。

紧扣检查扭矩由试验确定,并在测定紧扣检查扭矩值时,应确认高强度螺栓的预拉力误差在设计预拉力的±2%范围内。经过检查的螺栓,其不合格者不得超过抽验总数的20%,如超过此值,应继续抽检,直至累计总数的80%合格为止。然后,对欠拧者补拧,超拧者更换后重新施拧。

(6)螺栓的检查数目及时间:按每栓群高强度螺栓总数的5%进行随机抽检取样,选取高强度螺栓应均匀分布。主纵梁节点栓群螺栓的抽查数量为其总数的5%,但不少于5套;横梁、小纵梁的抽查数量为其总数的5%,但不少于2套;每个栓群不合格数量不超过抽查总数的20%,如超过此值,则继续抽查,直至累计总数的80%合格为止,然后对欠拧者补拧,超拧者更换螺栓重新拧紧。检查需在该节点螺栓全部终拧完4h以后、24h之内完成。

(7)终拧检查合格的螺栓群,做出规定的标记,画红线,钢梁杆件拼装完成后,所有隅角部位及拼接板间缝隙的两端,都必须用以聚硫橡胶为基料的阻蚀型防腐密封腻子填实后再做涂装。螺栓、螺母、垫圈的外露部分在工地共4道油漆,油漆涂装完成后才允许拆除螺栓施拧脚手架。

高强度螺栓连接作为本桥最主要的构件间连接形式,其施工质量直接关乎成桥可靠性,通过原材质量、扳手标定、安装是否合规巡查、施拧质量四方面100%全过程跟踪检查,经自检合格后向监理、第三方检测报检,确保高强度螺栓连接副施工质量满足标准要求。高强度螺栓连接副施工如图8-133所示。

图8-133 高强度螺栓连接副施工

8.3.11 超大拼接板密贴控制

1)需求分析

高强度螺栓通过预压力,在连接件表面产生较大的摩擦力。当轴力小于摩擦力时,构件不会发生滑移,连接就不会发生破坏。连接面抗滑移系数及密贴程度是影响高强度螺栓施工质量的重要因素。主纵梁构件采用高强度螺栓连接,拼接板规格及重量较大。其中,腹板拼接板最大规格为:$-20\text{mm} \times 1540\text{mm} \times 2630\text{mm}$,单重635.9kg;下盖板拼接板最大规格为$-50\text{mm} \times 900\text{mm} \times 2940\text{mm}$,单重1038.6kg。由于高强度螺栓连接面面积较大,栓合后拼接板间隙控制至关重要。

2)应对措施

为控制构件连接面的密贴度,主要从以下3个方面进行控制:

(1)拼接板下料前在辊板机上进行滚平预处理,释放内应力;下料后为降低焰切应力,再对其进行机械矫正。

(2)根据施工经验,焊接变形矫正是影响主梁构件平面度超差的主要原因。主梁腹板、下盖板组装前预留5~10mm反变形量。焊接完成后采用火焰+机械矫正的方式进行平面度矫正。

(3)现场拼接前,先用拼接板进行预拼,检查拼接间隙。间隙小于1mm时不予处理;间隙在1~3mm之间时,将厚板一侧磨成1:10的斜坡,保证拼接间隙小于1mm;间隙大于3mm时增设填板调整。

3)施工工艺

根据高强度螺栓施工质量要求,制定以下工艺:

(1)拼接板数控下料后,采用数控钻床钻孔,喷涂无机富锌防滑防锈涂料。

(2)钢梁构件涂装前,对栓接部位平面度进行检测,超差时按工艺要求进行矫正。

(3)现场拼接前,先将拼接板栓合在待架设钢梁上。钢梁粗定位后,先采用定位冲钉和普通螺栓进行定位,再按工艺要求进行高强度螺栓施拧。具体流程为:扳手标定→螺栓扭矩系数测定→连接板四角定位→安装冲钉和普通螺栓→安装高强度螺栓穿孔→初拧→高强度螺栓替换冲钉及普通螺栓并初拧→连接板密封→终拧→检验。

8.4 斜拉索安装工艺

8.4.1 斜拉索安装施工流程

斜拉索安装施工流程如图8-134所示。

8.4.2 施工平台搭设

施工平台作为斜拉索施工的重要工具,贯穿斜拉索施工的准备阶段、挂索阶段、阔索阶段、防护阶段,是斜拉索顺利施工的重要安全保障。

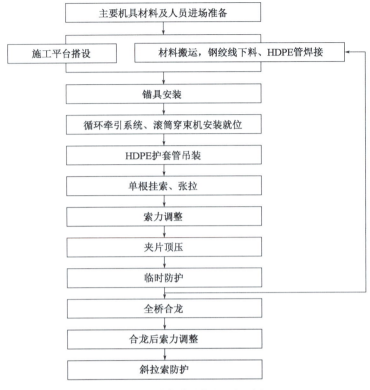

图 8-134 斜拉索安装施工流程图

结合大桥的实际情况,全桥施工平台主要包括梁端平台、塔外平台、塔内平台、塔顶钢支架等部位。为满足施工安全要求,所有施工平台应牢固可靠,脚踏板应坚实耐用,四周挂设安全网。

(1)梁端平台

梁端平台采用可移动式独立平台。采用 14#a 槽钢为主梁架于上桁梁并与上桁梁固定,立杆及斜撑采用 φ48 钢管,上部铺设 5cm 厚木板,周围搭设护栏,转移时采用全回转桥面吊机整体移动。

(2)塔外平台

塔外平台采用垂直升降式电动吊篮,如图 8-135 ~ 图 8-137 所示。

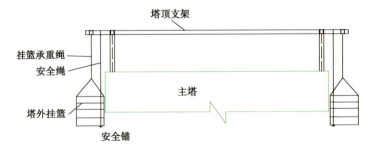

图 8-135 塔外平台纵桥向立面图

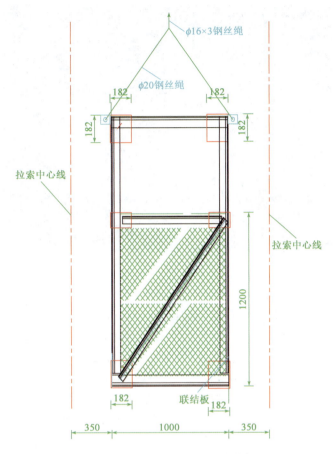

图 8-136 塔外平台大样立面图(尺寸单位:mm)

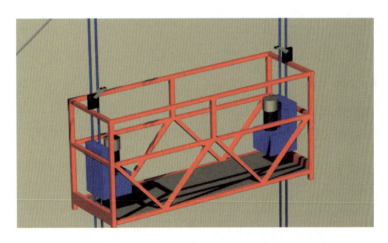

图 8-137 塔外平台实体 3D 图

(3)塔内平台

主塔斜拉索锚固在钢锚梁之上,可在钢锚梁两侧采用木板搭设平台,如图 8-138 所示。

图 8-138 塔内钢锚梁

(4)塔顶钢支架

塔顶钢支架主要用于塔外平台升降、塔内设备材料运输提供高空吊点,也是滚筒式穿束机的操作平台。在塔式起重机拆除后,也是安装 HDPE 管的高空吊点。该支架主要由预埋件和钢支架构成,预埋件在塔顶混凝土浇筑时根据钢支架的外形尺寸定位预埋,待封顶后,钢支架采用塔式起重机提升至塔顶与预埋件焊接固结。塔顶钢支架作为塔外平台、塔内设备材料吊装时的主要受力构件,是由 2 根主纵梁、4 根横梁以及斜撑组成的门架式结构,设计荷载 40kN。主要结构:横梁由 16 号槽钢两根对焊而成,主纵梁由 20 号槽钢两根对焊而成,斜撑采用两根 16 号槽钢,并在受力点加设钢板加强。塔顶钢支架全部采用焊接,底部与塔顶预埋件进行满焊固结。

塔顶支架布置如图 8-139 所示。

塔顶钢支架的作用:一是作为滚筒式穿索机及人员操作平台;二是塔外垂直升降式电动吊篮挂点;三是在后期塔吊拆除后,作为塔顶 5t 卷扬机支架。

8.4.3 钢绞线下料

1)钢绞线下料场地

钢绞线下料在桥面进行并做好铺垫层,钢绞线两端锚固端剥 PE 层清洗后,做好保护留待挂索安装。

2)下料长度计算

(1)下料长度

$$L = L_0 + A_1 + A_2 + L_1 + L_2 + L_3$$

式中:L_0——张拉端、固定端锚垫板之间距离;

A_1——固定端锚具厚度;

A_2——张拉端锚具厚度;

L_1——固定端预留长度;

L_2——张拉工作长度；
L_3——挂索工作长度。

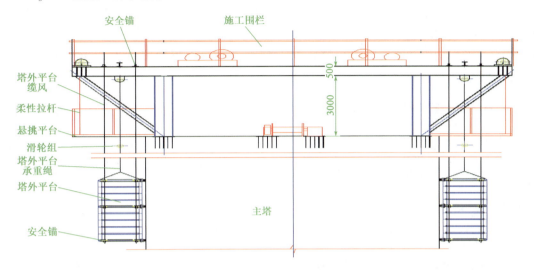

图8-139 塔顶支架布置图(尺寸单位:mm)

(2)钢绞线PE剥除长度

固定端：
$$L_\text{固} = L_4 + A_1 + (L_6 - L_5)$$

式中：L_4——固定端预留长度；

L_6——固定端密封筒长度；

L_5——PE层进入锚具长度。

张拉端：
$$L_\text{张} = A_2 + L_2 + L_3 + \Delta L + (L_7 - L_5)$$

式中：L_7——张拉端密封筒长度；

ΔL——单根张拉伸长量。

3)下料过程控制

根据下料长度公式计算各索号下料长度,编制下料长度表,下料时应注意：

(1)如发现钢绞线PE护套存在破损,应及时进行修补,若破损严重,则应弃用此段钢绞线;随时对钢绞线长度进行复查,保证下料长度准确无误。

(2)张拉端 PE 护套剥除:剥除时应注意不得误伤钢绞线。剥除后,打散钢绞线采用专用的清洗剂清洗两端油脂,清洗时注意保护环氧涂层,清洗后将钢绞线复原,对端头进行墩头处理,以供挂索时牵引用。

(3)下料过程钢绞线的防腐油脂容易污染周围环境,下料场地铺垫油布隔绝防腐油脂渗漏,剥除后的 PE 层材料及时清运。

8.4.4 HDPE 护套管焊接

开始挂索的 1~3 号索,由于桥面施工场地不够开阔,故在梁下栈桥进行 HDPE 管焊接和准备工作,在挂 PE 管时利用塔式起重机从栈桥起吊。中期拉索再将 HDPE 管焊接工作转移到桥面进行。

1) HDPE 护套管焊接长度

$$L_{焊} = L_0 - L_1 - L_2 - L_3 - L_4 - L_5 - L_6 + L_8$$

式中:L_0——塔梁垫板中心间距(mm);

L_1——梁端预埋管长度及钢垫板厚度之和(mm);

L_2——塔端预埋管长度及钢垫板之和(mm);

L_3——梁端 PE 连接装置长度(mm);

L_4——PE 接头长度(mm);

L_5——塔端工作长度(mm);

L_6——梁端工作长度(mm);

L_7——温度修正长度(mm)。

2) 焊接准备

HDPE 护套管在焊接之前,需搭设专用的焊接操作棚。HDPE 护套管的铣削、加热以及对焊工作均在操作棚内进行,以免大风、雨雪等恶劣天气对 HDPE 护套管焊接质量造成不利影响。

3) HDPE 护套管焊接技术参数

HDPE 护套管为圆形结构,根据环境和材料的不同采用不同的焊接参数,焊接后接点位置的强度必须高于母材的强度,且不允许出现空洞、凹陷等缺陷。焊接过程中,需要对加热压力、加热时间、对焊压力、卷边高度以及冷却时间进行严格控制。HDPE 护套管焊接工艺曲线图如图 8-140 所示。

4) HDPE 护套管焊接步骤

(1)接通各部件的电源,预热发热板。

(2)将待焊管材夹紧,固定在机架上,调整两端焊接管对齐、顺平,两侧螺旋线圆顺对接。

(3)将机架打开,放入铣刀,旋转锁紧旋钮,将铣刀固定在机架上。启动泵站时,应在方向控制手柄处于中位时进行,严禁在高压下启动。

(4)启动铣刀,闭合夹具,对管件的端面进行切削。

(5)当形成连续的切削时,降压,打开夹具,关闭铣刀。

(6)取下铣刀,闭合夹具,检查管件两端的间隙;铣削好的端面不能有油渍污染。

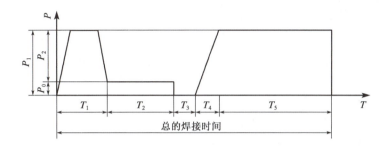

图 8-140　HDPE 护套管焊接工艺曲线图

图中：

P_1——对接焊接压力，$P_1 = P_2 + P_0$（MPa）；

P_2——焊接规定压力（MPa）$= \dfrac{\text{管材截面积}(\text{mm}^2) \times 0.15 \text{N/mm}^2}{\text{焊机油缸活塞总面积}}$；

P_0——拖动压力（MPa）；

T_1——卷边达到规定高度的时间（s）；

T_2——焊接所需要的吸热时间（s）= 管材壁厚 × 10；

T_3——切换时间；

T_4——调整压力至 P_1 所规定时间（s）；

T_5——冷却时间（min）。

（7）检查管件的同轴度（最大错边量为管壁厚的10%）。当两端面的间隙与错边量不能满足要求时，应对焊件重新夹持，铣削。

（8）检查加热板温度是否适宜（210℃±10℃）。

（9）测试系统的拖动压力 P_0 并记录。

（10）将温度适宜的加热板置于机架上，闭合夹具，并设定系统压力 P_1。

$$P_1 = P_0 + \text{对接压力 } P_2$$

（11）待管件间的凸起均匀，且高度达到要求时，将压力降至 P_0，近似拖动压力，同时按下吸热计时按钮，开始记录吸热时间。

（12）达到吸热时间后，迅速打开夹具，取下加热板。取加热板时，应避免与熔融的端面发生碰撞；若已发生，应在已熔化的端面彻底冷却后，重新开始熔接过程。

（13）迅速闭合夹具，并在规定的时间内，均匀地将压力调节至 P_1，同时按下计时器，记录冷却时间。

$$P_1 = P_0 + \text{冷却压力 } P_2$$

（14）达到冷却时间后，将压力降为零，打开夹具，取下焊好的管件。

HDPE 护套管焊接如图 8-141 所示。

图 8-141　HDPE 护套管焊接图

8.4.5 锚具安装

1)锚具安装前的准备工作

(1)锚具在工厂组装时安装内置磁通量传感器,锚具安装前测试磁通量传感器是否完好。
(2)检查并确保锚孔、密封板孔位对齐,不得有错位现象。
(3)检查锚孔,在安装、运输过程中要保持锚孔锥面清洁、无污染。
(4)张拉端锚固位置调整,将张拉端螺母旋至预留长度位置。
(5)安装前,先清理锚垫板、索导管内杂物,下端注意清理排水槽。

2)塔端锚具安装

张拉端锚固点设在塔内锚垫板顶面,锚具安装前先在锚垫板画出锚具位置轮廓线,然后用塔式起重机将锚具组装件吊到相应锚固点处放入,同时采用手拉葫芦调整锚具孔位排布。安装时需将灌浆孔置于低点,并防止支承筒螺牙损伤。

3)梁端锚具安装

把梁端锚具吊运至梁底施工平台上,利用起重机和手拉葫芦把锚具安装至索导管上,调整锚具孔位排布与塔端锚具一致,使锚具与索导管、锚垫板同轴心,然后临时固定锚具。

8.4.6 单根张拉支座安装

张拉端锚具完成后可以进行单根张拉支座安装,张拉支座安装在塔端锚具上,把张拉支座的底板旋进锚板上,拧紧张拉支座立柱,再安装上张拉支座的顶板和支撑板。调整支撑板的孔位排布,使之与锚板孔位排布一致。单根张拉支座如图 8-142 所示。

图 8-142 单根张拉支座

8.4.7 HDPE 护套管吊装

1)HDPE 护套管吊装准备

(1)在桥面把焊接好的 HDPE 护套管,移至塔柱下,以备起吊。摆放时分边跨和中跨,用滚轮架和枕木将 HDPE 护套管架立,防止 HDPE 护套管在移动时损伤。
(2)把塔端 PE 连接装置、减振器外圈、梁端 PE 连接装置、减振器外圈临时固定于 HDPE 护套管端部,在 HDPE 护套管两端安装哈佛抱箍。

(3) 在 HDPE 护套管内穿入加长钢绞线, 临时固定。

2) HDPE 护套管吊装

通过塔式起重机把 HDPE 护套管提升至塔外施工平台, 然后采用手拉葫芦使 HDPE 护套管悬挂于塔外吊点上, 同时把加长钢绞线牵引进塔内锚具并安装夹片。接着把加长钢绞线下端穿进梁端锚具内并安装夹片。用千斤顶把加长钢绞线张拉至控制张拉力, HDPE 护套管支撑在加长钢绞线上。HDPE 护套管吊装如图 8-143 所示。

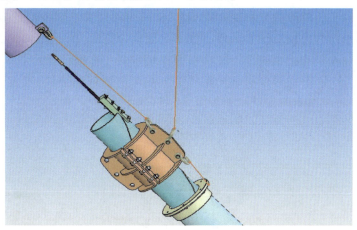

图 8-143　HDPE 护套管吊装

3) HDPE 护套管拉直

采用 YDCS160 千斤顶和油泵张拉加长钢绞线, 把加长钢绞线张拉挺直, 同时也把支撑于其上的 HDPE 护套管拉直。

8.4.8　循环牵引系统安装

本项目需在塔柱未封顶前挂索, 此时采用常规循环牵引挂索方式。在上下预埋管口临时焊接导向, 将牵引钢丝绳依次穿过上端导向、HDPE 外护管、下端导向、卷扬机, 形成循环牵引动力系统。循环索示意如图 8-144 所示。

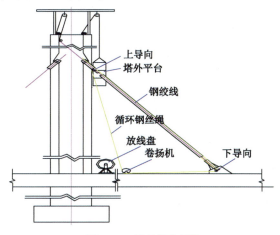

图 8-144　循环索示意图

8.4.9 滚筒穿束机安装

在塔柱封顶后,在塔顶焊接钢支架,然后采用滚筒式穿束机穿束。

1)滚筒穿束机定位

滚筒穿束机安装在塔顶,临时固定,使其有抗倾覆和抗滑动。

2)滚筒穿束机工作原理

进行单根挂索时,将钢绞线从桥面牵引到塔顶,通过塔顶滚筒穿束机牵引至塔外预埋管管口,然后钢绞线沿 HDPE 外护套圆管内壁下穿至梁面预埋管口,在桥面钢绞线与梁端穿过锚具的牵引索连接,通过牵引索把钢绞线下端牵引至梁端锚具。在塔外预埋管口钢绞线上端与塔端穿过锚具的牵引索连接,通过牵引索把钢绞线上端牵引至塔端锚具,安装夹片,完成钢绞线的牵引安装工作。钢绞线牵引安装示意如图 8-145 所示。

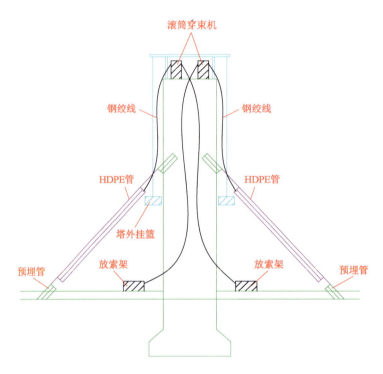

图 8-145 钢绞线牵引安装示意图

8.4.10 斜拉索单根挂索

1)挂索工艺流程

挂索工艺流程如图 8-146 所示。

2)挂索步骤

(1)把加工好的钢绞线顺桥向摆放,钢绞线的下端朝向塔柱方向,在钢绞线下设铺垫及导向,以防钢绞线 PE 损伤。

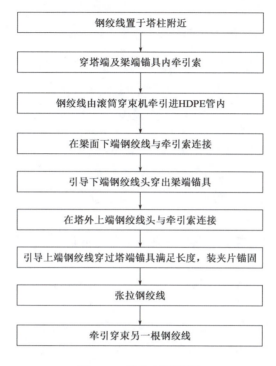

图 8-146 挂索工艺流程图

（2）将钢绞线与牵引索连接，把钢绞线牵引到塔顶的滚筒穿束机旁，启动滚筒穿束机，通过滚筒穿束机的专用牵引装置，将钢绞线牵引到塔外预埋管口，并顺着 HDPE 护套管内下滑。

（3）钢绞线从 HDPE 护套管内到达桥面预埋管口，在桥面钢绞线与梁端穿过锚具的牵引索连接，通过牵引索把钢绞线下端牵引至梁端锚具。

（4）在塔外预埋管口，钢绞线上端与塔端穿过锚具的牵引索连接，通过牵引索把钢绞线上端牵引至塔端锚具，安装夹片，完成钢绞线的牵引安装工作。

8.4.11 单根张拉

1）准备工作

按施工监控指令，单根张拉前应做好相应的准备工作，斜拉索张拉应满足以下 4 个条件：

(1) 张拉设备配套标定。
(2) 钢主梁、横梁、小纵梁栓接或者焊接完成。
(3) 桥面高程完成初始测量。
(4) 计算基准索的超张拉力。

2）超张拉力

斜拉索索力是通过单根张拉索力累积达到设计索力，斜拉索单根张拉以安装在基准索上的监测传感器为参考进行索力控制,基准索索力进行超张拉,超张拉系数考虑的因素有:设计张拉力、钢绞线的弹性模量和截面积、主梁张拉后的抬高量及索塔位移。

3) 索力均匀性控制

为使每根索中各钢绞线索力均匀,采用等张拉值法进行张拉,即每根钢绞线的拉力以控制压力表读数为准,传感器读数进行监测。挂索时,将监测传感器安装在一根不受外界影响的钢绞线上,安装顺序为:支座垫板→传感器→单孔工作锚。随后张拉时每根绞线的拉力是按当时传感器的显示变化值进行控制的。

4) 单根张拉操作

单根张拉用 YDCS160-150 千斤顶进行张拉,步骤如下:

(1) 安装 YDCS160-150 千斤顶。

(2) 加载至单根钢绞线设计应力的 15% 时测钢绞线伸长初始值;张拉端钢绞线若一个行程未能满足张拉要求,则采用临时工具夹片在该千斤顶的连续张拉部件内临时锚固,不允许在工作锚板上进行临时锚固。

(3) 用压力表读数控制最后一级张拉力,使之与传感器显示变化值相同时,测终止伸长值,装工作夹片,适度打紧,卸压至初应力油压时测回缩值后锚。

(4) 在挂索结束后,即拆出传感器,并按传感器拆除时的读数再进行补张拉。

(5) 在单根张拉完每一根钢绞线后,应严格控制工作夹片的跟进平整度。

(6) 由于张拉时采用一端张拉,所以在张拉时保证固定端夹片锚固质量,在张拉过程中,轻轻地敲打夹片使之跟进均匀。

单根张拉示意如图 8-147 所示。斜拉索安装塔内单根张拉现场操作如图 8-148 所示。

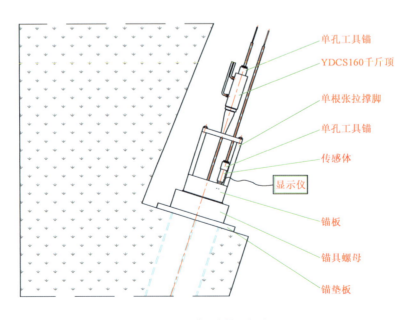

图 8-147 单根张拉示意图

图 8-148　斜拉索安装塔内单根张拉现场操作

8.4.12　二次张拉

叠合梁分级吊装,完成钢主梁、横梁以及小纵梁吊装与拼接后,进行斜拉索的安装以及第一次张拉。吊装和拼接预制桥面板,浇筑湿接缝后,进行斜拉索的第二次张拉,二次张拉采用整束张拉(图 8-149),使用 YDCS8000 千斤顶及配套组件进行整体张拉,二次张拉在塔端进行。

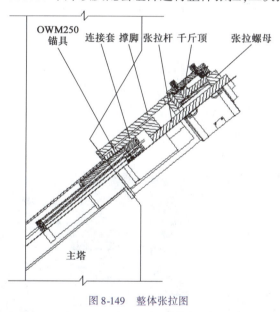

图 8-149　整体张拉图

8.4.13　夹片顶压

顶压工艺的目的在于保证夹片在低应力状态下的夹持性能,在斜拉索张拉完成,进行单根钢绞线顶压,利用张拉顶压支座作反力架,用顶压千斤顶对钢绞线进行逐根顶压,每次最大顶压力以总应力不超过钢绞线破断力的 0.45 进行控制。夹片顶压如图 8-150 所示。

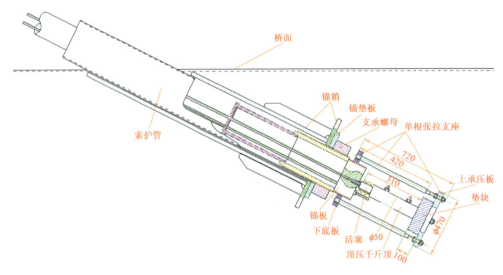

图 8-150 夹片顶压(尺寸单位:mm)

8.4.14 全桥合龙后的索力调整

主梁合龙后根据主梁线形和监测斜拉索索力,当监测的目标值不满足要求时通过调整斜拉索索力达到目标值,斜拉索的索力调整采用 YDCS8000 千斤顶整体张拉进行。

8.4.15 斜拉索防护

1) 梁端减振器、索箍、梁端 PE 连接装置

利用专用紧索器将斜拉索整束紧固成形,使钢绞线密贴,然后安装索箍、减振器,把减振器与预埋管焊接固结,喷刷防锈油漆焊缝防锈处理。最后把梁端 PE 连接装置连同 HDPE 护套管一起下放,外罩在梁端预埋管管口之上,完成梁面防护件安装。梁端减振器、索箍、梁端 PE 连接装置安装如图 8-151 所示。

图 8-151 梁端减振器、索箍、梁端 PE 连接装置安装图

2）塔端减振器、索箍、塔端 PE 连接装置安装

塔端索箍、减振器、塔端 PE 连接装置安装同梁端安装方式一样，先安装索箍、减振器，最后安装塔端 PE 连接装置（图 8-152）。把塔端 PE 连接装置的连接法兰盘对准预埋管的法兰盘，在两个法兰盘之间填塞防水腻子，然后上紧紧固螺栓，完成塔端 PE 连接装置安装。

3）锚头内防腐

锚头内灌注防腐材料进行防护。灌注设备采用注油泵，待全桥斜拉索调索完成后，用注浆泵将防腐材料注入锚具内。

图 8-152　塔端索箍、减振器、塔端 PE 连接装置安装图

4）锚头端面、夹片、外露钢绞线的防腐

锚头端面、夹片、外露钢绞线的防腐采用涂抹防腐油脂。

5）保护罩安装

外露的锚具、钢绞线喷涂防腐油脂后，安装保护罩，拧紧紧固螺栓。

6）外置阻尼器安装

外置阻尼器安装在斜拉索挂索完成后进行相应安装准备工作，当斜拉索防腐工作完成后，把外置阻尼器与预埋件用连接杆连接。调整阻尼器的约束行程，使阻尼力满足设计要求。外置阻尼器如图 8-153 所示。

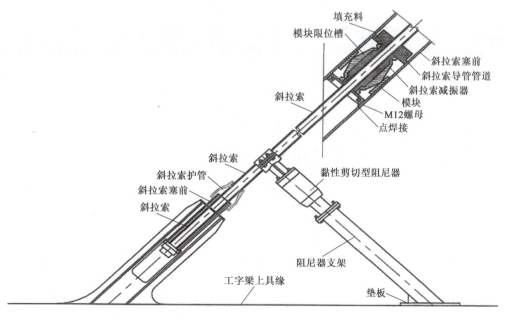

图 8-153　外置阻尼器

8.4.16　施工中注意事项

（1）斜拉索材料分类堆放，在库房堆放时以先用放置外层，后用放置内层为原则，减少领

用材料时的翻动。

（2）材料堆放做好防水防火措施。

（3）在搬运、下料、安装过程保护好钢绞线 PE 层不被损伤。

（4）钢绞线的下料做好防火防水，防止过电流。

（5）钢绞线的堆放和下料场地远离动火作业区。

（6）防护套管搬运、焊接、吊装过程保护好外层不被损伤。

（7）HDPE 外护套管焊接后放置在滚轮架上，严禁在硬地上拖拉。

（8）HDPE 外护套管吊装不能超出 30 倍转弯半径。

（9）锚具搬运与安装用垂直和水平运输工具，严禁在硬地上滚动。

（10）锚具安装前检查各组装件是否符合要求。

（11）锚具安装前清洁锚孔。

（12）钢绞线牵引安装时做好上下端的呼应，防止安装过程打绞。

（13）斜拉索张拉时要求中边跨、上下游同步进行，不同步值在允许范围内。

（14）斜拉索张拉以应力控制为主，以伸长值复核。

（15）斜拉索安装和张拉过程，同步监控主梁高程和主塔偏位。

（16）各项工作要形成记录，记录有可追溯性。

（17）斜拉索施工过程做好临时防护工作。

（18）当主梁施工进入大悬臂施工阶段时，做好斜拉索的减振措施，必要时设置临时减振装置。

8.5 效果评价

施工过程中优化了钢—混凝土组合梁悬拼施工工艺，找到了钢梁拼装、起重机前移、斜拉索张拉、桥面板铺设的最佳施工顺序，实现了钢—混凝土组合梁两节段一循环散件悬臂，同时找到了边跨配重与斜拉索张拉的最佳施工顺序，降低了边跨支架对其地基承载力较高的要求。施工过程顺利，未出现质量事故，各项指标满足设计及规范要求。

第9章 临时墩施工

9.1 需求分析

目前,不设辅助墩时斜拉桥结构在复杂环境条件下的受力问题及处理方法的研究相对较少。在所有未设置辅助墩的大跨径斜拉桥中,工程技术会面临以下难题:不能通过设置辅助墩改善桥梁结构成桥的受力状态;不能通过设置辅助墩提高结构的刚度,减小主梁的竖向变形;不能通过设置辅助墩改善主塔以及斜拉索的受力;不能通过设置辅助墩解决施工期恶劣风环境下的结构安全稳定。为了解决以上难题,项目团队通过大量的实测数据分析、风洞试验及理论研究、模型仿真计算,结合工程实际,对结构进行优化设计、改善施工技术措施等,圆满地完成了最大跨径无辅助墩组合梁斜拉桥的建设任务,解决了国内外该桥型在无辅助墩、复杂环境条件下,桥梁结构受力合理、变形协调、安全耐久等一系列技术问题。

9.2 结构简介

禹门口黄河大桥位于黄河主河道内,河道在桥位上游420m处由峡谷地带骤然开阔变宽,特殊的地理位置,使得桥址位置冬季风力较大,10 月底开始起风,每天 18:00 至次日 12:00 均处于大风时段,瞬时风力可达 13 级,为保证施工阶段结构安全,需在大风期来之前完成边跨合龙。为此进行了施工阶段抗风研究,在边跨增设临时墩,提高钢梁竖弯和扭转的频率。施工阶段风洞试验如图 9-1 所示。

图 9-1 施工阶段风洞试验

9.2.1 临时墩设计

根据模型计算分析,临时墩设置于 B13 号梁段,距离梁段 3.99m 处。其抗压承载力为 1250kN,抗拉承载力为 1550kN,刚度为 188t/mm。

临时墩基础为 6 根钢管混凝土结构,直径为 1m,12 号主塔边跨侧桩长 15.6m,11 号主塔边跨侧桩长 23.3m,地面以上为 $\phi820\times10$ 钢管桩,高度为 24.291m(12 号)、21.343m(11 号),顺桥向设置 2 排,每排布置 3 根,钢管支架采用双[32 槽钢作为平联,平联每 4m 设置一层,其与钢管之间采用节点板连接,钢管顶为两层 H582×300 承重梁,承重梁顶为横桥向布置的 H582×300 限位梁,限位梁与钢主梁采用耳板销轴的方式连接,承重梁与钢管之间、承重梁之间、承重梁与限位梁之间均采用焊接连接,同时采用加劲板加强。

临时墩结构如图 9-2 所示。墩顶平面布置如图 9-3 所示。连接板细部构造如图 9-4 所示。

9.2.2 临时墩墩顶限位构造

临时墩上部设置横向限位和竖向限位,顺桥向允许其存在 10cm 的位移量。

竖向限位由 3 个耳板组成,上耳板一个,总厚度为 9cm,焊接在主纵梁底部,下耳板设置两个,间距为 40cm,焊接在三拼 HW582×300 限位梁上,每个耳板总厚度为 6cm,耳板与主梁和限位梁焊接部位采用 2cm 厚加劲板加强,上下耳板采用直径 20cm 销轴栓接。

横向限位采用 HW582×300 焊接于限位梁上,高度为 1.45m,两侧为 I25 型钢斜撑,横向限位距离主纵梁 10mm 间隙。临时墩竖向、横向限位构造如图 9-5、图 9-6 所示。

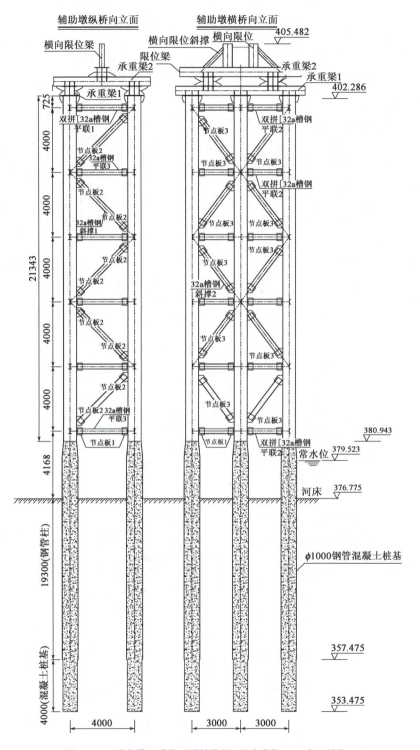

图9-2 11号主塔边跨临时墩结构图(尺寸单位:mm;高程单位:m)

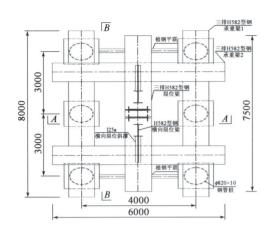

图 9-3 墩顶平面布置图(尺寸单位:mm)

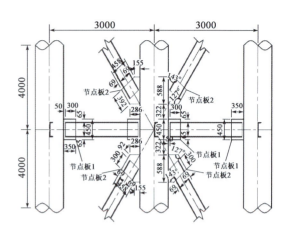

图 9-4 连接板细部构造图(尺寸单位:mm)

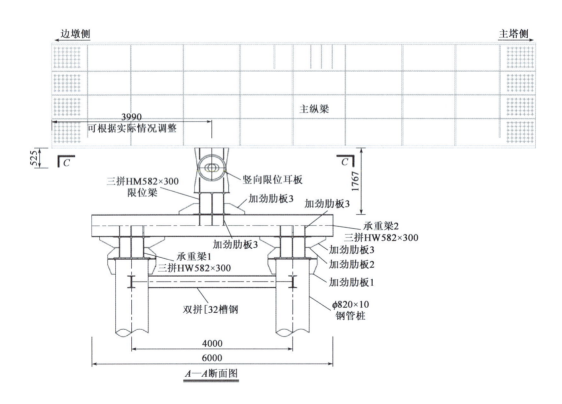

图 9-5 临时墩竖向限位构造图(尺寸单位:mm)

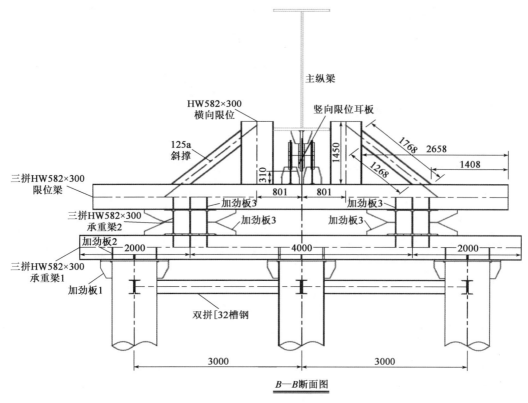

图 9-6 临时墩横向限位构造图(尺寸单位:mm)

9.3 / 施工工艺

9.3.1 总体工艺

施工工序为:设备材料进场→施工放样→钢管桩插打→焊接平联槽钢→墩顶安装承重梁→架设限位梁及耳板→连接主梁及临时墩→待完成边跨合龙后断开连接。

采用 70t 履带起重机和 D120 振动锤打设直径 1m 钢管桩,入土深度为 15.6m(12 号)、23.3m(11 号),然后采用反循环将钢管内沙土取出,下方钢筋笼,主筋型号为 HRB400C22,共计 13 根,箍筋为 HPB300,10,间距为 20cm,然后灌注 C30 混凝土至原地面,采用 1m 高变径管将钢管由直径 1m 调整至 0.82m,地面以上采用直径 0.82m 钢管接高,为保证焊接质量,地面部分 3 节整体吊装,12 号(5.541m、10m、8.75m)、11 号(2.593m、10m、8.75m),墩顶二层承重梁分层吊装并焊接,限位梁与耳板提前焊接,放置于第二层承重梁之上,待 13 号梁段安装完成后,根据位置进行焊接。

陕西侧位于黄河滩涂位置,可直接施工。山西侧 B13 号梁段位于黄河河道内,首先由主便桥位置引出两个支便桥,单侧便桥长 48.5m,便桥宽 8m,单侧便桥共 5 排桩基,每排 4 根直径 630mm 钢管,打入河床以下深度为 12m,钢管顶为双拼 I36 工字钢,承重结构为 4 组间距

90cm 贝雷梁,贝雷梁上为间距 75cm I22 工字钢和专用桥面板。支便桥施工同钢栈桥工艺。

9.3.2 临时墩传感器的布置、锁定和解除

为便于观测施工过程中临时墩的受力状态,在钢管桩原地面以上 1.5m 位置横桥向安装振弦式应变计,在下耳板位置安装振弦式应变计,每个临时墩共设置 16 个,全桥共 64 个。临时墩墩底和墩顶横桥向传感器布置如图 9-7 和图 9-8 所示。

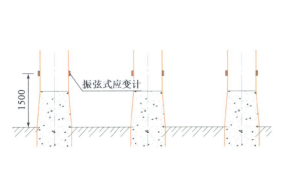
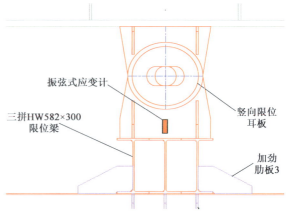

图 9-7　临时墩墩底横桥向传感器布置图　　　图 9-8　临时墩墩顶横桥向传感器布置图

B13 号梁段吊装前,按照设计位置将上耳板焊接钢主梁下翼缘板,位置与主梁腹板对应,待 B13 梁段二张结束后,连续两天每 2h 记录一次钢梁温度和环境温度,观测上耳板竖向位移情况,确定耳板销轴孔最高点和最低点位置,根据记录的情况确定限位梁的位置和下耳板的焊接高度(最低点),待下耳板焊接完成后,在 B13 钢梁下落至最低点时将销轴打入锁定。

边跨 B17 梁段二张结束后(边跨合龙),观测白天和夜晚临时墩耳板的受力情况,然后拼装 Z18 梁段,在过程中依据传感器显示数据,在其耳板最小受拉状态下将其切除,切除时,在 B13 桥面位置堆放荷载,确定其受拉力在 30kN 左右。

桥梁最大双悬臂施工状态全长约 399m(B16~Z16 号梁段),最大单悬臂施工状态全长约 285.9m(索塔~Z23 号梁段),设置临时墩作为该桥施工状态的风振控制措施,改善桥梁的风振频率,保证了该桥平稳度过大风期,降低了上部结构施工的安全隐患。

9.4　效果评价

桥址风力较大,最大瞬时风力达 13 级,为解决大跨径组合梁斜拉桥无辅助墩情况下的施工安全问题,降低大跨径斜拉桥在大悬臂状态下的施工风险,提高结构的整体稳定性,主桥施工过程中,在主塔位置设置了收集 0~300m 高空风参数的测风雷达和桥面 30m 处的测风塔,根据实测数据进行施工阶段风洞试验,提出了不同的临时支撑设置位置,找到对结构最有利的工作状态,提出了一整套无辅助墩大跨径组合梁斜拉桥临时支撑设置的思路和方法,使得大桥顺利通过大风季。

第10章 桥面板预制施工技术

10.1 需求分析

为提高特大桥桥梁主桥的刚度,一般采用组合梁截面,即钢和混凝土桥面板的组合。常见的组合梁主桥一般采用混凝土和超高性能混凝土(UHPC)两种不同的材质与钢材的组合,提高主梁的整体刚度。混凝土桥面板的优点是成本较低,缺点是自重较大,UHPC 桥面板与之相反。本工程在综合考虑成本和受力状态后,采用C60混凝土桥面板结构与钢梁组合成组合梁截面。

10.2 结构概况

10.2.1 结构简介

全桥预制混凝土桥面板共有1036块,按预制板尺寸、齿板型号、纵向预应力分为52类。以主梁中心线对称横向布置4块预制板。桥面板厚度为28cm,端部加厚至50cm,最大吊重为35t,采用C60混凝土预制。具体情况见表10-1。

桥 面 板 统 计 表　　　　　　表10-1

编号	数量（块）	尺寸(m) 长（横桥向）	尺寸(m) 宽（纵桥向）	尺寸(m) 厚	锯齿块 个数	锯齿块 类型	单块方量 (m³)	单块重量 (t)	备注
W1	16	6.25	3.9	0.5			12.2	31.7	
W2	8	6.25	3.4	0.5			10.6	27.6	
W3	4	6.25	3.4	0.5			10.6	27.6	
W4	76	6.25	3.4	0.28			6.0	15.6	
W5	4	6.25	3.4	0.28	2	Ⅰ	6.0	15.6	
W6	8	6.25	3.4	0.28			6.0	15.6	
W7	4	6.25	3.4	0.28	3	Ⅰ	6.0	15.6	
W8	8	6.25	3.4	0.28			6.0	15.6	
W9	4	6.25	3.4	0.28	2	Ⅰ	6.0	15.6	
W10	8	6.25	3.4	0.28			6.0	15.6	
W11	4	6.25	3.4	0.28	2	Ⅰ	6.0	15.6	
W12	80	6.25	3.4	0.28			6.0	15.6	
W13	24	6.25	3.9	0.28			6.8	17.7	
W14	152	6.25	3.4	0.28			6.0	15.6	
W15	4	6.25	3.4	0.28	1	Ⅲ	6.0	15.6	
W16	20	6.25	3.4	0.28			6.0	15.6	
W17	4	6.25	3.4	0.28	2	Ⅰ	6.0	15.6	
W18	20	6.25	3.4	0.28			6.0	15.6	
W19	4	6.25	3.4	0.28	2	Ⅰ	6.0	15.6	
W20	20	6.25	3.4	0.28			6.0	15.6	
W21	4	6.25	3.4	0.28	2	Ⅰ	6.0	15.6	
W22	20	6.25	3.4	0.28			6.0	15.6	
W23	4	6.25	3.4	0.28	2	Ⅰ	6.0	15.6	
W24	12	6.25	3.4	0.28			6.0	15.6	
W25	4	6.25	2.7	0.28			4.7	12.2	
W26	2	6.25	2.8	0.28			4.9	12.7	
M1	16	6.9	3.9	0.5			13.5	35.1	
M2	8	6.9	3.4	0.5			11.7	30.4	
M3	4	6.9	3.4	0.5			11.7	30.4	
M4	76	6.9	3.4	0.28			6.6	17.2	

续上表

编号	数量（块）	尺寸(m)			锯齿块		单块方量（m³）	单块重量（t）	备注
		长（横桥向）	宽（纵桥向）	厚	个数	类型			
M5	4	6.9	3.4	0.28	2	Ⅱ	6.6	17.2	
M6	8	6.9	3.4	0.28			6.6	17.2	
M7	4	6.9	3.4	0.28	2	Ⅱ	6.6	17.2	
M8	8	6.9	3.4	0.28			6.6	17.2	
M9	4	6.9	3.4	0.28	3	Ⅱ	6.6	17.2	
M10	8	6.9	3.4	0.28			6.6	17.2	
M11	4	6.9	3.4	0.28	3	Ⅱ	6.6	17.2	
M12	80	6.9	3.4	0.28			6.6	17.2	
M13	24	6.9	3.9	0.28			7.5	19.5	
M14	152	6.9	3.4	0.28			6.6	17.2	
M15	4	6.9	3.4	0.28	2	Ⅱ	6.6	17.2	
M16	20	6.9	3.4	0.28			6.6	17.2	
M17	4	6.9	3.4	0.28	2	Ⅱ	6.6	17.2	
M18	20	6.9	3.4	0.28			6.6	17.2	
M19	4	6.9	3.4	0.28	3	Ⅱ	6.6	17.2	
M20	20	6.9	3.4	0.28			6.6	17.2	
M21	4	6.9	3.4	0.28	2	Ⅱ	6.6	17.2	
M22	20	6.9	3.4	0.28			6.6	17.2	
M23	4	6.9	3.4	0.28	2	Ⅱ	6.6	17.2	
M24	12	6.9	3.4	0.28			6.6	17.2	
M25	4	6.9	2.7	0.28			5.2	13.5	
M26	2	6.9	2.8	0.28			5.4	14.0	

10.2.2 预制板场建设

1）预制板场规划

预制板场设在现有钢筋加工场附近，分钢筋加工区、制板区、存放区。其中，制板区利用钢筋加工厂2号大棚改建，钢筋加工区在2号大棚南侧硬化场地处新建，存板区在钢筋加工场北侧新建。预制场地的具体布置如图10-1所示。

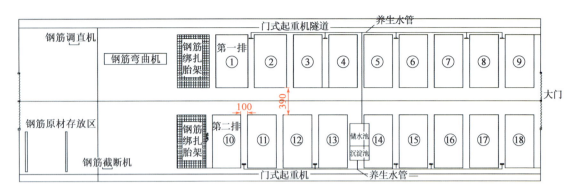

图 10-1　桥面板预制区布置图(尺寸单位:cm)

桥面板预制场地利用钢筋加工场 2 号大棚改建,南北方向长 80m,东西方向宽 23m,起重机械为 2 台 20t 门式起重机,门式起重机轨道间宽 21m。

2)桥面板预制区

根据预制板的尺寸和有无齿块设置 2 排台座,1 号、2 号台座每个长 6.9m、宽 3.9m、高 0.64m;作为带齿块板浇筑平台,3~18 号台座每个长 6.9m、宽 3.4m、高 0.26m;作为一般板(无齿块板)制作平台。预制台座示意如图 10-2 所示。

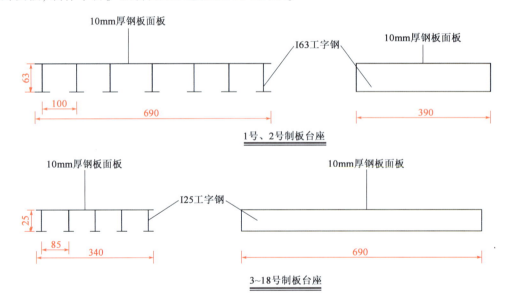

图 10-2　预制台座示意图(尺寸单位:cm)

在台座北侧设置 2 个钢筋绑扎胎架台座,每个台座尺寸为长 7.6m、宽 4.9m、高 0.26m,制作形式同 3~18 号台座。

3)桥面板存放区

存板区场地较为平整,使用碎石将场地整平,碾压完成后,设置混凝土条形基础。

条形基础截面尺寸为 1m(宽)×0.3m(高),C25 混凝土。为防止基础开裂,在基础内设置两层 ϕ12 钢筋网,网眼尺寸为 15cm×15cm。预制台座条形基础示意如图 10-3 所示。

图 10-3 预制台座条形基础示意图(尺寸单位:cm)

10.3 桥面板预制工艺

工艺流程为:钢筋加工→底模刷脱模剂→钢筋安装→安装钢侧模→混凝土浇筑→拆模养生→起吊、存放。

10.3.1 钢筋加工及安装

预制板钢筋在加工棚加工成半成品,在钢筋绑扎区使用制作胎架绑扎成型。使用门式起重机吊放安装在制板台座上。

(1)半成品制作

下料钢筋必须顺直,表面必须洁净。

钢筋接长采用搭接焊,焊缝必须符合要求。

制作好的半成品应分类码放整齐,并做好标识。

(2)钢筋骨架制作

钢筋骨架绑扎在钢筋绑扎区胎架上进行,胎架由∠75×8的角钢制作,角钢上按照钢筋间距开槽。

横、纵向钢筋间的连接采用双扎丝满绑,绑扎铁丝尾段不得伸入保护层内。

钢筋保护层采用绑扎高强混凝土垫块方式进行控制,每平方米混凝土垫块不小于4个,梅花形绑扎牢固。

钢筋骨架绑扎完成后,采用门式起重机吊装至浇筑台座上,根据底口侧模进行定位。

桥面板钢筋质量检验见表10-2。

桥面板钢筋加工质量检验表　　　　　　　　　　　表 10-2

序号	检 查 项 目		规定值或允许偏差	检验方法和频率
1△	钢筋骨架的全长（mm）	两排以上排距	±5	尺量：每构件检查 2 个断面
		同排 梁、板、拱肋	±10	
2	箍筋、横向水平筋、螺旋筋间距(mm)		±10	尺量：每构件检查 5~10 个间距
3	钢筋骨架尺寸(mm)	长	±10	尺量：按骨架总数的 30%检查
		宽、高或直径	±5	
4	弯起钢筋位置(mm)		±20	尺量：按骨架总数的 30%检查
5△	保护层厚度(mm)	板	±3	尺量：每构件沿模板周边检查 8 处

注：△代表主控项目。

10.3.2　预应力管道

在钢筋骨架基本成型后，开始安装预应力管道。根据要求钢束成孔采用 SBG-70 型塑料波纹管，接头处锯齐后穿入连接套管内，在接缝处用胶布缠绕粘贴，接头采用大一个型号的同材质波纹管。

（1）波纹管定位安装

波纹管的固定采用 HRB400 C12 钢筋，制作成井字型与预制板钢筋焊接定位，曲线段起止点、中心点各设一个，其余部分间距 0.5m 设一定位架，必要时加密设置。

安装锚垫板时，应在四角进行固定，且与端模垂直、密贴。压浆孔或出气孔的位置应朝上，避免水泥浆流入堵塞孔道。锚垫块附近混凝土要加强振捣，确保密实。锚头防崩钢筋应严格按设计要求设置，必要时可适当加密。

（2）波纹管应达到以下安装标准

波纹管安装应达到的标准见表 10-3。

后张法预应力管道安装允许偏差　　　　　　　　　　　表 10-3

序号	项 目		允 许 偏 差
1	管道坐标(mm)	梁长方向	30
2		梁高方向	10
3	管道间距(mm)	同排	10

10.3.3　模板安装

底模为 6mm 厚钢板，固定在混凝土台座上使用。侧模采用定型钢模板穿孔，钻孔处穿钢筋。侧模与底模间设置斜撑、横撑以固定侧模。安装侧模时，应防止模板移位或变形。侧模间利用加劲板焊接固定。

10.3.4 混凝土施工

混凝土入模采用场内门式起重机灰斗浇筑的方法,由板的一端向另一端斜向分层浇筑振捣,每层浇筑厚度不超过30cm。振捣以机械振捣为主、人工振捣为辅的方法。插入式振动器不得振动钢束锚垫板,不得碰撞模板钢筋,振捣时不得损伤预应力管道等。钢束靠近模板的地方和锚垫板处钢筋密集,下料振捣都有困难,要采取随下料随振捣的方法。

混凝土灌注完毕收浆前,要抹压1遍,收浆后再抹压1~2遍,以防止收缩裂纹的产生,并在第二次收浆时对板顶混凝土使用拉毛机进行拉毛处理。

混凝土施工完成后立即对外露钢筋涂刷水泥浆进行防锈处理。

10.3.5 养护

混凝土浇筑完毕后,顶面使用专用压痕滚进行拉毛处理,待混凝土终凝后覆盖土工布洒水养护,养护时间不少于7d。

预制板养生采用自动喷淋设备定时喷淋养生。每2h洒水1次,以能保持混凝土表面湿润状态为宜。

侧模拆除后,混凝土强度达到10MPa后使用凿毛机对预制板侧面进行凿毛。

混凝土浇筑完成后使用水泥浆对预制板外漏钢筋进行涂刷,防止钢筋锈蚀。

10.3.6 拆模及起吊堆放

混凝土强度达到100%后进行吊运,采用门式起重机将预制板吊起,移出台座,放置至存板场地。

起吊时,采用I 25a工字钢制作吊架,保证起吊点处钢丝绳垂直。

移板之后进行编号标识(桥名—左右幅—板号)。

10.3.7 桥面板预制质量检验

桥面板预制质量检验见表10-4。

梁(板)预制实测项目 表10-4

项次	检查项目		规定值或允许偏差	检查方法和频率	权值
1△	混凝土强度(MPa)		C60	按《公路桥涵施工技术规范》(JTG/T 3650—2020)附录D检查	3
2	梁(板)长度(mm)		+5,-10	尺量:每梁(板)	1
3	宽度(mm)	湿接缝(梁翼缘、板)	±20	尺量:检查3处	1
4	高度(mm)	梁、板	±5	尺量:检查2处	1
5△	断面尺寸(mm)	顶板厚	+5,-0	尺量:检查3个断面	2
6	平整度(mm)		5	2m直尺:每侧面每10m梁长测1处	1
7	横系梁及预埋件位置(mm)		5	尺量:每件	1

注:△代表主控项目。

10.4　效果评价

本工程桥面板预制采用型钢台座,便于安装和改造,减少后期复耕工作量。在桥面预制过程中采用长线法"1+1"模式进行预制,确保了桥面板中预应力管道与钢筋间的相互匹配。桥面板侧模采用分割钻孔的方式,提高了桥面板侧面的平整度。

桥面板的施工安装工作顺利,未出现任何质量问题和事故,各项指标满足设计及规范要求。

第11章
跨铁路转体施工技术

11.1 需求分析

近年来,在国家经济大幅增长和"一带一路"倡议下,国家在基础设施建设上投资力度加大,促使我国交通事业迅猛发展,特别是高速公路和铁路的建设。新建线路难免会与许多繁忙的既有线路相交,此时如果再采用常规施工方法必将影响既有线路的正常运营,且存在许多的交通安全风险。在这种情况下,转体施工方法凭借其独特的优势可将交通风险降至最低。

《公路桥梁施工技术规范》(JTG/T F50—2011)将桥梁转体施工定义为利用地形地貌先预制两个半孔桥跨结构,在桥墩或桥台上旋转就位跨中合龙的施工方法。

《公路桥涵施工技术规范》(JTJ 041—2000 及 2011)将桥梁转体施工分为平转、竖转、平转加竖转,平转又分为无平衡重、平衡重两种方法。

桥梁转体施工具体是指将需要进行转体施工的桥梁结构在非设计轴线位置通过预制或者浇筑制作成型后,利用设计合理的转盘结构及摩擦力很小的滑道,通过转体就位到设计轴线的一种施工方法。这种施工方法可将原本需要在障碍上空进行的作业转化为在近地面或岸上的作业。根据施工时的转动方向,可分为水平法、竖向法及平竖结合的方法,一般转体施工多数采用的为平转法。

运用转体法进行桥梁施工有如下优点：

(1)有利于在跨径较大时，施工多孔、单孔钢筋混凝土桥梁。特别适用于上跨公路、铁路、深谷等施工受限制的场所。

(2)不需要吊装设备，靠其结构自身旋转，故可节省大量支架材料。

(3)施工工艺简单、操作方便，由球铰系统的接触球面承受转体时的重量，承载力较大，在转动时易于控制平衡，可靠、安全；具有结构合理、受力明确、力学性能好等特点。

(4)施工进度快，造价较低，经济和社会效益显著。

竖转法是最先出现的转体施工方法，出现于20世纪50年代的意大利；平转法于20世纪70年代首次应用于奥地利维也纳多瑙河运河桥。此后平转法在比利时、中国、法国、德国等得到应用。我国桥梁转体施工研究开始于1975年。1977年第一次在四川省遂宁县使用平转法修建了跨径为70m的钢筋混凝土箱肋拱。20世纪，我国在山区跨河越谷地区进行了较多的桥梁转体法施工尝试。21世纪，我国经济高速发展，对基础设施进行了大规模投资建设，桥梁平转法转体施工可将对交通运输的干扰降到最低，故而得到了逐步推广。

常见的转体施工首先是平行铁路采用悬灌或支架完成T构施工，然后进行转体，但大多数T构为平衡结构。本工程桥梁采用一墩双T设计，斜向跨越两条铁路线路，为减小对铁路运营的影响，中跨合龙呈Z字形，造成T构纵横向不平衡。

11.2 结构简介

G108国道禹门口黄河公路大桥西引桥，位于陕西省韩城市渚北村，为转体桥，东接禹门口黄河大桥主桥，西接路基，全桥长度190.91m，计算跨径为50m+85m+50m，墩柱编号为14号墩~16号台，其中13号墩、16号台为边墩，14号墩、15号墩为主墩，桥宽27m，采用双幅桥设置，连续梁采用挂篮浇筑悬灌段，14号T转体重量为11020.2t，15号转体重量为8485.8t。

桥梁墩柱上部为双幅连续梁，右幅为A幅桥，左幅为B幅桥，单幅桥梁采用单箱单室、变高度、直腹板、箱形截面，采用挂篮悬灌浇筑施工，主桥墩墩顶5m范围内梁体高度为5.3m，跨中及边墩墩顶现浇段梁体高度为2.5m，梁体底曲线为二次抛物线，桥面总体宽度为27m，单幅梁体顶面宽度13.5m。A幅、B幅梁在14号墩、15号墩的4个T构均属于不平衡结构，具体结构如图11-1所示。现场鸟瞰图如图11-2所示。转体平面示意图如图11-3所示。

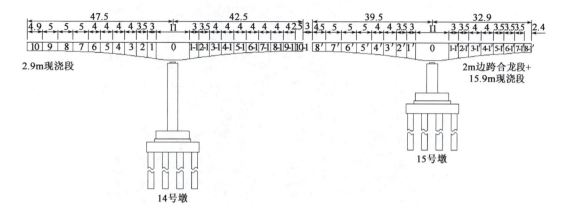

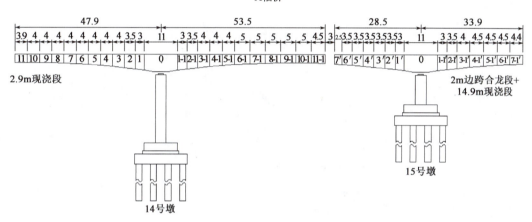

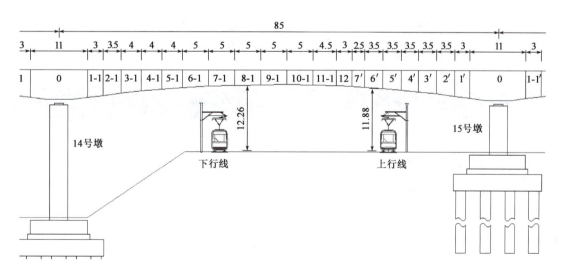

图 11-1 桥址纵断面布置图(尺寸单位:m)

图 11-2 现场鸟瞰图

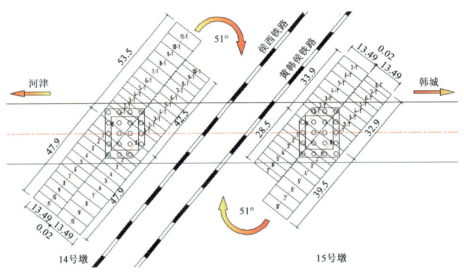

图 11-3 转体平面示意图(尺寸单位:m)

11.3 转体施工工艺

11.3.1 转体系统安装

转体系统采用活性粉末(RPC)混凝土组合球铰结构。其施工顺序为:安装 RPC 下座板→安装球铰下盘→将下座板和球铰下盘由连接板焊接为一体→安装球铰上盘→安装 RPC 上座板→将上座板和球铰上盘由连接板焊接为一体→吊装中心转轴→上承台施工。

(1)下转盘施工

下承台分两次施工,第一次浇筑混凝土的高度为下球铰定位骨架底高程,在第一层混凝土强度达到 25% 后,利用预埋件安装滑道骨架和下球铰骨架。

将下座板与滑道采用角钢支架支撑,使下座板与滑道顶面与待浇筑的基础顶面齐平,仔细调整下座板与滑道的水平度和高程,符合要求后,将下座板与滑道、角钢支架焊接固定牢靠,将基础钢筋与下座板、滑道预埋钢筋绑扎固定或焊接固定在下座板侧面钢板上。下球铰及滑道安装完成后,浇筑下承台第二次混凝土。下球铰底混凝土的浇筑顺序由中心向四周进行,利用下座板与滑道的预留孔进行辅助振捣和排气,以保证下座板与滑道下方混凝土的密实。滑道及下座板安装如图11-4所示。

图11-4 球铰下盘安装

（2）连接下座板与球铰下盘

基础混凝土达到强度后,吊装球铰下盘就位,检查下盘球面板上的超高分子量聚乙烯滑块,保证滑块固定牢固、表面清洁干燥后,在滑块上均匀涂抹润滑硅脂(图11-5)。将球铰下盘与下座板间用角焊缝予以周边围焊,焊接连接钢板。

涂抹硅脂后,严禁杂物掉入球铰内,并尽快安装球铰上盘。

（3）上转盘施工

清洁球铰上盘球面板的不锈钢板表面,并均匀涂抹少量硅脂,然后吊装球铰上盘和上座板就位,焊接球铰下盘与下座板间的圆周焊缝及连接钢板。上转盘及上座板安装如图11-6所示。

图11-5 涂抹硅脂

（4）球铰固定

调整球铰位置准确无误后,将中心转轴钢棒放入球铰下盘和下座板的预埋套筒中,中心转轴与球铰下盘预留孔以及球铰下座板预留孔之间应有大于2mm的间隙,以便中心轴转动,然后焊接上座板顶面的堵头钢板及吊环,焊缝应形成连续封闭环,以防止混凝土浇筑时砂浆进入中心转轴套内。

（5）上承台施工

将上座板预埋钢筋与转体上盘内的钢筋绑扎固定,设置滑道撑脚及转体牵引钢束锚固装置等,立模浇筑上承台混凝土,使上座板可靠锚固于转体上盘混凝土中。

图 11-6　球铰上盘安装

为提高转体过程中结构的稳定性,防止结构发生较大的倾斜,在每个上转盘的底面沿着转动中心圆周均匀设置 8 个双 $\phi630 \times 20$ 的圆形钢管混凝土撑脚,每个撑脚下设 30mm 厚的钢板,钢板底面贴焊 3mm 镜面不锈钢板,向钢管内灌注 C120 级活性粉末混凝土,撑脚中心线的半径为 4.35m。在撑脚的下方设置宽 1.1m 的环形滑道,转体时撑脚在滑道内滑动,以保持转体结构的平稳,整个滑道面在同一个水平面上,其相对高差不大于 2mm。当转体发生倾斜时,撑脚先支承于下转盘的滑道上,防止转体进一步侧倾。为减小撑脚底面与滑道的摩擦,撑脚底面钢板与滑道的接触面部分由专业厂家加工定做,接触面应刨平,粗糙度不低于 6.3 级,镀铬后刨光处理。撑脚在工厂整体制造后运至现场,在下转盘混凝土浇筑完成,上球铰安装就位时安装撑脚,安装时要与滑道钢板间预留间隙,用钢楔块垫紧。撑脚的相对位置要精确控制,应根据与梁体的对应关系确定撑脚的安装位置,以满足卸架后的梁体平衡。

砂箱的主要作用是将转体系统在转体前进行临时固结,从而保证梁体施工过程中转体系统的稳定。每个转盘设置 8 个直径 1000mm 的临时砂箱,内填石英砂,砂箱与永久撑脚同步安装,在悬灌梁施工完成后转体前拆除。撑脚、砂箱安装如图 11-7 所示。

图 11-7　撑脚、砂箱安装

牵引索是一头锚固在撑脚反力支座的钢绞线，为转体提供牵引力，牵引索的锚固端采用P锚，然后缠绕在滑道上。牵引索中心与牵引座中心对中，两条牵引索高度一致，有各自的索道，互不干扰。预留的长度要足够并考虑工作长度。牵引索从安装完毕到投入使用还要经过几个月的时间，在此期间要注意保护牵引索，防止电焊打伤或电流通过，还要注意防潮防淋避免锈蚀。牵引索的布置如图11-8所示。

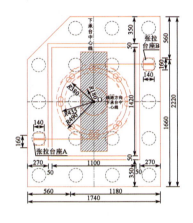

图11-8 球铰滑道、牵引索安装（尺寸单位：cm）

RPC球铰适合大吨位转体及墩顶转体，具有体积小、刚度大、承载能力高、转动力矩小等优点，大幅度减少了机加工的工序，降低了施工难度，有效提高了施工质量，为后续转体工作提供了坚实的施工安全保障。

11.3.2 不平衡结构施工控制措施

西引桥在转体之前采用悬臂挂篮施工，由于箱梁T构为不对称结构，悬臂梁施工时进行纵向平衡配重，同时A、B幅桥梁部T构施工时不对称，转体前进行横向不平衡配重，保证纵横向平衡对称。纵向配重见表11-1，横向配重在转体前进行，14号墩顶A幅桥中支点两侧各16m梁段范围配重96.1kN/m，15号墩顶B幅桥中支点两侧各16m梁段范围配重88.9kN/m。

西引桥转体配重统计表　　　　　　　　　　　表11-1

序号	类型	施工位置	配重位置	配置原则（kN/m）	总重量（kN）	节段长度（m）
1	横向配重	转体前	14号墩顶两侧各16m范围	96.1	3075.2	
2	横向配重		15号墩顶两侧各16m范围	88.9	2844.8	
3	纵向配重	7-1、7	A幅桥5-1、6-1	47.6	380.8	4、4
4	纵向配重	8-1、8	A幅桥6-1、7-1	44.5	356	4、4
5	纵向配重	9-1、9	A幅桥7-1、8-1	44.9	359.2	4、4
6	纵向配重	10-1、10	A幅桥8-1、9-1	107.8	862.4	4、4
7	纵向配重	5-1'、5'	A幅桥3-1'、4-1'	89.2	713.6	4、4
8	纵向配重	6-1'、6'	A幅桥4-1'、5-1'	81.7	612.75	4、3.5
9	纵向配重	7-1'、7'	A幅桥5-1'、6-1'	77.3	541.1	3.5、3.5

续上表

序号	类型	施工位置	配重位置	配置原则(kN/m)	总重量(kN)	节段长度(m)
10	纵向配重	8-1′、8′	A幅桥6-1′、7-1′	111.8	782.6	3.5、3.5
11	纵向配重	6、6-1	B幅桥4、5	52.8	422.4	4、4
12	纵向配重	7、7-1	B幅桥5、6	46.5	372	4、4
13	纵向配重	8、8-1	B幅桥6、7	44.9	359.2	4、4
14	纵向配重	9、9-1	B幅桥7、8	46	368	4、4
15	纵向配重	10、10-1	B幅桥8、9	46.2	369.6	4、4
16	纵向配重	11、11-1	B幅桥9、10	33.7	269.6	4、4
17	纵向配重	3′、3-1′	B幅桥1′、2′	48.5	315.25	3、3.5
18	纵向配重	4′、4-1′	B幅桥2′、3′	76.8	537.6	3.5、3.5
19	纵向配重	5′、5-1′	B幅桥3′、4′	63	441	3.5、3.5
20	纵向配重	6′、6-1′	B幅桥4′、5′	54.8	383.6	3.5、3.5
21	纵向配重	7′、7-1′	B幅桥5′、6′	105.4	737.8	3.5、3.5
合计	—	—	—	—	15104.5	—

11.3.3 转体施工

1）总体施工方法

在连续梁全部对称段、现浇段、防撞墙施工完成后，开始转体，14号墩、15号墩同步转体40°，14号墩停止转体，15号墩转体到位，然后将14号墩转体到位，最后精定位，进行悬臂结构向连续梁结构的转换施工，转体前后位置示意如图11-9、图11-10所示。

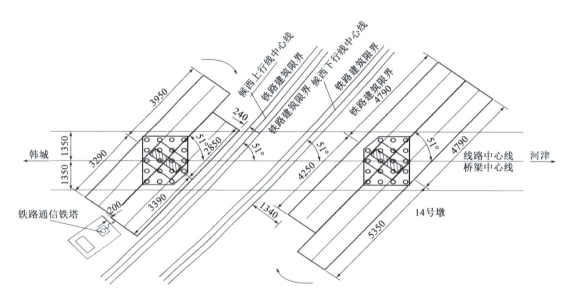

图11-9 旋转前示意图(尺寸单位：mm)

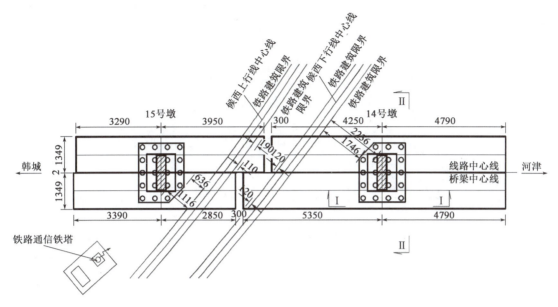

图 11-10 旋转后示意图(尺寸单位:mm)

每幅桥梁共计 1 个边跨合龙段、1 个中跨合龙段,施工时先中跨合龙,后边跨合龙,合龙段均采用挂篮施工。

施工顺序为:悬灌段施工完成后→施工防撞墙→防抛网安装→称重试验→配重→试转→正式转体成桥→后浇筑承台施工→中跨合龙→边跨合龙。

2)转体施工流程

转体施工流程如图 11-11 所示。

3)转体前的施工准备

(1)称重试验

在上承台下用千斤顶施加力,分别用位移计测出球铰由静摩擦状态到动摩擦状态的临界值,上承台两侧的力差即为不平衡重量,如图 11-12 所示。

转体桥梁在沿梁轴线的竖平面内,由于球铰体系的制作安装误差和梁体质量分布差异以及预应力张拉的程度差异,可能导致桥墩两侧悬臂梁段质量分布不同以及刚度不同,从而产生不平衡力矩。为了保证桥梁转体的顺利进行,在转体

图 11-11 不平衡称重

前进行称重试验,测试转动体部分的不平衡力矩、偏心距、摩阻力矩及摩擦系数。通过测试转动体部分的不平衡力矩、偏心距、摩阻力矩及摩擦系数等参数,实现桥梁转体的配重要求。转体施工流程如图 11-11 所示。

根据该状态的测试方法,在两幅梁的承台底面布置千斤顶和位移传感器,实施两幅梁的不平衡力矩测试。

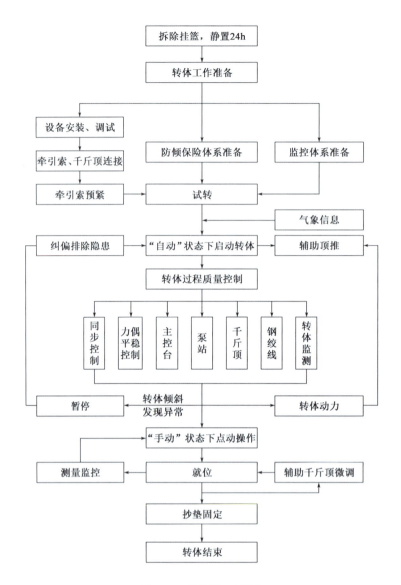

图 11-12 转体施工流程图

测试中所用设备及其作用如下：

①千斤顶两台，主要用于施加拉力。

②应变式位移传感器，主要用于测试球铰微小转动产生的撑脚竖向位移，其主要技术指标为量程±5mm、精度1/1000、线性度大于0.2%。

③XL2118C力与应变综合参数测试仪，主要用于采集应变式位移传感器的信号。

（2）配重方案

平衡转体施工必须保证转体上部结构在转动过程中的平稳性，尤其是大型悬臂结构，在理论上，水平转体应该绝对保证转体中支点两端重量的一致，也就是保证其两端达到平衡状态。在实际转体施工中，转体上部悬臂结构绝对平衡会引起梁端转动过程中发生抖动，且幅度较大,这不利于转体的平稳性要求。为此,采用梁体纵向倾斜配重的方案,该转体方案的思想是,在转体过程中转体梁应在梁轴线方向略呈倾斜态势,即梁轴线上桥墩一侧的撑脚落下接触滑道,另一侧的撑脚抬起离开滑道。这样做的好处是使转动体形成两点竖向支承,增加了转动体在转动过程中竖平面内的稳定性。配重的大小应保证新的重心偏移量满足的要求。

(3)试转

正式转动之前,进行试转,全面检查一遍牵引动力系统、转体体系、位控体系、防倾保险体系是否状态良好,检测整个系统的安全可靠性,本工程试转时转动角度为6°,14号墩箱梁翼缘板旋转弧线长度为5.61m,15号墩梁体翼缘板旋转弧线长度为4.15m,刻度盘旋转弧线长度为0.58m。同时由测量和监控人员对转体系统进行各项初始资料的采集,建立主桥墩转动角速度与梁端转动线速度的关系,准备对转体全过程进行跟踪监测,以便在转动过程中把转动速度控制在要求范围内。

预先试转的意义:检查、测试泵站电源、液压系统及牵引系统的工作状态,测试启动、正常转动、停转重新启动及点动状态的牵引力、转速等施工控制数据,以求在正式转体前发现、处理设备的问题和可能出现的不利情况,保证转体的顺利进行。

试转步骤如下:

①预紧钢绞线。预紧应采取对称进行的方式,并应重复数次,以保证各根钢绞线受力均匀。预紧过程中应注意保证钢绞线平行地缠于转盘上。

②合上主控台及泵站电源,启动泵站,用主控台控制两千斤顶同时施力试转。若不能转动,则施以事先准备好的辅助顶推千斤顶同时出力,以克服超常静摩阻力来启动桥梁转动,若还不能启动,则应停止试转,另行研究处理。

试转时,应做好两项重要数据的测试工作:

①前4°转动调整为自动状态,测试每分钟转速,即每分钟转动主桥的角度及悬臂端所转动的水平弦线距离,平稳转动时所需的拉力,应将转体速度控制在设计要求内。

②后2°控制采取点方式操作,分别测试点动0.5s、1s、2s、5s梁体转动距离,每个测试点测试两次,测量组应测量每点动一次悬臂端所转动水平弦线距离的数据,以供转体初步到位后,进行精确定位提供操作依据。

试转过程中,应检查转体结构是否平衡稳定、有无故障,关键受力部位是否产生裂纹。如有异常情况,则应停止试转,查明原因并采取相应措施整改,然后方可继续试转。

4)正式转体

(1)试转结束,分析采集的各项数据,对转体实施方案进行修正,方可进行正式转体。整个转体基本采用人工指挥控制。转体过程中数据的收集,采用一套严密的监视系统。指挥人员通过监视系统所反映的两墩数据资料进行协调指挥。转体结构旋转前要做好人员分工,根据各个关键部位、施工环节,对现场人员做好周密部署,各司其职,分工协作,由现场总指挥统一安排。

(2)转体施工的环境条件的确认

①转体施工必须在无雨雾及风力小于5级的气象条件下进行,所以转体施工日期的选择

必须以气象条件做依据。

②转体之前与铁路局相关部门做好配合协议,在天窗点内安全的情况下完成转体。

(3)同步转体控制措施

①两墩同时启动,现场设同步启动指挥员,用对讲机通信指挥。

②连续千斤顶公称油压相同,转体采用同种型号的两套液压设备,转体时按校验报告提供的参数控制好油表压力。

③转体监测:转体前在转盘上粘贴弧长刻度和角度,转动行走弧长为4.9m,刻度弧长最小为1°,每9.6cm标识一个角度值,转体过程中随时观测每个转盘的转过刻度,观察转体的钢绞线是否等速。转盘标尺如图11-13所示。

图11-13 转盘标尺

(4)转体监控

①转体前在转盘上布置刻度。

②在转盘钢绞线上做好标记,观察同一转盘的两根牵引索通过千斤顶是否等速。

③转体就位采用2台全站仪观测中线,时刻注意观察桥面转体情况,左右幅梁端每转过1m,向指挥长汇报一次,在距终点30cm以内,每转过2cm向指挥长汇报一次;结束千斤顶连续工作状态,采取"点动"方式就位,转体就位后中线控制在设计要求范围内。

④为保证转体的安全,14号墩、15号墩同时顺时针转体40°,然后停止14号墩转动,先将15号墩转体到位,再将14号墩转体到位,最后进行精调。

(5)防超转限位装置

①转体前在转体就位位置安装I36a工字钢横梁,使工字钢横梁与转盘撑脚接触位置即为转体就位位置。

②每座转体在上、下盘的滑道之间均设置有8对保险撑脚,撑脚走板底面距离滑道顶面预留有12mm的缝隙,转体结构精确就位后,采用钢楔块进行抄垫固定,并用电焊将钢楔块同撑脚走板钢板、连同上盘滑道预埋钢板立即进行全面焊接连接。

（6）转体实施

①先使辅助千斤顶达到预定吨位，启动动力系统设备，并使其在"自动"状态下运行。

②每个转体使用的对称千斤顶的作用力始终保持大小相等、方向相反，以保证上转盘仅承受与摩擦力矩相平衡的动力偶，无倾覆力矩产生。

③设备运行过程中，各岗位人员的注意力必须高度集中，时刻注意观察和监控动力系统设备和转体各部位的运行情况。如果出现异常情况，必须立即停机处理，待彻底排除隐患后，方可重新启动设备继续运行。

转体过程注意事项如下：

①检查滑道和转体设备是否完好，做好转体的准备工作。

②进一步做好人员分工，根据各个关键部位、施工环节，对现场人员做好周密部署，各司其职，分工协作，由现场总指挥统一安排。

③先使千斤顶达到预定吨位，启动动力系统设备，并使其在"自动"状态下运行。

④单个转体使用的两对称千斤顶的作用力始终保持大小相等、方向相反，避免不平衡力偶产生。

⑤设备运行过程中，各组人员坚守岗位，时刻注意观察，监控动力设备和转体各部位的运行情况，并做好记录。

⑥在转体就位处设置限位装置，并安排技术人员在两个转盘附近负责读转盘上标识的刻度，随时与总指挥联系。为防止超转现象，在转体接近设计位置时，停止自动牵引操作，采用点动控制精确定位。

（7）精确就位

轴线偏差主要采用连续千斤顶点动控制来调整，根据试转结果，确定每次点动千斤顶行程，换算梁端行程。每点动操作一次，测量人员测报轴线走行现状数据一次，反复循环，直至转体轴线精确就位。若转体到位后发现有轻微横向倾斜或高程偏差，则采用千斤顶在上下盘之间适当进行调整。转体自动控制设备、连续张拉千斤顶如图11-14所示。

图11-14　转体自动控制设备、连续张拉千斤顶

(8)封固转盘

经过转体和精确定位阶段并检测平面位置、高程均符合设计位置后,将上、下球铰转盘采用钢板焊接固定,在撑脚四周焊接钢板,将其与滑道焊接固定,保证转体单元不再产生位移。清洗底盘上表面,焊接预留钢筋,支立模板,浇筑后浇筑承台混凝土,为保证后浇筑承台混凝土密实,上承台施工时,在其四周、靠近中间位置预留混凝土下料孔和振捣孔,使上转盘和下转盘连成一体。封盘混凝土施工示意如图11-15所示。

(9)转体施工注意事项

①控制不平衡弯矩的预案。

理论上,两端受竖向力是平衡的,但由于两侧浇筑混凝土的不完全对称及其他施工荷载的影响,会产生不平衡弯矩。若产生不平衡弯矩,则应采取以下预案:

a. 不平衡弯矩的大小。

计算最大不平衡弯矩时,考虑梁段浇筑过程中出现的不平衡浇筑,通过称重试验,确定不平衡重量和相应的配重重量。

b. 控制不平衡弯矩的措施。

通过在箱梁两端箱梁顶面放置水箱加水来调整不平衡弯矩。

千斤顶消除不平衡弯矩示意如图11-16所示。

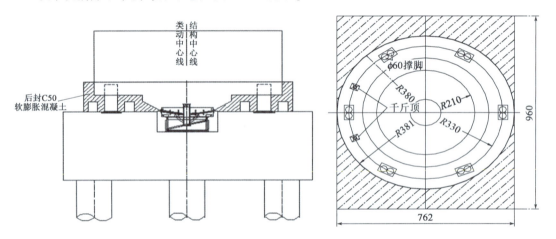

图11-15 封盘混凝土施工示意图　　图11-16 千斤顶消除不平衡弯矩示意图(尺寸单位:cm)

②转体施工操作注意事项。

a. 穿钢绞线时注意不能交叉、打搅和扭转,所用的钢绞线尽量左、右旋均布。

b. 千斤顶的安装应注意和钢绞线的方向一致。

c. 控制系统在运行前一定要经过空载联试,确认无问题时方可投入使用。

d. 牵引系统操作人员在系统运行过程中严禁站在千斤顶后。

e. 所有工作人员必须严格遵守有关安全操作规程。

11.3.4 合龙段施工

体系转换步骤为:中跨临时锁定→中跨合龙段施工→中跨顶板、底板预应力张拉→14号、

15号墩临时支座固结凿除、支座上下板连接解除→边跨临时锁定→边跨合龙段施工→边跨底板长束张拉、边跨顶板预应力张拉、边跨底板剩余预应力束张拉→完成体系转换。

合龙段施工采用6根双拼I45热轧轻型工字钢作为刚性支撑焊接梁体预埋件上进行锁定,以承受温度升高使悬臂纵向伸长产生的拉应力和临时锁定部分预应力束所产生的压应力,并穿入部分纵向预应力束,以预应力来抵消两端因温度降低而缩短所产生的拉力。

合龙前调整中线和高程,使两悬臂端临时连接,保持相对固定,以防止合龙混凝土在早期因为梁体混凝土的热胀冷缩开裂。

同时选择在一天中的低温、变化较小时进行混凝土施工,保证混凝土处于温升、在受压的状态下达到终凝,避免受拉开裂。

临时刚性连接采取既撑又拉的方式,将两端连成整体。先在合龙段两侧箱梁的顶底板预埋钢板,通过设置承受压力及拉力的装置使合龙段混凝土得到保护。

锁定前,应先将刚性支撑的一端与梁端预埋钢板焊接,在一天当中温度最低时再对称迅速地将刚性支撑的另一端与梁端预埋钢板焊接,刚性支撑联结后将临时预应力筋按设计要求张拉力值快速张拉,形成临时锁定。

1)中跨合龙段施工

A幅桥中跨合龙段为11号块,长度为3m,体积为31.6m³,重量为82.16t;B幅桥中跨合龙段为12号块,长度为3m,体积为34.3m³,重量为89.18t。

(1)中跨合龙段施工流程

中跨合龙段施工工艺流程:15号墩挂篮模板滑移至合龙段锚固→测量合龙段两侧高程,并在两端进行合龙段一半重量配重(存在高差时进行附加配重)→绑扎钢筋安装波纹管,并焊接一端的刚性支撑→选择一天当中温度最低的时段迅速将另一端刚性支撑焊接,并张拉部分临时锁定钢束→然后在温度最低时段迅速进行混凝土浇筑,并在浇筑过程中同步卸除合龙段配重,如图11-17所示。

(2)中跨合龙段模板

中跨合龙段施工采用挂篮底模及两侧外模。转体之前将14号墩中跨侧挂篮拆除,将15号墩中跨侧挂篮底模前下梁中间吊带拆除,挂篮后移一个梁段锚固,转体完成后,15号墩挂篮主桁前移,将侧模、底模滑移至14号墩侧梁端,提升底模横梁使其与梁体密贴,外侧模也通过提升滑道使密贴于梁体表面。绑扎箱梁底板、腹板钢筋及预应力管道,搭设内模支架,安装箱梁内侧模,并用对拉拉杆进行加固。

(3)中跨合龙段配重

为保证合龙段混凝土浇筑时,两端梁体不发生相互位移错动导致合龙段开裂,在合龙段两侧梁端设置平衡配重,配重块重量为合龙段重量的一半。A幅桥中跨合龙段11号块重量为82.16t,在10-1号块、10号块、8′号块、8-1′号块梁端均配41.08t,B幅桥中跨合龙段12号块重量为89.18t,在11-1号块、11号块、7′号块、7-1′号块梁端均配44.59t。配重采用水箱,在转体之前,将8个水箱吊装至相应梁段,每个梁段放置2个水箱,水箱尺寸为5m×3m×2m,水箱内标示刻度,最小刻度显示的水量为1m³,水箱底部预留钢管,在浇筑混凝土时供流水卸载时使用,同时准备水泵在流速达不到卸载要求时采用水泵抽水辅助卸载。

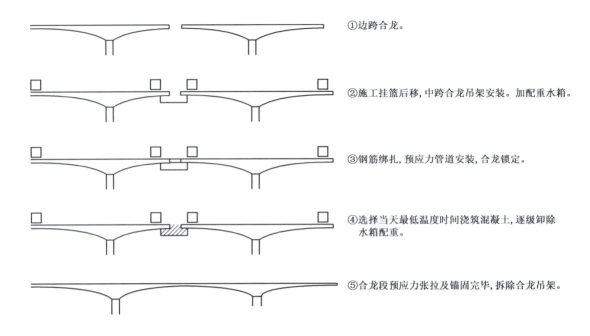

图 11-17 中跨合龙段施工过程示意图

（4）中跨合龙段的锁定

合龙前使合龙段两悬臂端临时连接，尽可能保持相对固定，以防止合龙段混凝土在浇筑及早期硬化过程中发生明显的体积改变。临时连接采用外锁装置，在合龙段两侧梁段上预埋钢板，顶板 6 块、底板 6 块，共计 12 块，钢板尺寸为 610mm×1130mm×20mm，钢板下焊接 8 个 U 形锚固筋，型号为 HRB400Φ16，锚固深度为 300mm。临时锁定预埋钢板大样图如图 11-18 所示。

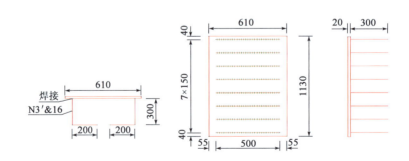

图 11-18 临时锁定预埋钢板大样图（尺寸单位：mm）

合龙段钢筋、波纹管安装完成后，在一端梁体的预埋钢板上焊接 I45 双拼工字钢，并在工字钢端部焊接加劲板，同时在工字钢之间焊接 I30 工字钢剪刀撑，待一天中温度最低时段将另一侧梁段工字钢与预埋钢板进行焊接，然后分别张拉两束 ZT1 和 ZD1 钢束，张拉力为 500kN，临时锁定施工完成后,进行合龙段混凝土浇筑,如图 11-19 ~ 图 11-22 所示。

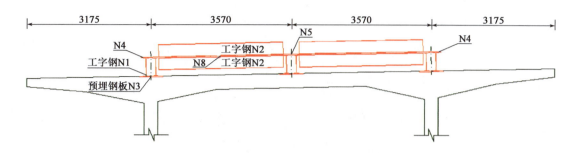

图 11-19　顶板临时锁定型钢立面图(尺寸单位:mm)

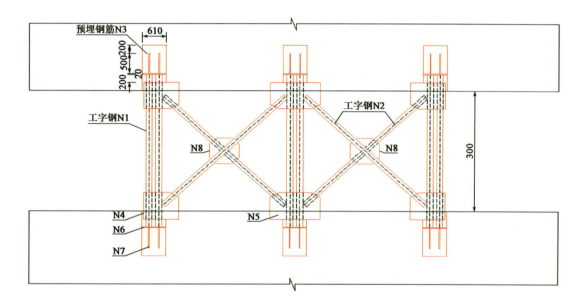

图 11-20　顶板临时锁定型钢平面图(尺寸单位:mm)

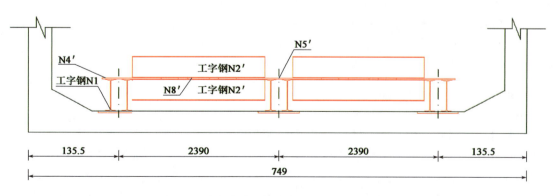

图 11-21　底板临时锁定型钢立面图(尺寸单位:mm)

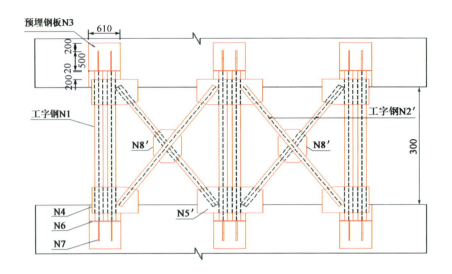

图 11-22 底板临时锁定型钢平面图(尺寸单位:mm)

(5)中跨合龙段混凝土浇筑

中跨合龙段临时锁定完成后,在当天最低温度灌注合龙段混凝土,采用地泵入模,从 14 号墩安装泵管至合龙段进行混凝土浇筑,同时,随着混凝土浇筑,同步排放配重水箱里的水,保证混凝土的灌注重量等于水的排放重量,中跨合段混凝土灌注结束时配重完全拆除。

待合龙段达到设计强度后按顺序张拉中跨顶板、底板预应力束,最后拆除 14 号墩、15 号墩临时支座和支座上下钢板固定,完成中跨体系转换。

2)边跨合龙段施工

A 幅桥边跨合龙段为 13 号块,长度为 2m,体积为 21.6m³,重量为 56.16t;B 幅桥边跨合龙段为 14 号块,长度为 2m,体积为 21.4m³,重量为 55.64t。

(1)边跨合龙段施工流程

边跨合龙段施工工艺流程:15 号墩挂篮模板滑移至合龙段锚固→测量合龙段两侧高程,并在梁端进行合龙段一半重量配重(存在高差时进行附加配重)→绑扎钢筋安装波纹管,并焊接一端的刚性支撑→选择一天当中温度最低的时段迅速将另一端刚性支撑焊接,并张拉部分临时锁定钢束→然后在温度最低时段迅速进行混凝土浇筑,并在浇筑过程中同步卸除合龙段配重。

边跨合龙段施工过程示意如图 11-23 所示。

(2)边跨合龙段模板

边跨合龙段施工采用挂篮底模及两侧外模。转体之前将 15 号墩边跨侧挂篮底模前下梁中间吊带拆除,挂篮后移一个梁段锚固,转体完成后,15 号墩挂篮主桁前移,将侧模、底模滑移至边跨现浇段侧梁端,提升底模横梁使其与梁体密贴,外侧模也通过提升滑道使密贴于梁体表面。绑扎箱梁底板、腹板钢筋及预应力管道,搭设内模支架,安装箱梁内侧模,并用对拉拉杆进行加固。

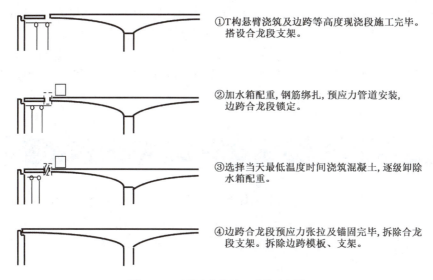

图 11-23　边跨合龙段施工过程示意图

(3) 边跨合龙段配重

A 幅桥边跨合龙段 13 号块重量为 56.16t,在 8-1′号块梁端均配 28.08t;B 幅桥边跨合龙段 14 号块重量为 55.64t,在 7-1′号块梁端均配 27.82t。配重采用水箱,将 4 个水箱吊装至相应梁段,每个梁段放置 2 个水箱,水箱规格与中跨合龙时相同。

(4) 边跨合龙段的锁定

边跨合龙张拉钢束为 BT1′和 BD1′,临时锁定结构形式及施工工艺与中跨合龙相同。

(5) 边跨合龙段混凝土浇筑

边跨合龙段临时锁定完成后,在当天最低温度灌注合龙段混凝土,采用泵送入模,随着混凝土浇筑,同步排放配重水箱里的水,保证混凝土的灌注重量的一半等于水的排放重量,边跨合段混凝土灌注结束时配重完全拆除。

待合龙段达到设计强度后按顺序张拉边跨底板 BD5′束钢绞线、顶板预应力钢绞线、底板剩余预应力钢绞线,即完成边跨体系转换。

3) 合龙段施工时需注意的问题

(1) 要及时掌握合龙期间的气温预报情况,并迅速反馈给相关操作人员,选择日气温较小、温度变化幅度较小时进行临时锁定装置的安装。临时锁定装置安装快速、对称进行,先将刚性支撑一端与梁端部预埋铁件焊接,再将刚性支撑另一端与梁连接、临时预应力束也应随之快速张拉。

(2) 为了减小混凝土灌注时悬臂端混凝土和合龙段混凝土温差引起的沿梁纵向的轴向力,合龙段混凝土灌注时选择当天温度最低的时间,合龙温度最佳温度在 15～20℃之间,且应与锁定时温度相同。

(3) 合龙前将现浇段和悬臂灌注梁段上的杂物清理干净,此时除加压等物体外应将施工机具等全部清除或移至 0 号块顶部,保证应力状态与设计相符。

(4) 合龙前,精确测量合龙段两侧两个梁段的顶面高程并进行对比,如果其高差 $\Delta > 10mm$ 则按照计算进行附加配重,再进行合龙施工。

(5)待合龙段混凝土强度及弹性模量达到设计100%,且龄期在5d后,张拉顶底板纵向、顶板横向钢索和竖向预应力筋并压浆。合龙束张拉顺序为先长束后短束。

体系转换是悬浇施工中的一个重要环节,其施工质量对成桥的质量有较大影响。通过对合龙段施工的周密组织、精心管理,将合龙段的施工误差控制在合理范围内,满足设计的受力要求。

11.4 效果评价

为了减小对铁路边坡的影响,采用了体积较小的RPC球铰系统,减小了承台基坑的开挖面积,加快了球铰安装进度。同时在转体过程中于梁体角度、空间、应力3个维度安装传感器,实时监测转体梁体姿态,为转体的顺利进行打下了坚实基础,同时在下承台位置预埋注浆管,确保后浇筑承台的密实性。

通过一系列措施保证了既有线路的正常运行,降低了既有线路运行的安全风险,对跨铁转体施工有较大的意义。

Part 2 第二部分

施工控制技术

第12章 施工控制概述

12.1 必要性及目标

斜拉桥作为由主梁、拉索和主塔组成的组合体系桥梁,属高次超静定结构,其最为重要的特性之一是所用的施工方法和安装程序与成桥后的主梁线形及结构恒载内力息息相关。同时,大跨径斜拉桥一般采用分阶段施工方法,结构的内力状态和线形随施工过程不断发生变化。设计阶段一般根据理论分析和以往工程经验预先确定结构刚度、构件几何尺寸、梁段重量、施工临时荷载、斜拉索张拉力、收缩和徐变等关键参数,并根据上述参数的理想值确定结构各关键阶段的理想状态。尽管可以对上述关键参数进行控制,但由于施工误差、环境误差、测量误差等不可避免,如不加以控制,必然导致实际结构状态和理想结构状态间的偏差。随着跨径和结构复杂性的增加,偏差对结构线形和内力状态的不良效应显著增加,给结构的施工和正常运营带来诸多隐患,甚至危及结构安全。为确保施工过程中斜拉桥的结构内力和变形状态始终处在安全、合理的范围内,且成桥后接近设计成桥状态,《公路斜拉桥设计规范》(JTG/T 3365-01—2020)第8.1.1条规定,斜拉桥施工中应进行施工监控。大跨径钢—混凝土组合梁斜拉桥作为所有桥型中结构体系和受力最复杂的桥型,对其进行施工控制是达到合理成桥状态、实现高品质建设目标的关键。

禹门口黄河公路大桥为主跨 565m 的三跨钢混组合梁双塔斜拉桥，为半漂浮结构形式。桥梁从基础施工至通车运营，主要经历了主塔施工、主梁悬臂拼装施工、斜拉索张拉及桥面系施工等环节。其设计与施工高度耦合，所采用的施工方法、材料性能、安装程序、钢梁安装高程、斜拉索张拉索力等都直接影响成桥的受力状态和几何线形。大桥施工控制在确保钢梁、主塔应力水平满足设计要求的前提下，以"主梁几何线形为基本控制目标、索力调整为主要调控手段"的原则进行施工控制工作。

12.2 施工控制要点

斜拉桥施工控制是指通过对斜拉桥进行施工全过程仿真分析获得各关键施工阶段的主梁线形、斜拉索张拉力、主塔位移、主梁及主塔关键部位应力等理论值，并在施工过程中加以有效地控制和管理，在对理论值和相应的实测值进行对比分析的基础上，根据误差分析结果对后续施工过程进行状态调整和控制，以保障结构施工过程的安全性并最大限度地减少误差。施工控制的内容如下：

（1）校核桥梁主要设计参数，提供制造参数。校核设计参数包含两个层面的工作，首先是设计图纸层面，进行设计技术标准、结构尺寸、设计荷载等重要参数的复核确认；其次是设计计算层面，根据设计资料进行建模计算，对设计成桥状态主梁应力、线形、成桥索力、成桥支座反力及塔偏等进行复核。以上工作校核完成后，提供结构详细制造参数，主要包括钢梁加工线形、斜拉索制造长度等。

（2）结构参数识别和调整。对于大跨径钢—混凝土组合梁斜拉桥，材料的弹模和容重参数对施工控制的影响是最大的（特别是混凝土结构及斜拉索），实际钢梁的弹模及重度与设计较为吻合。

（3）提供施工各工况结构线形及内力数据，对施工各状态控制数据实测值与理论值进行对比分析，各主要阶段的工作内容见表 12-1。

各阶段工作内容 表 12-1

主要施工阶段	施工控制计算内容	施工控制测试内容
主塔施工阶段	①主塔各关键位置预偏位、预抬高的计算； ②主塔施工过程各状态线形及控制位置处内力（或应力）确定	①主塔施工过程中各控制状态线形及高程测量； ②主塔施工过程中各控制状态应力测量
主梁及斜拉索施工阶段	①主梁各阶段线形分析计算； ②梁段施工过程各状态内力（或应力）确定； ③施工过程斜拉索张拉力确定	①主梁施工过程中各控制断面线形测量； ②主梁施工过程中索力测量； ③主梁施工过程中各控制断面应力测量
桥面铺装施工阶段	①主梁变形分析计算； ②主塔变形分析计算； ③拉索索力变化情况计算	①施工过程中各控制断面线形测量； ②施工过程中塔顶偏位测量； ③施工过程中拉索索力变化测量； ④施工过程中各控制断面应力测量

12.3 施工控制方法

12.3.1 参数识别与优化

禹门口黄河公路大桥的施工过程复杂,影响参数较多,如结构刚度、梁段的重量、斜拉索张拉力、施工荷载、混凝土的收缩徐变、温度和预应力等。求施工控制参数的理论设计值时,假定这些参数值都为理想值。为了消除因设计参数取值的不确切所引起的施工中设计与实际的不一致性,在施工过程中对这些参数进行识别和预测。对于重大的设计参数误差,提请设计单位进行理论设计值的修改;对于常规的参数误差,通过优化进行调整。

(1)设计参数识别

桥梁结构的设计参数主要是指能引起结构状态(变形和内力)变化的要素。结构设计参数的变化能导致结构内力的变化和形状的变化,因此在施控制中,必须对结构设计参数进行识别和修正。在同一座桥梁结构中,不同的设计参数对结构形状的影响程度是不同的,主要的设计参数包括以下几个方面:

①结构几何形态参数。

结构几何形态参数主要是指桥的跨径、主梁和拉索的线形,塔高等,它代表了结构的形态和结构最初的状态。

②截面特征参数。

截面特征参数主要包括:塔(墩)截面的抗弯惯性矩、截面面积和抗推刚度,主梁截面的抗弯惯性矩和截面面积,拉索截面面积等。在桥梁的结构施工中,这些参数对结构的内力变化和结构变形都有较大影响。

③与时间相关的参数。

温度和混凝土收缩徐变是两个随时间而变化的设计参数。温度的变化对桥梁结构的内力和变形都有较大影响,一贯做法是通过定时观测(如每天日出前进行观测)来尽量减小温度的影响。混凝土收缩徐变与桥梁结构的形成历程有着密切的关系。

④荷载参数。

荷载参数主要是指结构构件自重、施工临时荷载和拉索索力。对于现场浇筑的混凝土结构来说,由于胀模引起的构件自重的变化经常发生。施工临时荷载是较为稳定的量,在施工过程中一般不会有大的变化。对于拉索索力,通过计算可以较为准确地获得。

⑤材料特性参数。

材料特性参数主要是指材料的弹性模量和剪切模量。对于钢材来说,弹性模量和剪切模量是很稳定的参数,而对于混凝土材料而言,弹性模量和剪切模量有一定的波动,在施工监控过程中要对其进行参数识别。

(2)优化调整

施工控制主要以控制主梁高程、截面弯矩和斜拉索索力为主。优化调整也就以这些因素建立控制目标函数(和约束条件)。通过设计参数误差对桥梁变形和受力的影响分析,应用优化方法(如采用加权最小二乘法、线性规划法等),调整本梁段与未来梁段的安装索力以及未来梁段的立模高程,使成桥状态最大限度地接近理想设计成桥状态,并且保证施工过程中受力安全。必要时还可对已施工梁段的索力进行调整。

12.3.2 自适应控制法

本桥的主梁的制造线形控制和斜拉索调索控制采用无应力控制法,悬臂拼装施工控制采用自适应控制方法。

在自适应系统的施工实际状态中,可以将误差分为施工误差、测量误差、参数误差等,在比较施工理想状态与施工实际状态之间是否存在误差后,出现了两种可能:如果没有误差,即可转入下一阶段的施工。如果发现误差,还必须判别是否存在计算模型参数误差,如果计算模型参数误差不可忽略,则必须对结构参数进行识别,并将识别得到的模型参数代入到计算程序中,重新进行合理状态分析,以便确定新的成桥理想状态和施工理想状态,又进入到新的一轮循环中,直至参数误差消除或施工完成;如果没有参数误差,则采用实时前进分析法计算确定计入各种影响的实际结构状态,即最优实现状态;重新开始新的一轮理想倒退分析方法计算确定调整后的施工理想状态,直至施工完成。自适应系统的基本组成如图12-1所示。

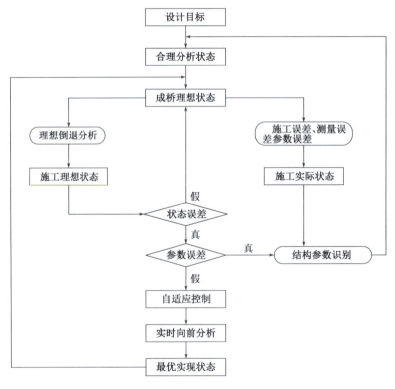

图12-1 自适应系统基本组成

(1)最优状态估计

由于系统状态是可以精确量测的,因此状态估计中的内插估计和滤波估计均无意义,唯有预测估计才有实际意义。

最优预测估计：
$$y(k+1) = A(k|k,\theta)y(k) + B(k|k,\theta)u(k)$$

式中：$A(k|k,\theta) = A(k,\theta)|_{\theta=\theta(k|k)}$；
$B(k|k,\theta) = B(k,\theta)|_{\theta=\theta(k|k)}$。

(2) 状态控制约束

在桥梁结构分段施工中，施工最优状态 $y(i)(i=k+1,k+2,k+3,\cdots,n)$ 还必须满足设计要求，即设计规定了施工最优状态的约束处理条件：

$$|y(i)| \leq |y| \quad (i=k+1,k+2,k+3,\cdots,n)$$

由于整个系统的最优控制是动态的，因此当施工至第 k 阶段时，只要使得第 k 和第 $k+1$ 这两个阶段的最优状态满足约束条件，就能保证整个施工过程满足设计要求。现就最优状态的 4 种可能情况给出约束方法。

① 若 $|y(k)| \leq |y|$ 且 $|y^*(k+1)| \leq |y|$，按施工最优状态施工。
② 若 $|y(k)| \leq |y|$ 且 $|y^*(k+1)| > |y|$，取 $|y^*(k+1)| = |y|$ 进行施工。
③ 若 $|y(k)| > |y|$ 且 $|y^*(k+1)| \leq |y|$，令 $|y^*(k+1)| = |y|$ 后重新确定施工最优状态。
④ 若 $|y(k)| > |y|$ 且 $|y^*(k+1)| > |y|$，取 $|y(k)| = |y|$ 和 $|y^*(k+1)| = |y|$ 进行施工。

满足上述设计所规定的状态约束条件的施工最优状态，称为设计最优状态，也就是施工中实施的状态。

(3) 控制约束条件

根据目标函数的极值条件所确定的施工最优控制 $u(i-1)(i=k+1,k+2,k+3,\cdots,n)$，也必须满足设计要求，即：

$$|u(i-1)| \leq |u| \quad (i=k+1,k+2,k+3,n)$$

式中，$|u|$ 表示设计允许的最大控制作用量。现就最优控制的两种可能情况给出约束处理方法：

① 若 $|u^*(k)| \leq |u|$，按施工最优控制施工。
② 若 $|u^*(k)| > |u|$，取 $|u^*(k)| = |u|$ 后按施工最优状态施工。

满足上述设计所规定的控制约束条件的施工最优控制，称为设计最优控制，也就是施工中实施的控制。

(4) 自适应控制路径

当桥梁结构分段施工系统按照状态可测的参数自适应系统来描述时，由于施工误差和参数误差的存在，这个自适应系统最优的趋近于理想控制目标，而且通过辨识求得参数。这一辨识和控制过程经历的路径如图 12-2 所示。

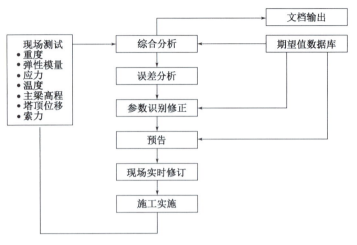

图 12-2　自适应控制实施过程

12.4　组织流程

12.4.1　施工控制组织机构及职责

施工控制是一个大型的系统工程,必须建立完善、有效的控制体系才能达到预期的控制目标。施工控制涉及建设单位、设计单位、监理单位、施工单位、施工控制单位等多个单位,这些单位都将在施工控制中起到不同程度的作用。施工控制组织机构之间的信息沟通如图 12-3 所示。

（1）建设单位

①主要对项目的领导进行管理,组织有关技术方案讨论及评审。

②组织成立施工控制领导小组,明确管理思路,主持召开首次施工控制工作会议及控制过程中重大问题的处理。

（2）设计单位

①提供设计参数(如强度、弹模等),按《公路斜拉桥设计规范》(JTG/T 3365-01—2020)取值时,各施工阶段的理论设计结构状态(如主梁预拱度或高程,主要控制截面的内力或应力、施工荷载取值等)。

②提供与结构设计状态相应的施工方法及施工加载程序、张拉程序。

③提供斜拉索张拉控制力。

④确定合理成桥状态,包括成桥索力及成桥预拱度等。

⑤复核施工控制计算成果。

（3）施工单位

①编制详细的施工组织计划(应明确各季节的施工计划和组织方案)。

②建立施工自检系统、质量保证系统。

③严格按经监理单位批复的施工控制方案组织施工,落实控制目标。

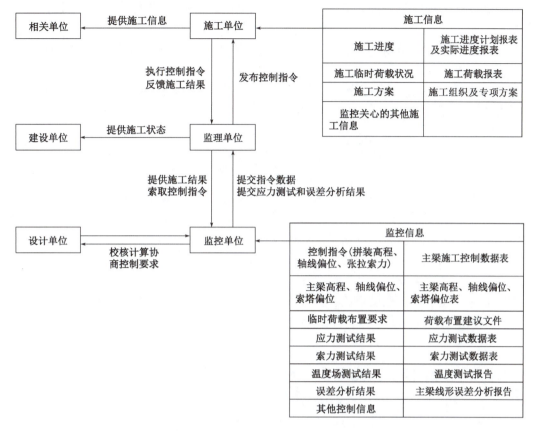

图 12-3 施工控制组织机构图

④施工过程完全接受施工控制单位和监理单位的监督检查。

(4)监理单位

①认真审核施工组织设计。

②检查落实质量保证系统。

③审核、落实施工控制技术方案,监督施工控制过程,保证各阶段施工控制目标得以实现。

④协调施工控制单位和施工单位关系,保证控制方案和实际控制的一致性。

(5)施工控制单位

①根据设计文件提供的内容对各主要环节的主要数据如内力、应力、变形等进行复核,以确定施工控制方案及实施细则,并进行仿真分析,编制计算书及时提交建设单位、设计单位、监理单位、施工单位。

②负责提供满足精度要求的监控测试所需仪器设备,并对其仪器设备精度及可靠性负责。

③施工控制单位和施工单位独立地采集施工状态参数,如高程、应力、温度、位移等数据,对采集的数据相互校核后作为控制的依据;材料力学参数由监理工程师负责提供,结构尺寸的实测数据与监理工程师共同采集,并对所采集数据的准确性及精度负责。

④建立独立的、可靠的大桥测控网,水准精度应达到桥梁规范验收精度要求,且不低于国家标准。

⑤根据设计文件对当前的施工状态、环境状态进行监测,并对随后的状态进行预测(或预报)。

⑥根据随后状态的预测和实测结果确定预测模型,并提出相应的调控信息和初步设计方案。

⑦将调控信息和初步调控方案及时书面反馈建设、设计、施工及监理单位,并一起协调完善调控方案,最终由监理单位和施工单位实施调控。

⑧对监控指令的正确性、适时性负责。

⑨当需要修改设计文件所提出的中间状态参数及施工程序时,应通过建设单位与设计单位共同协商,如存在分歧时,由建设单位协调解决。

⑩确保各阶段施工通过监控达到预期目标,并使成桥线形及结构状态最大限度地接近设计期望,并对调控方案负责。

⑪负责对施工过程中的结构稳定性进行监控,防止异常情况下的结构失稳破坏,及时向施工单位及监理工程师发出书面通知。

⑫负责提交监控阶段报告及监控总报告。

整个施工控制工作由建设单位和监理单位协调,设计、施工单位配合完成。

各单位只有很好地履行各自职责并且相互协调、密切配合才能安全、顺利、保质保量地建成大桥。

12.4.2 施工控制指令签发流程

施工控制单位根据设计文件及施工单位提供的施工组织设计方案进行施工阶段分析计算,并将计算结果提交设计代表进行复核,复核无误后施工控制单位根据计算结果提交施工控制指令至监理单位报批。施工控制指令需由监理工程师签发,方能发给施工单位予以执行。执行过程由监理工程师监督施工单位执行监控指令。施工控制单位负责控制指令的拟定及报送,并跟踪指令的审批、传达过程,具体流程如图12-4所示。

图12-4 施工监控指令签发流程

根据施工控制指令的重要程度,控制过程中将控制指令分为Ⅰ级指令、Ⅱ级指令,Ⅰ级指令包含各施工阶段的立模高程、斜拉索各级张拉力等,Ⅱ级指令如成桥预拱度设置、斜拉索下料长度。其中,Ⅱ级指令需经设计院复核确认方可签发。

第13章
施工控制重难点

本桥设计特点：边跨设计无辅助墩，边跨配重量大、整体刚度小；小里程（河津侧）边跨纵坡大（3.497%）。施工特点：标准节段由主纵梁、钢横梁、小纵梁、中央稳定板、隔流板、导流板、锚拉板及混凝土桥面板等组成，每一个节段约40个构件，采用全回转起重机散件吊装、悬臂拼装，工序复杂；斜拉索采用平行钢绞线斜拉索单根穿索、张拉；主梁湿接缝施工采用两节段一循环；边跨增设临时辅助墩；现场风场较为复杂等。主要施工控制重难点工作如下。

13.1 施工控制重点

（1）制造线形计算的准确性是重中之重。对于采用悬臂拼装施工的大跨径钢主梁斜拉桥，传统的"高程＋索力"的控制方法适用于安装阶段，对制造线形控制难度较大。主梁的设计线形一般为成桥线形，即有应力状态，而主梁的制造线形为无应力状态线形，两者存在差异，若按设计线形加工，现场安装时控制高程与梁段顺接高程不匹配。缺点无应力制造线形的主要目的在于缺点各相邻梁段轴线间的夹角，特别是对于采用螺栓群连接的主梁，现场拼装时夹角没有调整的余地，因此确保制造线形的准确性是全桥线形控制的重点。

（2）悬臂拼装阶段全过程控制是重点。由于这种桥型本身的特点，悬臂拼装工序繁多，包括主梁定位及安装、横梁安装、小纵梁安装、桥面板安装、斜拉索张拉、湿接缝浇筑、起重机移动。悬拼过程中关键控制指标也较多，主要包括主梁线形、斜拉索索力、主梁及桥面板的应力。在悬臂拼装的全过程对所有控制指标进行有效控制是重点。

（3）边、中跨合龙控制是重点。边跨合龙段长、设计纵坡大，小里程（河津侧）合龙口高差约50cm，全回转桥面吊机及合龙段重心均会发生偏移，对合龙段钢主梁的空间姿态调整有较大影响，并存在安全风险。采用全回转桥面起重机合龙，合龙段上下游钢主梁需依次安装，先安装一侧钢主梁，临时锁定起重机松钩后，再起吊、安装另一侧钢主梁，合龙过程持续时间较长，现场作业时间非常有限。中跨合龙时，两侧悬臂长度均较大，温度影响相当明显，合龙后需及时解除临时固结，实现体系转换。

13.2 施工控制难点

（1）钢梁架设施工为零件化现场散件拼装，线形控制难度非常大。由于起吊能力有限，钢梁并非在桥下拼装为整体梁段后再进行起吊安装，而是采用全回转起重机在桥上进行零件化拼装。该施工方法使得现场安装工序繁杂，误差源较多，且上下游无法实现对称拼装，空间效应明显，甚至先拼和后拼哪个纵梁引起的高程变化也不一致，难以保证结构对称性。另外，钢主梁采用高强度螺栓连接，悬臂拼装过程线形误差在后续梁段施工时呈累计放大的趋势，而螺栓孔与高强度螺栓间隙为毫米级，误差调整量十分有限，控制难度相当大。钢梁散件拼装过程如图13-1所示。

图13-1 钢梁散件拼装过程

（2）钢梁架设施工为两节段一循环。相比一节段一循环，每一个梁段为一个循环，在梁段处于悬臂端情况下实现斜拉索的第一次张拉和第二次张拉施工，该方案可有效控制梁段高程及索力；而两个梁段一循环的方案，使得奇数梁段拉索的第二次张拉在偶数梁段斜拉索第一次张拉之后，此时两个梁段形成整体效应，高程与索力变化关系不敏感，使得高程和索力同步控制难度剧增。施工过程中钢—混凝土组合梁处于正负弯矩交替状态；由于湿接缝浇筑施工方案为两节段一循环，奇数梁段的第二次张拉在湿接缝浇筑前已完成，循环内桥面板应力储备完全由偶数梁段斜拉索第二次张拉提供，施工过程中应力储备较小，在下一个循环斜拉索一张前

(钢横梁拼装完成后)靠近悬臂端桥面板受力最不利。因此,桥面板增加了开裂风险,对施工控制不利。

(3)临时荷载对施工控制影响难以避免,控制难度较大。对于这种类型大跨径桥梁施工,施工过程中由于交叉作业的存在,临时荷载的控制难以避免。本桥钢—混凝土组合梁湿接缝浇筑前后主梁刚度变化较大(纯钢梁截面抗弯惯性矩仅为组合后截面的40%),在不同钢混组合阶段中,临时荷载堆放和移除对结构的影响存在一定差异,给施工控制带来较大困难。

(4)斜拉索张拉力控制及索力测试难度较大。钢—混凝土组合斜拉桥需通过控制斜拉索的第一、二次张拉索力保证钢梁及桥面板的受力,钢绞线斜拉索第一次张拉为单根张拉,索力均匀性和整体索力准确性难度控制较大,第一次张拉索力却恰恰对结构线形影响颇大,其不确定性将造成线形产生难以控制的偏差。斜拉索第一次张拉过程如图13-2所示。

图13-2 斜拉索第一次张拉过程

(5)边跨增加临时墩,结构体系发生改变,施工控制计算必须考虑这一新增约束条件;钢主梁与临时墩连接须在既定高程下快速完成锁定,且具有较高的精度要求,解除临时墩约束时结构状态与理论计算是否一致,现场难以判断,解除时若结构体系发生突然扰动,存在安全风险。为了避免增加临时墩对目标成桥状态产生影响,保证施工安全,需通过施工控制计算进行精细化施工并确定合适的安装及拆除时机。临时墩布置如图13-3所示。

图13-3 临时墩布置

（6）环境影响控制难度较大。梁段拼装时温度均不尽相同，而且无法预测后续梁段安装时的温度，而梁体在不同阶段的温度偏差又会对结构产生不同的影响；整个结构温度场无法得知；桥位所在地禹门口的风速和风向有自身的特点，风速较大（实测最大风速超过20m/s）且持续时间长，对施工监控量测造成较大困扰。

第14章 施工控制实施

14.1 仿真分析

14.1.1 有限元模型建立

采用有限元分析程序进行桥梁施工阶段及成桥状态的分析计算。根据禹门口黄河公路大桥设计图纸，建立该桥计算模型，分别建立杆系分析模型和梁-板分析模型，杆系模型的特点是计算速度快，适用于需要进行反复迭代计算、工作量较大的分析内容，例如斜拉索张拉力计算、施工阶段或成桥阶段调索计算等；而梁-板模型的特点是可将组合梁结构完全离散化，使施工工序与实际保持一致，更好地指导施工。计算模型如图14-1、图14-2所示。施工监控计算模型的单元及梁段划分与设计和施工一致，索塔、主纵梁、横梁采用梁单元模拟，拉索采用桁架单元模拟（进行垂度修正），梁-板分析模型梁桥面板采用板单元模拟。主桥计算过程中对设计荷载及施工荷载进行了全面考虑。设计恒载包括主塔、钢主梁、钢横梁、小纵梁、导流板、拼接板、锚拉板中央稳定板、隔流板、螺栓及剪力钉、斜拉索、边跨压重、桥面板、齿板等结构自重和桥面铺装、护栏重量。施工临时荷载主要是全回转桥面吊机自重。边界条件模拟时考虑真实受力状态，处理如下：

(1)主塔与地基:主塔与地基固结(桩基影响微小)。
(2)主梁与主塔下横梁连接:施工阶段为塔梁固结。
(3)斜拉索与主塔:刚性连接(或共用节点)。
(4)斜拉索与主梁:刚性连接(或共用节点)。
(5)0+1主梁临时支架模拟:只受压弹性支撑,弹簧刚度为10^7kN/m,并限制纵横向位移。
(6)边跨支架模拟:只受压弹性支撑,弹簧刚度为10^7kN/m,并限制纵横向位移。
(7)临时墩模拟:弹性支撑,弹簧刚度为10^7kN/m,限制竖向及横向位移。
(8)成桥支座模拟:边支座为允许纵向活动一般支撑,主塔支座为弹簧(弹簧刚度竖向取10^8、横桥向取10^6)。

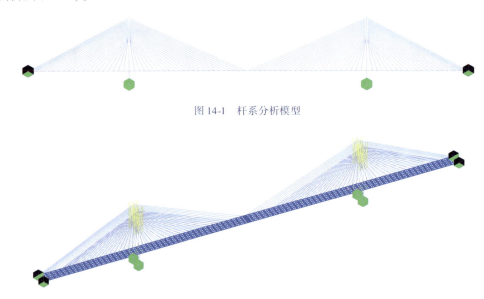

图14-1 杆系分析模型

图14-2 梁-板分析模型

14.1.2 主要施工阶段

(1)索塔及过渡墩基础、承台施工,并在索塔承台上搭设塔式起重机。
(2)索塔塔柱及横梁施工,至索塔封顶,施工过渡墩主塔、盖梁。
(3)组拼索塔根部梁段施工支架,并进行预压。
(4)利用塔式起重机吊装Z0、Z1、B1梁段及其钢构件,Z0梁段与下横梁临时固结。
(5)安装全回转桥面吊机、施工模架及塔旁附着式起重机,安装B1、Z1斜拉索并进行第一次张拉,安装混凝土桥面板,浇筑湿接缝,B1、Z1斜拉索进行第二次张拉。
(6)起重机前移,铺设运梁轨道,标准节段安装按两节段一循环的方式安装;2~9号标准起重梁段安装流程:对称吊装、安装B_i、Z_i主梁、横梁、小纵梁等;安装B_i、Z_i斜拉索并进行第一次张拉,安装B_{i-1}和B_i、Z_{i-1}和Z_i斜拉索间混凝土桥面板;起重机前移,对称吊装、安装B_{i+1}、Z_{i+1}主梁、横梁、小纵梁等;安装B_{i+1}、Z_{i+1}斜拉索并进行第一次张拉,安装B_i和B_{i+1}、Z_i和Z_{i+1}斜拉索间混凝土桥面板,施工B_i、Z_i、B_{i+1}、Z_{i+1}梁段湿接缝混凝土,第二次张拉B_i、Z_i斜拉索,第二次张拉B_{i+1}、Z_{i+1}斜拉索,起重机前移进行下一循环施工。

10～23号标准梁段安装流程：对称吊装、安装 B_i、Z_i 主梁、横梁、小纵梁等；安装 B_i、Z_i 斜拉索并进行第一次张拉，安装 B_i-1 和 B_i、Z_i-1 和 Z_i 斜拉索间混凝土桥面板，第二次张拉 B_i、Z_i 斜拉索；起重机前移，对称吊装、安装 B_i+1、Z_i+1 主梁、横梁、小纵梁等；安装 B_i+1、Z_i+1 斜拉索并进行第一次张拉，安装 B_i 和 B_i+1、Z_i 和 Z_i+1 斜拉索间混凝土桥面板，起重机前移，施工 B_i、Z_i、B_i+1、Z_i+1 梁段湿接缝混凝土，第二次张拉 B_i+1、Z_i+1 斜拉索，进行下一循环施工。

（7）架设边跨过渡墩位置合龙支架，预制压重混凝土块，待完成 B18～B20 梁段主梁、横梁、小纵梁、桥面板、湿接缝混凝土，并第一次张拉 B17、Z17 斜拉索后，完成边跨合龙，并施加边跨永久压重，吊装 B16 和 B17、Z16 和 Z17 号拉索间的桥面板，施工 B16 和 B17、Z16 和 Z17 号拉索间的湿接缝，第二次张拉 B17、Z17 斜拉索。

（8）完成 B23、Z23 斜拉索的安装及相应桥面板施工，精确定位后完成中跨合龙，拆除 Z0 梁段与索塔下横梁的临时固结。

（9）拆除全回转桥面吊机、边跨合龙支架、塔式起重机及施工便道，剩余桥面板及湿接缝施工完成。

（10）张拉边跨预应力钢束，张拉中跨预应力钢束，施工桥面系及附属工程，完成桥梁动静载试验，完成相应的交通工程，交工验收后，通车运营。

14.1.3 钢—混凝土组合的模拟

对于施工控制而言，建立计算效率高的杆系模型和精细化的梁-板模型都是必要的，这两种建模方式虽然有所不同，但均能较准确地进行钢—混凝土组合的模拟。杆系模型，目前部分有限元软件支持组合截面建立模型，通过不同施工阶段激活相应截面模拟实际钢—混凝土组合的过程，而梁-板模型则可直接采用不同的类型单元建立模型，结构离散后钢梁采用梁单元模拟，混凝土桥面板采用板单元。两种建模方式钢—混凝土组合均是在湿接缝浇筑完成后实现，在此之前桥面板的架设对结构而言，仅作为荷载进行计算。

通过对比，以上两种建模方式均能满足施工控制的需要，且钢—混凝土组合的效果差异并不大，经过计算对比，挠度差异小于3%，钢梁应力的差异小于5%，由于桥面板模拟的方式不一样，两种计算方式桥面板应力计算结果差异较大，杆系模型以整体应力结果输出，而梁-板模型则可输出桥面板横向应力分布的差异，可对局部应力进行控制，如图14-3～图14-6所示。

图14-3 主塔施工

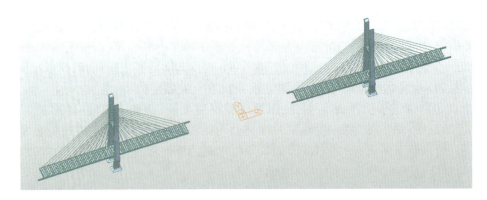

图 14-4 主梁拼装施工

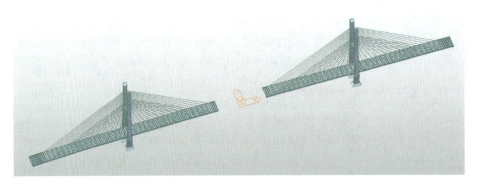

图 14-5 边跨合龙施工

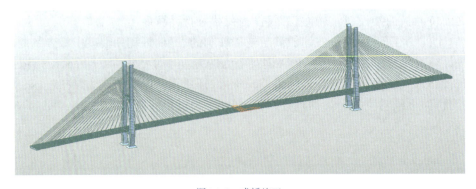

图 14-6 成桥施工

14.2 主塔施工控制

14.2.1 基础沉降控制

在主梁施工期间,随着悬臂长度的增大,作用在基础上的荷载越来越大,有可能使基础产生均匀或不均匀沉降。施工期间的基础沉降一般不会直接影响主梁施工质量和安全,但不均匀沉降会造成主梁线形偏差以及合龙难度的增加。因此,施工期间基础沉降的变形监测是施工控制的重要内容之一,也是验证基础设计和施工质量的手段。

基础沉降观测点一般布置在主塔承台顶面(承台被水土覆盖时可将测点引至主塔柱上),以通视条件好、易于连续观测和易于保护为基本原则。每个承台布设四个沉降测点,可采用预埋钢筋头方式,测点布设如图14-7所示。采用精密水准仪,定期对沉降观测点进行观测。

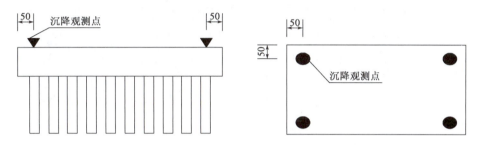

图 14-7　基础沉降观测点(尺寸单位:cm)

禹门口黄河公路大桥各塔基础沉降观测成果见表 14-1。

禹门口黄河公路大桥各墩累计沉降观测成果表(单位:mm)　　表 14-1

塔号	测点	观测阶段					
		主塔 2 号节段	主塔 15 号节段	主塔封顶	边跨合龙	中跨合龙	成桥
11 号塔	测点 1	−0.12	−0.31	−2.82	−3.05	−3.07	−3.08
	测点 2	−0.75	−0.82	−0.96	−1.14	−1.18	−1.19
	测点 3	−0.42	−0.44	−0.57	−0.77	−0.79	−0.80
	测点 4	−0.40	−0.58	−1.74	−1.95	−1.96	−1.97
12 号塔	测点 1	−0.17	−0.33	−1.49	−1.73	−1.75	−1.75
	测点 2	−0.91	−0.92	−1.47	−1.74	−1.75	−1.77
	测点 3	−0.35	−0.50	−1.55	−1.77	−1.79	−1.79
	测点 4	−0.11	−0.25	−1.41	−1.66	−1.69	−1.70

由表 14-1 可以看出:成桥阶段各墩最大沉降量为 3.08mm,考虑到测量误差,本桥各墩基础在整个施工过程中沉降并不明显。

14.2.2　主塔线形控制

主塔的线形控制主要是控制主塔竖直度以及竖向预抬高。本桥主塔高 171m,施工过程中主塔位移变化明显,且由于混凝土自重、斜拉索索力和混凝土收缩徐变等荷载作用下,桥塔在施工过程中会受到压缩,需要设置竖向预抬高,需准确提供主塔下横梁及主塔钢锚梁的施工控制高程。

主塔塔柱空间位置的控制关键是对影响混凝土成形模板的准确定位,只要每次浇筑混凝土前模板能够按照要求调整到位,那么塔柱断面尺寸、轴线、垂直度等指标就能够满足要求,竣工后整个主塔的空间位置也就能够得到保证。

主塔线形控制通过对以下两个方面的监测来实现：

(1) 主塔混凝土节段放样控制

禹门口黄河公路大桥主塔几何形状复杂，在钢筋混凝土主塔施工过程中，通过对模板定位测量，随时观测主塔变形，使主塔实际线形与设计线形相吻合。采用全站仪对模板进行精确定位，确保节段线形满足要求。主塔线形控制截点布置如图14-8所示。

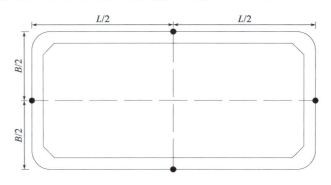

图14-8 主塔线形控制截点布置

(2) 塔顶偏位测量

斜拉桥主塔是全桥的重要受力构件之一，因此需要对每个塔塔顶偏位进行全过程测量。主塔封顶后，在每个塔顶位置分别布设高程及平面位置观测点，位于塔壁顺桥向中点位置附近，预埋棱镜或钢筋头（顶部打磨后刻十字丝）。采用全站仪对主塔顶偏位进行观测。在主梁悬臂拼装过程中对主塔偏位进行观测，包括吊机前移、主梁安装、拉索张拉以及二期恒载施工前后进行，以掌握塔顶位移的变化规律进而对主塔偏位进行控制，图14-9为施工阶段塔顶位移变化规律。临时墩安装后，塔偏开始发生较明显的变化，施工全过程最大偏位为 $-100 \sim +139\text{mm}$。塔顶偏位的监测数据可作为斜拉索张拉力控制的一项校核指标；同时采用单根张拉工艺的钢绞线斜拉索，首根钢绞线的索力计算需要考虑塔偏的影响进行相应的修正。

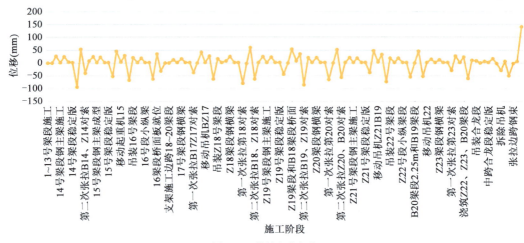

图14-9 塔偏变化规律

主塔偏位观测采用的仪器为全站仪，为避免温度对主塔竖直度的影响，观测工作一般选择在清早进行。禹门口黄河公路大桥主塔成桥塔顶偏位观测结果见表14-2。

主塔塔顶偏位 表14-2

主塔编号	左侧偏位(mm)		右侧偏位(mm)	
	实测	理论	实测	理论
11号塔	25(向跨中)	18(向跨中)	16(向跨中)	18(向跨中)
12号塔	16(向跨中)	19(向跨中)	23(向跨中)	19(向跨中)

由表14-2可知,塔顶最大偏位为25mm,小于规范限值$H/3000$。

14.2.3 主塔应力控制

应力监测是反映结构是否处于安全状态的最直观的指标,因此,在主塔重点部位设置应力监测断面,测试主塔应力状态。根据主塔的受力特性,考虑受力最不利和便于测试的原则,在每个塔柱上布置3个应力测试断面(图14-10),在每个横梁上布置1个应力测试断面。混凝土应力测点均采用埋入式应变传感器(图14-11)。

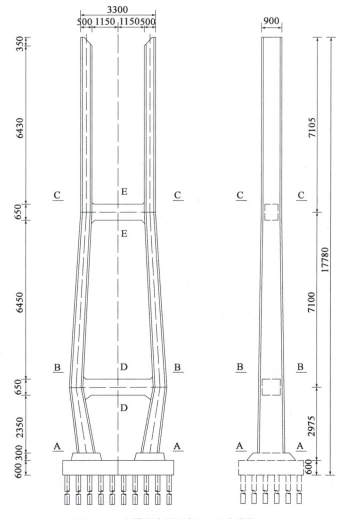

图14-10 主塔应力测试断面(尺寸单位:cm)

图 14-11 主塔应力测点布设与采集

根据监测结果,在整个施工阶段,塔柱测试截面始终处于全截面受压状态(图 14-12),且结构受力状态接近设计状态;在最终成桥状态,主塔应力均有一定安全储备,说明结构处在较好的受力状态。

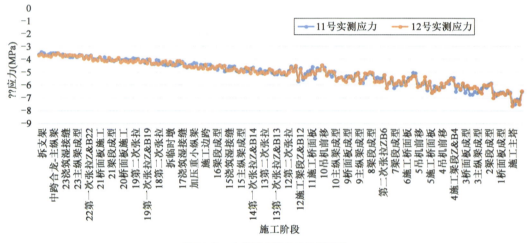

图 14-12 主塔应力测点布设与采集

14.2.4 钢锚梁定位控制

随着桥塔节段施工、上部结构主梁及二期恒载施工,桥塔在施工过程中发生弹性压缩变形和徐变变形,钢锚梁位置的高程需相应进行抬高,确保成桥时拉索锚固点的位置与设计一致。各节段钢锚梁位置及主塔封顶高程预抬值汇总如图 14-13 所示。

由于施工中先进行钢锚梁安装、后进行混凝土浇筑。一旦钢锚梁位置确定后,混凝土浇筑节段的位置即确定,精确安装钢锚梁对于控制整个上塔柱的几何线形极其重要。在钢锚梁的安装过程中,通过对钢锚梁定位测量,使钢锚梁的安装位置符合要求。主要控制指标为设计里程及偏位,本桥钢横梁定位施工控制,采用全站仪进行坐标测量,先控制钢锚梁的中线高程,高程到位后可保证钢锚梁整个定位高程符合设计要求,然后对钢锚梁四角进行坐标复核,保证整个钢锚梁的安装不发生扭转。主要定位测定如图 14-14、图 14-15 所示。

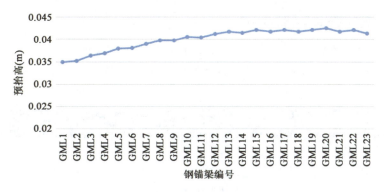

图 14-13 主塔钢锚梁高程预抬高

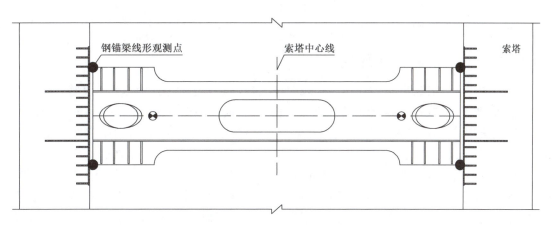

图 14-14 钢锚梁定位测点布置

图 14-15 钢锚梁定位测量

由于钢锚梁的定位精度直接关系到斜拉索施工质量,若偏差过大可能造成斜拉索与塔柱预埋管壁摩擦或影响斜拉索的安装角度进而影响张拉力,因此在钢锚梁的安装过程中,通过对钢锚梁定位测量,将 X、Y、Z 方向的安装精度均控制在 5mm 以内。

禹门口黄河特大桥主桥在主塔施工过程中钢锚梁定位控制严格,未出现误差超限情况,钢锚梁定位精度满足设计及规范要求。

14.2.5 主塔施工控制小结

通过施工全过程监控,对主塔施工过程中基础沉降、塔柱偏位、塔柱应力、钢锚梁定位等进行控制,确保最终成桥时主塔各项指标均满足设计要求。

14.3 主梁施工控制

大跨径钢-混凝土组合梁斜拉桥主梁的施工控制贯穿与桥梁施工的全过程。钢梁制造阶段,通过无应力状态计算对主梁制造线形进行控制,避免现场安装时梁段间夹角不匹配。悬臂拼装阶段,由于存在钢梁架设施工为零件化现场散件拼装、主梁两节段一循环施工方面难点,通过精细化的分析控制,对施工全过程主梁线形及应力进行控制。

14.3.1 主梁制造线形控制

由于采用螺栓连接,钢主梁在拼装架设时没有任何调整余地,准确的制造线形是决定主梁最终线形成败的关键所在,需建立精细化的分析模型,通过多次迭代,求解其无应力精确线形。本桥钢主梁的无应力制造参数包括梁段间夹角和梁段纵向压缩补偿,这两个参数包含了钢梁竖向和纵向两个维度的信息。梁段夹角是主梁线形重要的组成部分,在制造过程中已基本确定,安装中在钢结构安装的容许误差范围内正调控量极为有限,基本上是制造结果的重现,因此已拼装梁段的夹角的控制是制造控制中最为重要。梁段的累积长度也是主梁线形控制的重要内容,安装过程的主梁累积长度取决于梁段的无应力累积长度、梁段的弹性压缩量以及梁段安装时的焊缝收缩量;与梁段夹角类似,梁段的无应力累积长度也是由制造过程决定的,在安装过程中也难以调整,控制制造过程的累积长度,目的是从源头上控制安装精度。

主梁制造线形是指钢梁在设计温度下的梁段各构件无应力线形,图14-16给出了本桥制造线形与设计线形的对比曲线,从中可以看出,两者之间有着明显的差别,故以设计线形进行加工是不可取的。

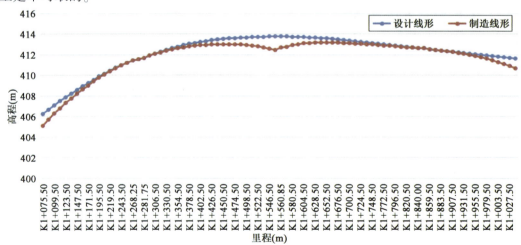

图14-16 制造线形对比

对于大跨径斜拉桥由于主梁承受较大轴力,随着悬臂长度增大,轴力也逐渐增大,因此主梁不可避免地发生一定压缩变形,见表14-3。本桥全长1055m,全桥纵向压缩量累计达290mm,若不进行压缩补偿,合龙口长度较设计长度大151.5mm,处理不当将无法正常合龙,因此本桥施工监控从主梁加工之初给出了每个梁段的压缩补偿量,确保成桥线形满足要求。

钢主梁压缩补偿　　　　　　　　　　表14-3

梁段编号	梁段设计长度(m)	梁段压缩补偿量(mm)
Z0	13.50	5.28
B&Z1	12.75	4.99
B&Z2	12.00	4.69
B&Z3	12.00	4.55
B&Z4	12.00	4.45
B&Z5	12.00	4.39
B&Z6	12.00	4.32
B&Z7	12.00	4.26
B&Z8	12.00	4.23
B&Z9	12.00	4.19
B&Z10	12.00	4.09
B&Z11	12.00	3.85
B&Z12	12.00	3.46
B&Z13	12.00	3.01
B&Z14	12.00	2.54
B&Z15	12.00	2.15
B&Z16	12.00	1.94
B&Z17	12.00	1.61
Z18	12.00	1.86
Z19	12.00	1.65
Z20	12.00	1.43
Z21	12.00	1.20
Z22	12.00	1.06
Z23	7.65	0.55
HL	6.70	0.25
B18	12.25	0.60
B19	9.00	0.42
B20	10.86	0.44

14.3.2　主梁安装线形控制

钢梁的安装线形计算是在施工过程仿真计算中,根据实际确定的施工顺序和施工荷载,计算出各施工阶段的主梁线形。它将作为各施工阶段验收或线形偏差评估时的目标线形。

由于施工过程中实际的斜拉索张拉力、施工荷载条件(如全回转桥面吊机重量、支点位置等)以及实际结构参数(如梁段重量、构件刚度和材料弹性模量等)均可能与初始计算的预定值不同,因此必须在施工控制中根据实际条件,结合施工监测系统的反馈结果对模型进行修正后,才能用于后续工况的安装线形控制。

为了确保施工过程中每个阶段的主梁线形与施工控制相一致,需要对钢梁安装过程中本梁段及已成型梁段线形进行测量。

(1)基准点的布设

在主塔纵桥向中心处,沿0号节段顶板左、中、右布设3个线形监测基准点,分别位于0号节段主梁中心线以及两侧边缘位置。此处的桥面高程,基本上不受主塔变形、主梁施工及温度的影响,因此可确保变形监测基准的稳定性。

(2)钢梁安装高程和轴线控制(图14-17)

该桥钢主梁采用散件拼装施工,梁段的吊装除0号段之外,采用全回转桥面吊机吊装。因此,控制好钢梁安装高程和轴线是主梁线形控制的基础。在起吊梁段主纵梁顶板梁端中心线位置布设高程及轴线监测点,监测点要求在主纵梁吊装前布设,测点布置在端头位置(距离梁端50mm),采用固定标识(如冲打样冲眼)。在主纵梁拼装过程中,采用精密水准仪及全站仪对梁段高程和轴线进行定位测量。悬臂拼装的梁段最大的特点是误差会累计,处理不当误差会迅速放大,因此每一个节段的安装精度,包括高程及轴线都必须控制到位;本桥每个梁段安装过程中高程和轴线偏差均按5mm进行控制。

图14-17 钢梁安装高程及轴线控制

(3)主梁线形监测

为了有效掌握主梁施工过程中各个阶段的状态与施工控制的一致性,确保主梁线形满足设计要求,需要对已安装主梁变形进行监测。主梁变形包括竖向变形和水平变位。每节段梁端截面,测试断面布置如图14-18所示。在待测截面主梁顶板左、中、右布设3个监测点,分别位于顶板主梁中心线以及两侧边缘位置。监测点要求在钢梁吊装前布设,测点布置在各节段端头,采用钢筋头作为测点,顶部刻十字丝,焊接于钢梁上表面并用红漆进行标记。

在主梁施工每个循环内,吊机前移后、主梁拼装完成后、桥面板安装完成后、斜拉索张拉完毕后,分别测量悬臂端3个梁段的变形情况。以本循环斜拉索最后一次张拉到位作为一个循环的测量控制结果评价工况。此外,为了消除梁段的变形积累,保证每个循环结束均进行一次线形通测。主梁线形测量如图14-19所示。

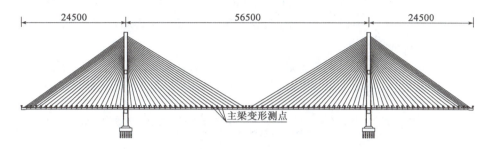

图14-18 主梁变形测试断面及测点布置(尺寸单位:mm)

图14-19 主梁线形测量

高程观测是控制成桥线形最主要的依据。为尽量减少温度的影响,挠度观测安排在太阳出来之前进行。在整个施工过程中,主要观测内容包括梁段安装后、斜拉索张拉前后、桥面板架设前后及湿接缝浇筑前后各工况挠度变化值。对于每一施工阶段的挠度高程的量测,都需要进行详细的分析,并提供各梁段详细的立模高程值。本桥成桥线形最大偏差值为28mm,小于$L/10000$(L为主跨跨径),如图14-20和图14-21所示。

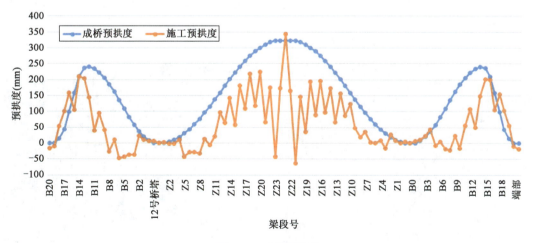

图14-20 主梁预拱度

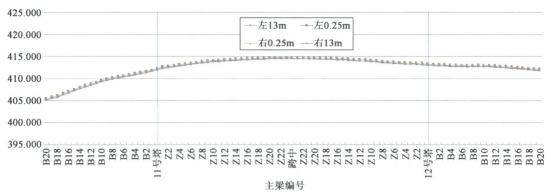

图 14-21 主梁线形控制成果

14.3.3 主梁应力控制

结构应力监测是反映结构是否处于安全状态的最直观的指标,因此,在钢梁控制断面设置应力监测点,测试钢梁应力状态。为了确保钢梁的应力在任何时刻均处于安全的范围内,需要对钢梁施工过程的应力进行全程监控。主纵梁应力测试断面如图 14-22 所示。主纵梁每个测试断面左右侧纵梁各布置 4 个应力测点,应力测点分别布设在主纵梁顶、底板两侧。桥面板应力测试截面与钢梁一致,每个断面 3 个测点,在桥面板湿接缝内布置应力测点。

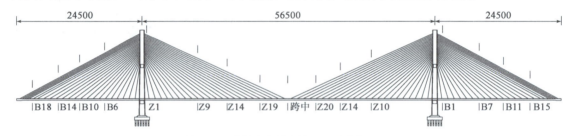

图 14-22 主梁应力测试断面(尺寸单位:mm)

钢梁应力测点均采用表面式应变传感器,在梁段运往现场吊装之前安装完毕,并采集初始读数(图 14-23)。湿接缝钢筋绑扎完毕,在浇筑混凝土前布设内埋式应变计(图 14-24)。主梁应力在每架设 1 个梁段并张拉完斜拉索后进行测试,并在边跨及中跨合龙前后以及全桥调索完成后、桥面铺装过程中以及成桥后均进行测试。

图 14-23 钢梁应力测点布置

图 14-24 湿接缝应力测点布置

在大桥施工过程中,跟踪每个施工环节,对实测应力数据作认真分析处理,并参照理论分析结果,对实测结果作分析对比。根据监测结果,施工全过程中,主梁控制截面实测应力值与理论计算值偏差均较小,并随施工进度的应力变化规律基本一致,说明结构受力状态接近设计状态,结构处在较好的受力状态。Z1 截面应力变化规律如图 14-25 所示。

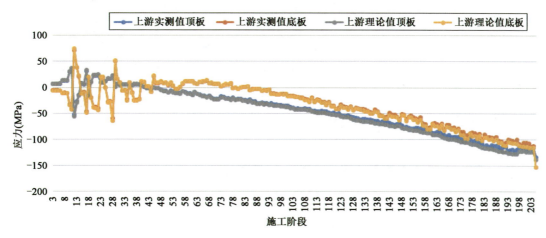

图 14-25　Z1 截面应力变化规律

14.3.4　边跨支架段控制

本桥设计的主要特点是边跨无辅助墩,边跨 B17～B20 梁段 38m 范围内配重约 1700t,为了改善支架受力,综合考虑边跨 B17～B23 号斜拉索第一、二次张拉施工时间,对配重施工的顺序进行了细化。细化后的配重施工顺序如下:

(1)施加现浇混凝土配重:HL8 横梁箱室全部施加配重,线荷载 1570kN/m(配重量约为 211.95t),HL7～HL8 横梁之间箱室施加一半配重,线荷载为 740kN/m(配重量约为 185.74t),HL4～HL7 横梁之间箱室施加三分之一配重,线荷载为 170kN/m(配重量约为 306t)。

(2)吊装 B17 梁段预制压重块,线荷载为 100kN/m(布置长度为 6m,配重量约为 60t)。

(3)吊装 B18 梁段压重块(布置长度为 6m,线荷载为 100kN/m,配重量为 60t),吊装 B18、Z18 桥面板。

(4)吊装 B18 梁段压重块(布置长度为 4m,线荷载为 100kN/m,配重量为 40t),浇筑剩余现浇配重混凝土(布置长度为 2.25m,线荷载为 330kN/m,配重量为 74.25t)吊装 B18 剩余桥面板和 Z19 桥面板。

(5)浇筑 B19 梁段剩余现浇配重混凝土(布置长度为 2.25m,线荷载为 330kN/m,配重量为 74.25t)、桥面板和 Z20 桥面板。

(6)浇筑 B19 梁段剩余现浇配重混凝土(布置长度为 4.5m,线荷载为 330kN/m,配重量为 148.5t)、桥面板和 Z21 桥面板。

(7)浇筑 B19、B20 梁段剩余现浇配重混凝土(布置长度为 4.5m,线荷载为 330kN/m,配重量为 148.5t)、桥面板和 Z22 桥面板。

(8)浇筑 B20 梁段剩余现浇配重混凝土(布置长度为 4.5m 和 2.51,线荷载为 330kN/m 和 740kN/m,配重量为 148.5t 和 185.74t)、桥面板、现浇桥面板和 Z23 桥面板。

与有辅助墩斜拉桥相比,边跨梁段的施工阶段变形明显较大,且拆除支架过程中边跨主梁变形也较大,拆支架阶段主梁变形规律如图14-26所示。由图可知,拆支架阶段,边跨主梁整体呈下挠趋势,边跨最大下挠计算值165mm,实际下挠160mm;中跨主梁为上拱趋势,中跨最大上拱计算值113mm,实际上拱110mm;实际位移与理论吻合。

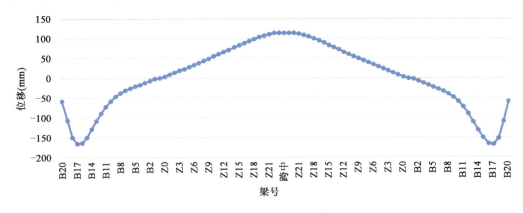

图14-26 拆除边跨支架梁段位移

14.3.5 主梁施工监控小结

采用悬臂拼装施工的大跨径的钢主梁斜拉桥,传统的高程+索力的控制方法仅在安装阶段实施控制,用于制造线形控制难度较大,在钢主梁的制造前期通过建立精细化的分析模型,通过多次迭代,求解其无应力制造线形,包括梁段间夹角及压缩补偿量,经现场安装验证,控制效果较好,成桥线形最大偏差绝对值为28mm,小于$L/10000$(L为主跨跨径)。同时,施工全过程,主梁控制截面实测应力值与理论计算值偏差均较小,并随施工进度的应力变化规律基本一致。

14.4 斜拉索施工控制

本桥斜拉索采用钢绞线斜拉索,其主要特点是斜拉索张拉力控制及索力测试难度较大。钢绞线斜拉索施工过程中是在现场进行放索、穿索,与成品索相比,难以通过控制斜拉索的无应力索长方式控制索力,钢绞线斜拉索一张为单根张拉,索力均匀性和整体索力准确性难度控制较大,然而索力一张却恰恰对结构线形影响颇大,一张索力的不确定性将造成线形产生难以控制的偏差。

斜拉索安装阶段施工监控的内容主要包括斜拉索无应力长度计算(提供索导管长度)、施工阶段斜拉索张拉力控制及斜拉索索力测试。

14.4.1 斜拉索索力控制

考虑到钢梁和桥面板受力安全,钢混组合梁斜拉桥斜拉索设计一般采用两次张拉。斜拉索一张力与二张力的分配比例直接影响后续施工过程中桥面的应力储备,为确保本桥桥面板受力安全,斜拉索的张拉采用以下方式:①调整斜拉索的张拉顺序将第 i 节段斜拉索的第二次张拉提前至第 i 节段桥面板架设后施工;②调整斜拉索第一次张拉索力的分配比例,提高偶数梁段的第一次张拉索力,降低奇数梁段的第一次张拉索力,偶数梁段斜拉索一张力为二张力的 50%~60%,奇数梁段为 35% 左右。调整后的斜拉索第一次张拉索力与第二次张拉索力如图 14-27、图 14-28 所示。

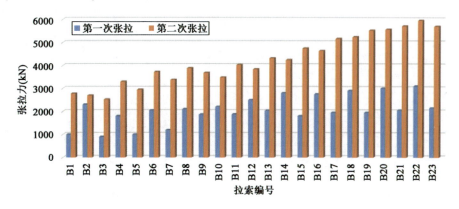

图 14-27 边跨斜拉索张拉力

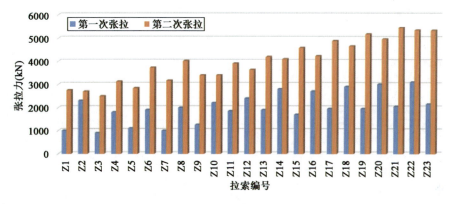

图 14-28 中跨斜拉索张拉力

由于这种桥型和施工方法的特点,斜拉索在施工全过程中,索力的变化规律和变化幅度有着相似的规律。图 14-29 给出了 3 根不同位置,分别是中跨 3 号、12 号和 21 号斜拉索(短索、中长索、长索)索力变化规律,由图可知,施工过程中斜拉索在临近的三个梁段施工过程中索力变化比较明显,其余施工阶段索力变化较小,二期铺装阶段,对全桥索力均有较大影响。根据以上规律,施工控制过程中,对索力的测试及控制均有较充分的依据,可做到全面和精准的控制。

本桥另一主要特点是无辅助墩,边跨 B18~B20 梁段采用支架法施工。图 14-30 给出了支架拆除阶段全桥索力变化规律,由图可知,施工过程中边跨 B11~B23 号斜拉索索力变化较为明显,边跨其余部位及中跨斜拉索索力变化不明显;其中 B20~B23 号斜拉索索力增大,B11~B19 号斜拉索索力减小。

14.4.2 斜拉索索力测试

斜拉索是斜拉桥中最主要的传力构件之一,索力的准确与否直接关系到主梁线形以及施工安全,斜拉索索力大小直接影响施工过程及成桥后主梁的内力和线形,因此,在施工中必须保证索力测试结果正确、可靠,需要对斜拉索施工过程中的索力及成桥索力进行监测。

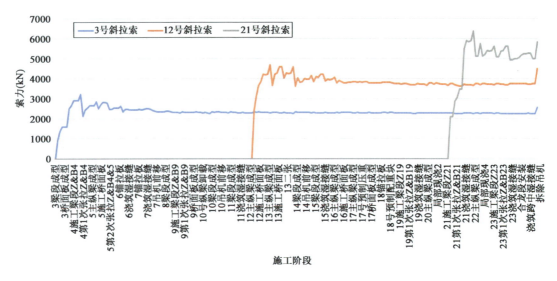

图14-29 典型斜拉索索力变化规律

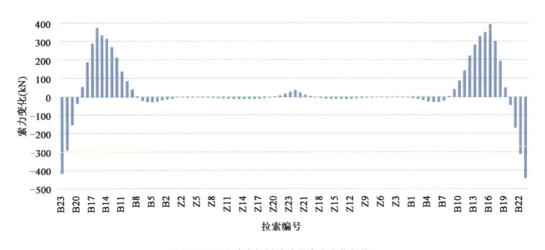

图14-30 边跨支架拆除阶段索力变化规律

斜拉索整体索力采用压力传感器和频率测试相结合的方法进行测试,单根索力均匀性可采用弓弦式测试仪对部分单根钢绞线的均匀性进行验证。

(1)压力传感器法是通过在斜拉索上布置压力传感器,在斜拉索张拉过程中对其索力进行监测,根据该桥受力特点,为保证索力测试的连续性,选择部分斜拉索布置压力传感器。为了有效地测试主桥斜拉索索力并兼顾运营期长期监测,主桥采用压力传感器以及单根钢绞线压力传感器相结合的方式进行索力测试。

(2)频率测试法即通过测定斜拉索的自振频率,运用索力与频率的换算公式,计算得出斜拉索索力。在假定拉索两端为铰接的条件下,斜拉索索力与频率的换算公式如下所示:

$$F = K\left[4ml^2\left(\frac{f_n}{n}\right)^2 - \frac{n^2 EI\pi^2}{l^2}\right]$$

式中，n 为索自振频率的阶数（即拉索长度内的半波个数）；f_n 为索的第 f_n 阶自振频率；l 为拉索的自由或挠曲长度；K 为拉索千斤顶张拉与动测法计算的修正系数，在每根斜拉索张拉时进行 K 值修正。

①测试截面：为方便测试，压力传感器测试截面选在斜拉索锚固端；频率测试时将索力动测仪的加速度传感器布置在斜拉索索体外侧，斜拉索需用索箍锁紧。

②测点布置：压力传感器在斜拉索张拉之前安装在对应位置；频率法测试时将加速度传感器沿垂直方向布置。

③测试方法：斜拉索张拉时采用油压千斤顶、压力传感器和频率测试法相结合，进行索力测试。

④测试频率：

a. 每安装及完成一对斜拉索张拉前后，对悬臂端前 4 根斜拉索索力进行测量。

b. 每个循环结束，对已安装的所有索力测点进行测量。

c. 合龙前后进行全桥索力测量。

d. 调索前后均进行全桥的索力测量。

e. 铺装后成桥索力测量。

f. 根据控制需要的其他工况。

索力测试方法如图 14-31 所示，成桥索力控制如图 14-32 所示。

图 14-31　索力测试方法

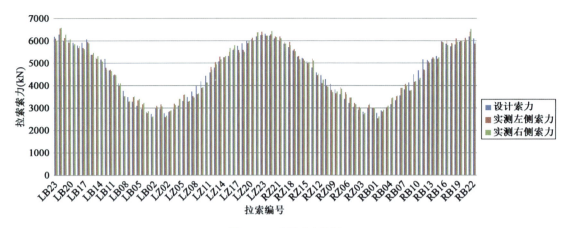

图 14-32　成桥索力控制

斜拉索索力最大偏差为 8%，小于 10%，考虑运营期最不利活载后索力安全系数最小值为 2.58，满足要求，斜拉索索力满足设计及规范要求。

14.4.3　斜拉索施工控制小结

通过斜拉索施工阶段张拉力控制及多种测试方法联合并用，斜拉索成桥索力最大偏差为 8%，满足设计及规范要求。

14.5　两节段一循环施工控制

14.5.1　施工流程对比

大跨径钢—混凝土组合梁斜拉桥上部结构主梁标准节段施工步骤主要包括钢梁架设、桥面板架设、斜拉索张拉、湿接缝浇筑等。钢梁、桥面板、斜拉索均是工厂化制造、现场标准化安装。目前，经常采用的施工方法主要有以下 3 种：一节段一循环、两节段一循环及钢梁合龙后再浇筑全桥湿接缝。由于第三种施工方法无法充分发挥钢混组合结构的优势，一般不予考虑；因此，将一节段一循环和两节段一循环的施工流程进行详细对比。

主梁标准节段按一节段一循环的施工流程如下：对称吊装、安装 B_i、Z_i 主梁、横梁、小纵梁等；安装 B_i、Z_i 斜拉索并进行第一次张拉，安装 B_i-1 和 B_i、Z_i-1 和 Z_i 斜拉索间混凝土桥面板；施工 B_i、Z_i 梁段湿接缝混凝土，第二次张拉 B_i、Z_i 斜拉索；起重机前移，对称吊装、安装 B_i+1、Z_i+1 主梁、横梁、小纵梁等；安装 B_i+1、Z_i+1 斜拉索并进行第一次张拉，安装 B_i 和 B_i+1、Z_i 和 Z_i+1 斜拉索间混凝土桥面板，施工 B_i+1、Z_i+1 梁段湿接缝混凝土，第二次张拉 B_i+1、Z_i+1 斜拉索，起重机前移进行下一循环施工。（B_i、B_i+1 分别表示边跨第 i 和第 $i+1$ 节段，Z_i、Z_i+1 表示中跨第 i 和第 $i+1$ 节段）

两节段一循环的施工方法是在一节段循环的基础上进行的，即保持斜拉索张拉次数不变，每两个拼装节段浇筑一次湿接缝混凝土。按两节段一循环的施工流程：对称吊装、安装 B_i、Z_i

主梁、横梁、小纵梁等;安装 B_i、Z_i 斜拉索并进行第一次张拉,安装 B_i-1 和 B_i、Z_i-1 和 Z_i 斜拉索间混凝土桥面板;起重机前移,对称吊装、安装 B_i+1、Z_i+1 主梁、横梁、小纵梁等;安装 B_i+1、Z_i+1 斜拉索并进行第一次张拉,安装 B_i 和 B_i+1、Z_i 和 Z_i+1 斜拉索间混凝土桥面板,施工 B_i、Z_i、B_i+1、Z_i+1 梁段湿接缝混凝土,第二次张拉 B_i、Z_i 斜拉索,第二次张拉 B_i+1、Z_i+1 斜拉索,起重机前移进行下一循环施工。(B_i、B_i+1 分别表示边跨第 i 和第 $i+1$ 节段,Z_i、Z_i+1 表示中跨第 i 和第 $i+1$ 节段)

主梁一节段一循环的施工方案,钢梁与混凝土桥面板的组合均在当前节段施工时完成,并通过斜拉索的两次张拉可分别平衡钢梁、混凝土板的重量,受力明确,刚度形成过程较为合理,施工控制过程中拉索第一、二次张拉索力控制,主梁线形控制难度较小。采用两节段一循环方法施工时,主要区别在于第 i 和 $i+1$ 节段湿接缝的浇筑和斜拉索的第二次张拉均在 $i+1$ 节段施工完成后进行,结构的受力状态变得更为复杂,施工控制难度增大。因此,有必要综合考虑结构受力、主梁线形控制等因素对两节段一循环的施工方式进行详细研究。

14.5.2 两节段一循环施工特点及方案优化

1) 该施工方法特点

采用两节段一循环施工方法的优势在于将原一节段一循环第 i 节段的湿接缝浇筑时间滞后一个节段与第 $i+1$ 节段同时浇筑,在不改变施工机具、人员调整和施工工艺的情况下可直接节省一个节段钢筋绑扎、混凝土浇筑及等强时间(9~12d),对于跨径较大的组合梁斜拉桥缩短工期效果十分明显,例如以本桥为例,采用两节段一循环将原 22 个循环施工步骤缩短为 11 个循环施工步骤,保守估计节约工期 3~4 个月,由此带来的经济效益十分显著。

但是,采用两节段一循环方法施工时,给桥梁的施工控制有较大影响,主要有以下几个方面:①钢—混凝土组合后由于主梁刚度增大,索力调整误差的范围非常有限;②第 $i+1$ 节段的拼装线形受第 i 节段线形的影响,若第 i 节段拼装线形出现误差将直接累计并在第 $i+1$ 节段放大。以 10~14 号梁段施工为例,采用两节段一循环方式施工时,形成 3 个循环施工步骤,即 10~11 号、12~13 号、14~15 号,湿接缝浇筑后二张时,两种施工方式下,10 号、12 号、14 号梁段位移对比见表 14-4。由表可知,第二次张拉索力均增大 1000kN 时,对应梁段两节段一循环与一节段一循环所产生的位移相差约 100mm,可见两节段一循环方式主梁线形的控制难度大大增加。另外,由于主梁采用螺栓连接的形式,梁段之间的夹角在出厂时已经无法改变,现场拼装时产生的误差呈现切线拼装的规律,即误差会传递并放大。

两种施工方式位移对比 表14-4

拉索编号	第二次张拉索力增量(kN)	当前节段位移(mm)		差值(mm)
		一节段循环	两节段循环	
10	1000	161	69	-92
12	1000	179	79	-100
14	1000	188	86	-102

为了防止施工过程中线形失控,同时不增加斜拉索的张拉次数,不得不进行工序上的优化,即将第 i 节段斜拉索的第二次张拉提前至第 i 节段桥面板架设后施工,即在第 i 节段斜拉

索第二次张拉后再进行第 $i+1$ 梁段的拼装。这种做法可以确保主梁的安装线形,但同时会带来新的问题,由于采用两节段一循环,第 i 和第 $i+1$ 节段湿接缝浇筑后,只进行第 $i+1$ 节段的斜拉索的第二次张拉,桥面板将损失一部分压应力储备。因此,两节段一循环的施工方法另一个较为突出的缺点就是,为了确保安装线形而带来的桥面板的开裂风险。

2)施工方案优化

为了确保主梁的安装线形同时消除桥面板开裂风险,最直接的方法就是增加桥面板的压应力储备,从施工工序调整到斜拉索张拉力调整等方面进行研究,可发现有以下几个方面的措施是可行的:

(1)施工工序优化方面,将第 $i+1$ 节段全回转桥面吊机前移的步骤进行调整,将斜拉索第二次张拉后前移起重机调整为湿接缝浇筑前进行全回转桥面吊机前移。全回转桥面起重机是组合梁斜拉桥施工最常用的吊装工具,单台吊机重量约 150t,属于对结构影响较大的临时荷载。通过计算,全回转桥面吊机前移引起的悬臂端位移为 30~70mm,在悬臂段附近桥面板产生的拉应力为 0.3~0.6MPa,调整全回转桥面吊机前移的时机对于提高当前施工梁段施工过程中桥面板的压应力储备效果十分明显。但需注意的是,对于长悬臂施工阶段,第 $i+1$ 节段斜拉索第二次张拉前悬臂端"低头"的现象已经十分明显,需复核悬臂端主梁纵坡情况,防止纵坡过大发生吊机滑移。

经最终调整后的施工流程如下:对称吊装、安装 B_i、Z_i 主梁、横梁、小纵梁等;安装 B_i、Z_i 斜拉索并进行第一次张拉,安装 B_{i-1} 和 B_i、Z_{i-1} 和 Z_i 斜拉索间混凝土桥面板,第二次张拉 B_i、Z_i 斜拉索;起重机前移,对称吊装、安装 B_{i+1}、Z_{i+1} 主梁、横梁、小纵梁等;安装 B_{i+1}、Z_{i+1} 斜拉索并进行第一次张拉,安装 B_i 和 B_{i+1}、Z_i 和 Z_{i+1} 斜拉索间混凝土桥面板,起重机前移,施工 B_i、Z_i、B_{i+1}、Z_{i+1} 梁段湿接缝混凝土,第二次张拉 B_{i+1}、Z_{i+1} 斜拉索,进行下一循环施工。

(2)斜拉索的索力优化方面,有如下措施可以采用:

①在满足斜拉索最低张拉力及钢梁受力的情况下,尽可能减小第 $i+1$ 节段斜拉索的第一次张拉索力,达到使第二次张拉索力增量最大化的效果,以此产生充足的压应力储备。对于钢绞线斜拉索,单根钢绞线张拉时需要一定的张拉力克服自重,否则将发生因拉索垂度过大而部分斜拉索无法穿束的情况,即"卡管"的现象,这种现象在尾索区,随着斜拉索长度增大,水平夹角越来越小,表现尤为突出,本桥索力调整时单根钢绞线的第一次张拉索力控制在 2~2.5t。

②适当提高第 $i+2$ 节段斜拉索的第一次张拉索力。以 12~13 号循环节段桥面板应力变化分析为例,图 14-33 为 13 号斜拉索第二次张拉后,后续施工阶段桥面板应力变化规律。由图可知,13 号斜拉索第二次张拉后,12 号节段和 13 号节段桥面板压应力储备分别是 -0.8MPa 和 -0.5MPa,但在 14 号节段钢梁架设过程中桥面板的拉应力持续增加,最不利位置位于 13 号斜拉索断面,桥面板拉应力达到 1.8MPa,接近 C60 混凝土抗拉强度设计值 1.96MPa,14 号斜拉索第一次张拉可大幅减小桥面板拉应力,经计算将第一次张拉索提高至第二次张拉索力的 60% 左右,可保证 12~13 号梁段桥面板在后续施工阶段始终处于受压状态,对施工控制有利。

经过上述分析,斜拉索一张索力的调整方法是通过提高偶数梁段的第一次张拉索力,降低奇数梁段的第一次张拉索力,两种方法的综合应用可有效降低桥面板施工过程中的开裂的风险。本桥调整后的第一次张拉索力分配比例为,偶数梁段斜拉索第一次张拉索力为第二次张拉索力的 50%~60%,奇数梁段为 35% 左右,如图 14-34 所示。

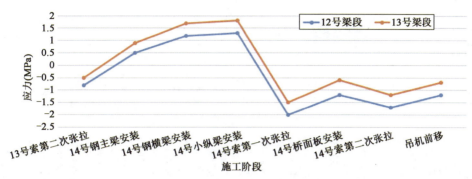

图 14-33 桥面板应力变化规律

注:受拉为"+",受压为"-"。

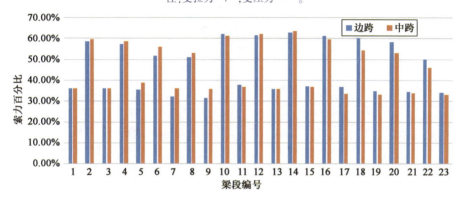

图 14-34 第一次张拉索力分配比例统计

14.5.3 主要控制指标规律分析

以 12~13 号梁段为例,对两节段一循环施工过程中主梁位移、钢梁应力、斜拉索索力变化规律进行分析,如图 14-35~图 14-37 所示。

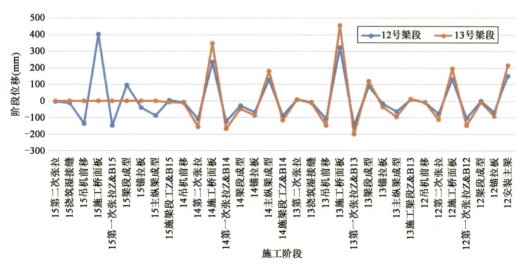

图 14-35 位移变化规律

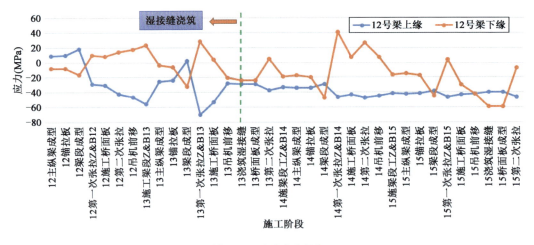

图 14-36 应力变化规律

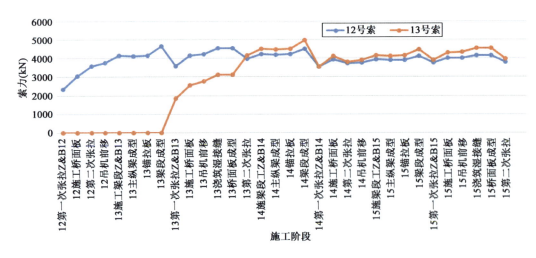

图 14-37 索力变化规律

（1）主梁位移

图 14-35 为 12~13 号梁段两节段一循环施工阶段的位移变化规律。由图可知，在 12~15 号梁段施工过程中，12~13 号梁端位移变化均较明显，斜拉索第一次张拉阶段梁段上挠变化范围为 200~450mm，第二次张拉为 100~200mm；桥面板架设下挠 100~200mm，湿接缝浇筑下挠约 100mm。

（2）钢梁应力

图 14-36 为 12 号主梁两节段一循环施工阶段的钢梁应力变化规律，图中"＋"为受拉，"－"为受压。由图可知，在 12~15 号梁段施工过程中，在湿接缝浇筑前 12 号钢梁上、下缘应力变化均较明显，且基本呈对称形态，随着荷载的增加即斜拉索的张拉，受力上表现为拉、压交替的规律，上缘应力变化范围为 －70~＋19MPa，下缘应力变化范围为 －30~＋30MPa。湿接缝浇筑后钢梁上缘的应力变化幅度明显变小，且以始终处于受压状态；下缘应力变化幅度仍较

大,变化范围为 -60 ~ +41MPa。说明钢—混凝土组合后对混凝土桥面板承担了对主梁上缘的受力贡献较大。

(3)斜拉索索力

图 14-37 为 12 ~ 13 号斜拉索两节段一循环施工阶段的索力变化规律。由图可知,在 12 ~ 15 号梁段施工过程中,12 ~ 13 号斜拉索索力变化均较明显,其中对斜拉索索力影响最为明显的施工工况为索力张拉工况。在 14 号斜拉索第一次张拉前,12 ~ 13 号斜拉索索力呈持续增大的规律;14 号斜拉索第一次张拉阶段,13 号索力降低约 1500kN,12 号斜拉索降低 1100kN;14 号斜拉索第一次张拉后后续施工阶段,12 ~ 13 号斜拉索索力趋于平稳。

14.5.4 两节段一循环施工控制小结

对于跨径较大的组合梁斜拉桥,采用两节段一循环施工方法对缩短工期,节约建设成本有利。相比一节段一循环施工方法,会增加线形控制和桥面板开裂方面的风险,可通过以下措施控制风险:

(1)调整施工工序,包括斜拉索的张拉顺序和全回转桥面吊机前移顺序。将第 i 节段斜拉索的第二次张拉提前至第 i 节段桥面板架设后施工;调整第 $i+1$ 节段全回转桥面吊机前移的步骤,将斜拉索第二次张拉后前移吊机调整为湿接缝浇筑前进行全回转桥面吊机前移。

(2)调整斜拉索第一次张拉索力的分配比例,提高偶数梁段的第一次张拉索力,降低奇数梁段的第一次张拉索力,本桥调整后的第一次张拉索力分配比例为,偶数梁段斜拉索第一次张拉索力为第二次张拉索力的 50% ~ 60%,奇数梁段为 35% 左右,施工控制效果较好。

14.6 临时墩施工控制

14.6.1 临时墩设置目的及影响

主桥边跨设计无辅助墩,边跨支架段施工长度为 33m,悬臂施工过程最大双悬臂长度达 200m;桥址处于晋陕峡谷出口,施工期常年大风,存在较大的安全隐患,须采取临时抗风措施。常用的有效抗风措施主要有抗风缆和临时墩两种,通过对抗风缆方案进行论证,主、边跨需分别在 11 号梁段两侧设抗风缆(抗风缆张力为 1000kN,与地面夹角 45°),以提高主梁竖弯和扭转的频率,起到抗风效果;但风缆需锚固于黄河河滩或河道内,考虑到现场实际条件,仅 12 号墩边跨侧具备锚固条件。另外,风缆为柔性结构,附加约束模拟难以与实际相符,不利于施工中主梁线形及斜拉索索力的控制。综合分析后,禹门口黄河公路大桥施工阶段分别在两边跨侧设置临时墩,以提高抗风稳定性。

边跨增加临时墩,结构体系发生改变,施工控制计算必须考虑这一新增约束条件;钢主梁与临时墩连接须在既定高程下快速完成锁定,且具有较高的精度要求,解除临时墩约束时结构状态与理论计算是否一致,现场难以判断,解除时若结构体系发生突然扰动,存在安全风险。为了避免增加临时墩对目标成桥状态产生影响,保证施工安全,需通过施工控制计算进行精细化施工并确定合适的安装及拆除时机。

14.6.2 临时墩特点

(1) 主体结构布置

禹门口黄河公路大桥顺桥向分别在 11 号墩和 12 号墩边跨侧距离塔柱中心 160m 位置处设临时墩,临时墩在横向分别布设在两道钢主梁正下方。11 号墩和 12 号墩边跨侧临时墩高度分别为 39.6m 和 41.3m。12 号墩边跨临时墩的总体设计如图 14-38 所示。

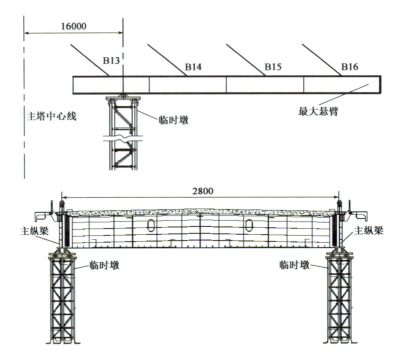

图 14-38　12 号墩边跨临时墩总体设计(尺寸单位:cm)

临时墩主要由桩基础、钢管墩身、承重梁和横向限位等结构组成。

(2) 墩梁连接构造特点

为释放后续梁段拼装及斜拉索张拉过程中临时墩与主梁连接处产生的巨大弯矩,同时减小钢主梁及临时墩受力,将临时墩与钢主梁间的临时连构造设计为由上、下耳板(中心高度为 525mm、厚 30mm)及销钉(直径 200mm)组成的临时铰,如图 14-39 所示。临时铰的上耳板焊接于钢主梁底,下耳板焊接于承重梁上。考虑斜拉索张拉作用及温度作用的最不利水平力达 16800kN,将临时铰进一步优化为允许钢梁顺桥向位移的长圆孔构造。长圆孔的位移量根据钢梁温度伸缩及后续施工产生的纵向位移确定为 ±100mm,长圆孔的高度略大于销钉直径,安装时销钉与长圆孔顶、底面各预留 2mm 间隙。施工过程中可根据长圆孔顶、底面的间隙变化情况,判断临时墩的受力状态。

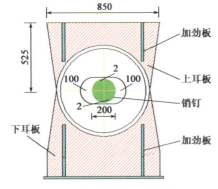

图 14-39　临时铰构造(尺寸单位:mm)

14.6.3 临时墩受力控制

临时辅助墩安装在13号梁段主梁对应横梁位置,计算模型中以新增边界条件的方式考虑,临时辅助墩约束措施为限制竖向、横向位移,纵向允许一定位移(实际结构顺桥向允许10cm位移量)。

采用有限元分析软件MIDAS Civil 2019建立禹门口黄河公路大桥施工阶段全桥空间模型,对施工全过程临时墩的受力特点及钢主梁位移变化规律进行分析。模型中,桥塔、纵梁及横梁均采用梁单元模拟,桥面板采用板单元模拟,斜拉索采用桁架单元模拟;塔底固结,主梁与桥墩、桥塔间弹性连接,临时墩简化为一般支撑,通过临时墩模型分析出临时墩竖向刚度,在主桥模型中采用节点弹性连接,对应的约束上设置相应的刚度。全桥分析模型如图14-40所示,临时墩模型如图14-41所示。

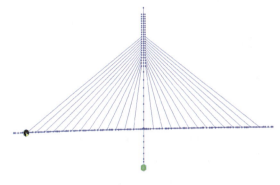
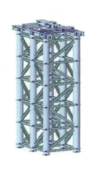
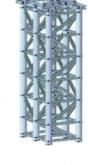

图14-40 全桥分析模型图　　　　图14-41 临时墩模型

主梁标准梁段施工步骤较多,主要工序包括主纵梁安装、横梁安装、斜拉索第一次张拉、桥面板架设、斜拉索第二次张拉、吊机前移、浇筑湿接缝。临时墩设计安装位置为B13梁段,在不同工序下安装对施工全过程临时墩的受力均有较大影响,以13梁段主梁施工完成后安装临时墩,18号索第二次张拉后拆除为例(图14-42),对其使用阶段反力变化规律进行说明,由图可知,临时墩墩顶反力为拉压交替的规律,最大压力为1250kN,出现在13号梁段湿接缝浇筑后,最大拉力为1850kN,出现在17号梁段湿接缝浇筑后;规律表明边跨合龙前施工恒载临时墩受压,张拉斜拉索临时墩受拉,边跨合龙后,中边跨不对称施工,施工恒载时临时墩受拉,张拉斜拉索临时墩受压。为得到施工阶段最不利拉压荷载,拟定5种临时墩安装工况,即主纵梁施工完成、横梁施工完成、斜拉索第一次张拉后、桥面板架设完成、斜拉索第二次张拉后,经计算临时墩最不利拉压反力分别为1850kN、1380kN。将临时墩顶最大拉压反力分别与双悬臂最不利横向风荷载组合进行组合,验算临时墩及连接板受力(局部验算),临时墩验算结果见表14-5。

临时墩验算结果　　表14-5

验算指标	最不利效应	允许值
单桩受压/受拉(kN)	1467/490	2240/902
墩身应力(MPa)	81.5	205
墩顶横向位移(mm)	9.5	64
连接板应力(MPa)	75.2	205

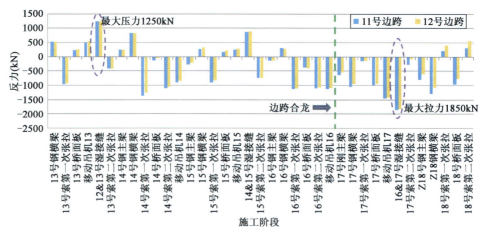

图 14-42 临时墩反力变化规律

14.6.4 临时墩安装与拆除时机控制

禹门口黄河公路大桥通过插入销钉的方式完成临时墩与钢主梁的锁定。临时墩位于 B13 号梁段,该梁段的施工工序较多,主要包括钢主梁安装、钢横梁安装、斜拉索第一次张拉、桥面板架设、斜拉索第二次张拉、吊机前移等。由于施工过程中主桥结构体系、恒载及施工荷载均在不断发生变化,临时墩所受反力将随之变化。为确定临时墩的锁定时机,通过施工控制仿真分析得到 13 号钢主梁(包括 B13 和 Z13)安装后、13 号斜拉索(包括 LB13 和 LZ13,下同)第一次张拉后及第二次张拉后 3 种工况下锁定时临时墩的反力变化规律,结果如图 14-43 所示,图中反力" + "表示临时墩受拉、" - "表示临时墩受压。

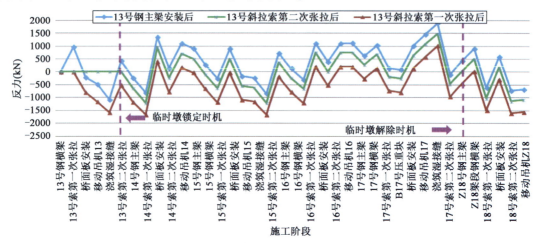

图 14-43 临时墩的反力变化规律

由图可知:3 种工况下锁定临时墩,临时墩反力变化趋势基本一致,但最不利拉、压反力值差异较大;13 号钢主梁安装后进行临时墩锁定,临时墩受拉显著,最不利拉力为 1850kN;13 号斜拉索第一次张拉后进行临时墩锁定,临时墩受压显著,最不利压力为 1670kN;13 号斜拉索第二次张拉后进行临时墩锁定,其最不利拉、压反力均较小。因此,确定临时墩的锁定时机确定为13号斜拉索第二次张拉后,此时临时墩所受的拉、压荷载均处于合理的范围。

边跨 B17 号梁段合龙后通过拔除销钉、释放临时铰来解除临时锁定。临时锁定解除时若反力较大,对结构产生突然扰动,既存在安全隐患,又对线形和索力控制不利;反之,反力越小,对结构扰动越小,越安全。在确定13号斜拉索第二次张拉后锁定临时墩的前提下,分析临时墩的解除时机。由图14-43可知,在13号斜拉索第二次张拉后锁定临时墩工况下,边跨合龙后,临时墩的反力受拉最小值为21kN,发生在 Z18 号钢主梁安装后施工阶段。因此,确定此时为临时墩的解除时机。同时经过施工控制计算可知,在 Z18 号钢主梁安装后解除临时锁定,此时钢主梁的最大位移为1.6mm,斜拉索索力未发生明显变化,对结构影响较小。临时墩锁定与解除在温度较恒定且接近设计基准温度15℃下进行施工,温差较小时通过斜拉索索力微调,或配重方式配合施工,温差较大时不宜施工。

14.6.5 临时墩对结构的影响控制

(1)塔偏控制

由于施工临时墩,结构由对称悬臂拼装提前进入不对称施工工序,主塔偏位变化规律随着临时墩的添加发生较明显的变化,无临时墩时在边跨合龙前主塔偏位波动不明显,新增临时墩后塔偏发生明显变化,波动较大,增加了线形控制的难度。主塔偏位变化规律如图14-44所示。

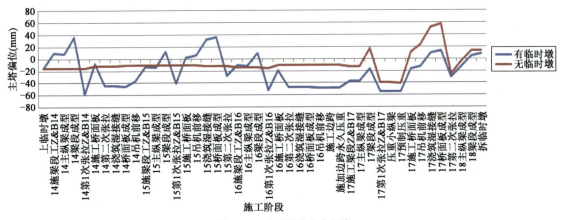

图14-44 主塔偏位变化规律

(2)钢主梁位移控制

临时墩与主梁的连接设计为铰接,施工过程中允许钢主梁绕临时铰转动。边跨 B17 号梁段合龙前后,钢主梁位移主要受施工恒载及斜拉索张拉的影响。有限元分析得到边跨合龙前、后 B1~B16 号梁段在不同施工工况下的位移变化规律,结果如图14-45所示。

由图可知:①边跨合龙前,钢主梁绕临时铰发生了转动,悬臂端位移显著;16 号梁段架设桥面板时,悬臂端绕临时铰下挠,近塔柱主梁则绕临时铰上挠,最大上挠35mm(位于 B10 梁段);16 号斜拉索第二次张拉时,近塔柱段主梁则发生下挠,最大下挠39mm(位于 B10 梁段)。②边跨合龙后,结构体系发生变化,主、边跨不对称施工,由于塔偏的影响,边跨钢主梁绕临时铰发生转动的位移变化规律与合龙前相似;17 号梁段架设桥面板时(桥塔向中跨偏移),近塔柱主梁绕临时铰上挠,最大上挠21mm(位于 B7 梁段);17 号斜拉索第二次张拉时(桥塔向边跨偏移),近塔柱段主梁发生下挠,最大下挠34mm(位于 B7 梁段)。由以上分析可知,钢主梁绕临时铰转动的效应显著,临时铰的实际工作性能对钢主梁的安装线形有较大影响,施工时需对边跨钢主梁的位移进行实时监测。

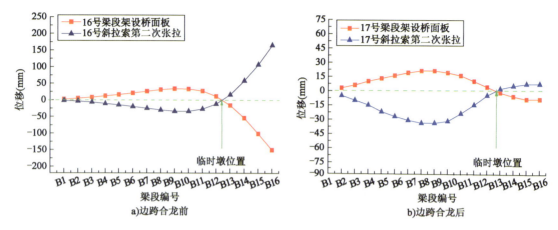

图 14-45　钢梁位移变化规律

在该桥施工过程中对临时墩的受力及边跨钢主梁的位移进行实时监测,结果表明:临时墩的受力及钢主梁的实际位移变化规律均与设计较吻合,临时墩应用效果较好。

(3) 主梁应力控制

临时墩对钢主梁的成桥应力有一定影响,经计算,有临时墩成桥钢主梁上缘最大压应力为 152MPa,下缘最大压应力为 115MPa;无临时墩钢主梁上、下缘成桥应力分别为 150MPa、112MPa,钢主梁的成桥最大应力变化量为 3MPa。临时墩对桥面板的成桥应力有一定影响,经计算成桥桥面板最大压应力为 14.6MPa,无临时墩桥面板成桥压应力分别为 14.3MPa,桥面板的成桥应力减小约为 0.3MPa。

(4) 斜拉索索力控制

临时墩对成桥索力有一定影响,通过计算,对临时墩附近几对斜拉索的索力影响相对较大,最大影响为 3%,影响量为 140kN(图 14-46)。

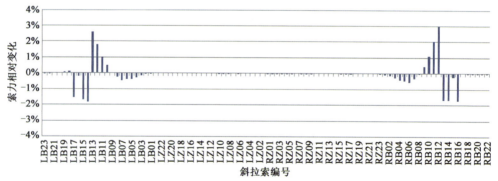

图 14-46　有无临时墩对成桥索力影响

14.6.6　临时墩与安装与拆除施工要点

临时墩锁定前完成主体结构、承重梁、限位梁的施工,临时连接上耳板在钢主梁吊装前焊接到位,13 号梁段斜拉索第二次张拉后对悬臂端进行连续 24h 观测,确定下耳板的配切量,配切精度为1mm,精确匹配后焊接下耳板确保锁定时销轴顺利穿入,锁定选择在夜间气温恒定的时间段进行,锁定时悬臂端处于自由状态,通过销轴将主纵梁与临时墩形成锚固,锁定完成后对结构线形、索力进行全面测试并与锁定前的状态进行对比,确保临时墩安装对结构不造成影响(图14-47和图14-48);耳板长圆孔顶底面设计时各预留2mm间隙,根据下耳板长圆孔间隙变化情况确定临时连接受力状态,结构受拉间隙偏底面,反之则受压,Z18号梁段安装后对现场临时连接状态确认,若销轴底面间隙较大则与理论控制临时约束解除时受拉的状态一致,通过千斤顶微调后取出销轴完成临时墩解除,解除完成后对结构线形、索力进行全面测试并与解除前的状态进行对比。临时墩锁定与解除在温度较恒定且接近设计基准温度15℃下进行施工,温差较小时通过斜拉索索力微调,或配重方式配合施工,温差较大时不宜施工。

图14-47 临时墩安装

图14-48 临时墩拆除前状态

由于本桥的精细化施工控制,两边跨临时连接拆除前,销轴与上下耳板之间均存在间隙,销轴处于自由状态,拆除施工时未采取任何压重和拉索。

14.6.7 临时墩施工控制小结

禹门口黄河公路大桥边跨设计无辅助墩,施工过程最大双悬臂长度达200m,施工期常年大风。为提高施工期结构抗风性能、降低安全风险,边跨需增设临时墩。通过研究临时墩施工全过程的反力变化规律确定,临时墩锁定和解除时机分别为13号斜拉索第二次张拉后和Z18号钢主梁安装后,此时临时墩所受的拉、压荷载均处于合理的范围。采用有限元法分析施工过程中临时墩的受力及钢主梁的位移变化规律,并在施工中进行实时监测。实测结果表明:临时墩受力安全,结构可靠;钢主梁的位移变化规律与设计较吻合。该桥临时墩设计与施工技术安全、可靠、实用性强,可为类似工程提供借鉴。

14.7 主梁合龙施工控制

14.7.1 边跨合龙控制

1)边跨合龙方案

边跨合龙段采用配切合龙法进行合龙,其合龙段为B17节段,长度12m,待B16梁段第二次张拉结束后,持续2d(第一天观测、第二天复核,确定合龙段吊装和锁定时机)对合龙段尺寸进行观测,确定合龙段B17梁段加工长度及栓接孔群转角,并将数据反馈至工厂,工厂进行合龙口高强度螺栓孔的钻制及接口配切。合龙段运到现场后进行锚拉板固定式焊接和检修道拼装,然后利用全回转桥面吊机完成主纵梁合龙,随后进行锚拉板焊接和横梁、稳定板、小纵梁、隔流板等构件安装。

边跨合龙施工将B17~B18环口设置为最终合龙口,具体施工工艺如下:

(1)边跨合龙梁段两根主纵梁提前在低温环境时段吊装(低温喂梁),先与B16节段主纵梁采用冲钉、普通螺栓进行栓合固定,全回转桥面吊机归位至轴线位置,桅杆旋转朝向主塔。

(2)对B17合龙段主纵梁自由端(B17~B18环口)的轴线、高程进行测量,与预估合龙段姿态参数进行比对,若存在较小偏差,通过配重(由施工控制单位提供)和对拉方式进行调整,直至偏差满足要求。

(3)B17合龙段主纵梁调整合适后完成B17~B16主纵梁环口高强度螺栓连接副施工。

(4)将B17~B18环口主纵梁拼接板摆放到位,同时在B18和B17梁段上翼缘板安装工装定位钢板,工装工位钢板共开4排孔,每排8个孔,排间距为20cm,一端2排孔群正常开孔,一端2排孔群成长条孔,孔径为33mm,长条孔长度方向为10cm,将定位工装钢板安装在B16和B17梁段,控制合龙段高程和轴线不发生变化,同时合龙段梁体可以实现轴向位移,等待合适合龙时机来临。

(5)合龙时机窗口到来后,迅速将B17节段上下游主纵梁合龙端与B18号主纵梁进行冲钉、普通螺栓连接,快速完成高强度螺栓连接施工。

(6)当合龙梁段主纵梁合龙后,撤走临时通道,安装横梁、小纵梁、压重区小纵梁等,进行斜拉索第一次张拉、安装桥面板、全回转桥面吊机前移、湿接缝施工等后续工序作业。

2)边跨合龙特点

禹门口黄河公路大桥边跨合龙特点主要有以下5个方面:

(1)合龙段长、设计纵坡大,小里程(河津侧)合龙口高差约50cm,全回转桥面吊机及合龙段重心均会发生偏移,对合龙段钢主梁的空间姿态调整有较大影响,并存在安全风险。

(2)钢主梁采用高强度螺栓连接,悬臂拼装过程线形误差在后续梁段施工时呈累计放大的趋势,而螺栓孔与高强度螺栓间隙为毫米级,误差调整量十分有限,若合龙控制高程或制造误差较大均会影响合龙段主梁连接。

(3)采用全回转全回转桥面吊机合龙,合龙段上下游钢主梁需依次安装,先安装一侧钢主梁,临时锁定吊机松钩后,再起吊、安装另一侧钢主梁。整个合龙过程主要工序为:合龙段起吊→空中姿态调整→大节段进入合龙口→合龙段与悬臂梁段连接→合龙段锁定。合龙过程持续时间较长,现场作业时间非常有限,对施工组织要求较高。

(4)采用配切法一次合龙,合龙温度的确定至关重要,既要满足设计要求,又要保证现场有足够的作业时间。

(5)受禹门口峡谷环境影响,风场规律较为复杂,合龙时风对结构整体降温是有利的,喂梁时间可提前,延长合龙作业时间,但风力过大对合龙段主梁起吊不利,有一定的风险。

3)边跨合龙控制技术

(1)合龙口姿态调整

为提高合龙控制精度,确保合龙线形平顺,同时控制边跨支架段和悬臂端梁段的线形,使梁段高程、轴线及梁端转角均满足合龙要求。合龙段安装前后悬臂端线形差异较大,如图 14-49 所示(以小里程边跨为例说明),影响悬臂端姿态控制的因素主要有结构模拟刚度与实际刚度差异、钢主梁拼装重量的差异及拼装过程模拟差异。对钢主梁悬拼过程变形规律进行实测以便准确计算合龙段吊装时悬臂端变形,禹门口黄河公路大桥边跨合龙前两个梁段吊装(B13 处有临时墩约束),即 B15 和 B16 梁段,实测悬臂端变形规律并与理论计算进行对比,由于设计线形及吊机距梁端位置不同,大、小里程边跨钢主梁安装时变形规律有所差异,对比结果见表 14-6,理论计算与实测结果吻合较好;合龙段梁端转角由 B18 和 B16 梁段姿态共同确定,提前将边跨支架段姿态调整到位,B15 和 B16 梁段施工时与支架段进行联测,适时调整,为防止误差累积到合龙段难以调整或合龙段上下游加工线形差异大,施工过程中提高控制精度。合龙前仅通过 B16 一次精调即使合龙口达到较理想的姿态,控制结果见表 14-7。

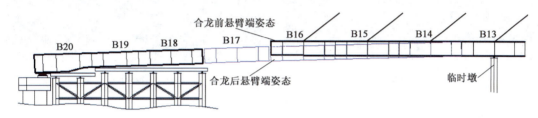

图 14-49 合龙口姿态控制

悬臂拼装变形规律　　　　　　　　　　　　　　表 14-6

吊装梁段	实测梁段端点	小里程(河津测)		大里程(韩城测)	
		实测挠度(mm)	理论挠度(mm)	实测挠度(mm)	理论挠度(mm)
B15	B13	10	12	13	14
	B14	35	36	40	40
B16	B14	38	38	39	40
	B15	67	66	71	71

合龙前梁段姿态　　　　　　　　　　　　　　表 14-7

梁段端点	小里程(河津测)		大里程(韩城测)	
	下游高程(m)	上游高程(m)	下游高程(m)	上游高程(m)
B15	407.117	407.121	412.180	412.181
B16	406.703	406.707	412.123	412.126
B17	406.127	406.132	411.901	411.898
B18	405.595	405.598	411.719	411.719

(2)合龙联测

禹门口黄河公路大桥边跨合龙段安装对悬臂端高程及转角影响较大,为了提高合龙精度,合龙联测前,以悬臂端提前达到合龙状态为目标进行等效配重。依据计算结果及现场实施条件,小里程悬臂端采用 4 块预制桥面板配重,上下游各两块,每块桥面板长度为 6.7m,重 16t,总配重量为 64t;大里程悬臂端采用 4 道钢主梁配重,上下游各两道,每道钢主梁长度约 12m,重 33t,总配重量为 132t。配重后对各合龙口间距、高程、轴线进行连续 48h 观测,测量间隔白天为2h/次,晚上(18:00—次日6:00)为1h/次,联测过程中同步记录环境温度及钢梁顶底板温度;合龙口间距测量时工字形钢主梁顶底板分别测量翼板两侧,重复测量3组数据求平均值,最终取翼板两侧平均值作为顶底板的间距。合龙联测如图14-50所示。

a) 边跨配重　　　　　　　　　　　　　　b) 合龙联测

图14-50　合龙联测

禹门口黄河公路大桥大、小里程边跨合龙段联测分别于5月8日和5月12日完成,以小里程边跨5:00—次日7:00联测数据为例对主要参数的规律进行说明。

①根据环境温度与钢主梁温度变化曲线,环境温度与工字形主梁顶、底板的温度波动范围分别为17~28℃、15.2~32℃、15.6~30.2℃,钢主梁一天之中温度变化量为15~17℃,且16:00和6:00左右为钢梁温度最高和最低的时间段,8:00以后钢梁温度急剧上升,21:00后钢梁温度降到环境温度以下,钢梁的升、降温速率明显快于环境温度。

②根据高程联测数据,合龙口悬臂端上、下游钢主梁高程变化最大分别为16mm、20mm,即悬臂端高程受温度影响变化不大;由合龙口相对高差变化曲线可知,上游悬臂端与支架段钢梁最大高差514mm,下游最大高差502mm,但相对高差的波动较小,上、下游最大波动分别为9mm、8mm,再结合轴线变化规律,上、下游轴线偏位最大变化分别为6mm、7mm,影响较小,说明边跨合龙口竖向及横向变化均较稳定,对合龙控制有利。

③钢主梁上、下游合龙口间距变化规律基本一致,白天受温度影响,8:00—18:00间距持续减小,夜间受河道风影响,20:00—次日7:00间距持续增大,且合龙口间距在16:00—18:00时间段最小,在5:00—6:00时间段最大,上游钢主梁顶底板间距变化最大,为25mm、26mm,下游为25mm、24mm。合龙口间距如图14-51所示。

(3) 合龙参数确定

合龙参数的确定直接影响合龙精度及合龙过程顺利与否,主要包括合龙温度、合龙段配切长度及拼接板制造角度,且各合龙参数之间是一一对应的关系。根据气象资料,禹门口黄河公路大桥附近三年5月温度分布范围为13~28℃,与实测规律一致,依据48h联测结果确定边跨合龙温度为16℃,与设计合龙温度15℃较接近,合龙锁定时间为5:00—6:00时间段,在体系升温前有足够时间完成高强度螺栓施拧;合龙段钢主梁在设计标准长度基础上预留10cm富余量,在合龙前一端提前进行钻孔,另一端等待合龙配切,拼接板在合龙参数确定后统一钻孔,由联测结果确定各合龙段配切长度及拼接板制造角度见表14-8。

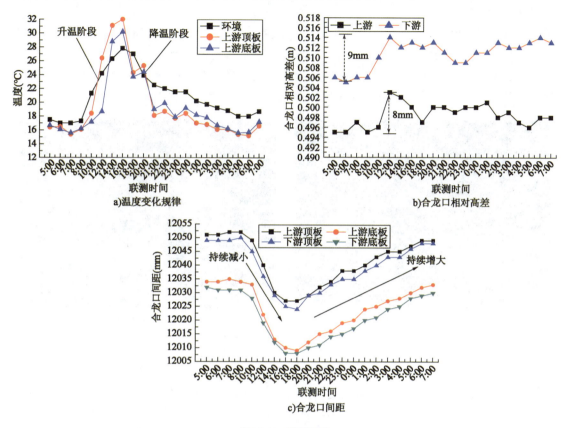

图 14-51 联测规律

合龙段制造参数 表14-8

合龙段位置	合龙段配切长度(mm)		拼接板制造角度(rad)	
	小里程(河津侧) 顶板/底板	大里程(韩城侧) 顶板/底板	小里程(河津侧) B16~B17/B17~B18	大里程(韩城侧) B16~B17/B17~B18
上游侧	12033/12033	12020/12020	-0.00417/-0.00244	-0.00400/-0.00253
下游侧	12039/12039	12016/12016	-0.00412/-0.00237	-0.00417/-0.00252

(4)合龙锁定控制

①上、下游合龙段起吊顺序控制。

根据联测规律,由于光照影响,禹门口黄河公路大桥下游钢梁白天先受阳光直射升温速率快于上游,而夜间同一时间梁体温度又较上游低,即下游合龙口喂梁时间先于上游,先起吊下游合龙段。

②合龙段空间姿态调整。

小里程(河津侧)边跨合龙口高差达到50cm,到合龙口后难以调整到位,故在合龙段起吊离地后通过调整全回转吊机倒链,并配合精密水准仪将姿态调整至合龙状态,由于合龙段长度和高差均较大,自重作用下合龙段前倾偏向B18梁段,导致B17~B16环口缝宽过大,需通过吊机及钢丝绳进行纵向纠偏后方能完成锁定。

③锁定工序。

合龙时先用冲钉锁定合龙段 B17~B16 环口,在合龙段 B17~B18 环口顶板翼缘板安装工装定位钢板,工装钢板共开4排孔,每排8个孔,一端2排孔群正常开孔,一端2排孔群成长条孔,孔径为 33mm,长条孔长度方向为 10cm,控制合龙段高程和轴线不发现变化,同时合龙段梁体可以实现纵向位移,等待合适合龙时机。合龙过程关键措施如图 14-52 所示。

a) 合龙段空中姿态调整

b) 工装定位钢板

图 14-52　合龙过程关键措施

④合龙口监测。

合龙过程中对环境温度及梁体温度进行监测,测温体系与合龙联测采用同一套体系,环境温度采用相同温度计,梁体温度采用相同的点温计;工装定位钢板安装完成后对钢主梁与拼接板孔群错缝进行持续监测,孔群对位合适立即进行合龙锁定。

14.7.2　中跨合龙控制

1) 中跨合龙方案

中跨合龙段采用配切合龙法进行合龙,其合龙段为 HL 节段,长度 6.7m,施工至 Z23 节段后,进行边跨桥面板预应力张拉和压浆作业,同时持续 2d(第一天观测、第二天复核,确定合龙段吊装和锁定时机)对合龙口尺寸进行观测,确定合龙段 HL 梁段加工长度及栓接孔群转角,并将这一数据反馈至工厂,工厂进行合龙口高强度螺栓孔的钻制及接口配切,合龙段运输至现场,然后利用全回转桥面吊机完成主纵梁合龙,然后在 3h 内完成 12 号塔梁临时固结解除,随后依次进行合龙段横梁、稳定板、小纵梁、隔流板等构件安装。

中跨合龙施工将山西侧 HL~Z23 环口设置为最终合龙口,将合龙段全部运至陕西侧,具体施工工艺如下:

(1) 中跨合龙梁段两根主纵梁提前在低温环境时段吊装,先与陕西侧 Z23 节段主纵梁采用冲钉、安装螺栓进行栓合固定,全回转桥面吊机归位至轴线位置,桅杆旋转朝向主塔。

(2) 对 HL 合龙段主纵梁自由端(HZ23~HL 环口)的轴线、高程进行测量,与预估合龙段姿态参数进行比对,若存在较小偏差,通过配重(施工控制单位提供)和对拉方式进行调整,直至偏差满足要求。

(3) HL 合龙段主纵梁调整合适后完成 SZ23～HL 主纵梁环口高强度螺栓连接副施工。

(4) 将 HZ23～HL 环口主纵梁拼接板摆放到位,同时在 HL 和 Z23 梁段上翼缘板安装工装定位钢板,工装工位钢板共开 4 排孔,每排 8 个孔,排间距为 20cm,一端 2 排孔群正常开孔,一端 2 排孔群成长条孔,孔径为 33mm,长条孔长度方向为 10cm,将定位工装钢板安装在 B16 和 B17 梁段,控制合龙段高程和轴线不发现变化,同时合龙段梁体可以实现轴向位移,等待合龙时机来临。

(5) 合龙时机窗口到来后,迅速将 HL 节段上下游主纵梁合龙端与山西侧 Z23 节段主纵梁进行冲钉、普通螺栓连接,快速完成高强度螺栓连接施工。

(6) 主纵梁合龙并至少完成主纵梁合龙口高强度螺栓连接副初拧后,3h 内完成 12 号主塔塔区塔梁临时固结。在塔梁临时约束解除前,根据监控计算确定 Z0 梁段处的上抬反力,必要时应加载临时压重,防止临时约束解除后桥面突然上抬。

(7) 当合龙梁段主纵梁合龙后,撤走临时通道,安装横梁、小纵梁、压重区小纵梁等,完成桥面板安装、湿接缝施工、吊机拆除等后续工序作业。

2) 中跨合龙特点

禹门口黄河公路大桥中跨合龙特点主要有以下 3 个方面:

(1) 采用配切法一次合龙,合龙温度的确定至关重要,既要满足设计要求,同时要保证现场有足够的作业时间。

(2) 采用全回转桥面吊机合龙,合龙段上下游钢主梁需分别安装,整个合龙过程主要工序为:合龙段起吊→空中姿态调整→合龙段与悬臂梁段连接→合龙段锁定。从起吊到完成姿态调整进入合龙口需 2h,而中跨合龙时悬臂长度较长,温度影响更为明显,温度相差 1℃,合龙口距离变化约 7mm,螺栓无法正常安装,因此现场温度与既定合龙温度吻合才能顺利完成合龙,对施工组织要求较高。

(3) 中跨合龙后若结构体系升温,将在中跨主梁内产生巨大的次内力,因此需及时解除临时固结,实现体系转换,本桥采用预应力钢筋混凝土形式的临时固结,解除难度较大,需瑞解除顺序进行优化,投入足够的设备和人员保证体系转换的顺利。

3) 中跨合龙控制技术

(1) 合龙口姿态调整

为提高合龙控制精度,确保合龙线形平顺,同时控制边跨支架段和悬臂端梁段的线形,使梁段高程、轴线及梁端转角均满足合龙要求。合龙段梁端转角由 Z22 和 Z23 梁段姿态共同确定,Z22 和 Z23 梁段施工时与断臂端进行联测,适时调整,为防止误差累积到合龙段难以调整或合龙段上下游加工线形差异大,提高控制精度。控制结果见表 14-9。

合龙前梁段姿态 表 14-9

梁段端点	小里程(河津测)		大里程(韩城测)	
	下游高程(m)	上游高程(m)	下游高程(m)	上游高程(m)
22 号	414.589	414.579	414.549	414.570
23 号	414.600	414.600	414.590	414.600

（2）合龙联测

为了提高合龙精度，合龙联测前，以悬臂端提前达到合龙状态为目标进行等效配重。依据计算结果及现场实施条件，合龙口梁段上下游分别进行配重，配重重量总计47t。配重后对各合龙口间距、高程、轴线进行连续48h观测，测量间隔白天为2h/次，晚上（18:00—次日 6:00）为1h/次，联测过程中同步记录环境温度及钢梁顶底板温度；合龙口间距测量时工字型钢主梁顶底板分别测量翼板两侧，重复测量3组数据求平均值，最终取翼板两侧平均值作为顶底板的间距。中跨合龙配重示意如图14-53所示，合龙联测如图14-54所示。

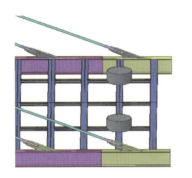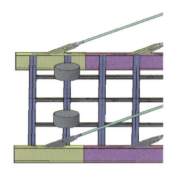

图14-53 中跨合龙配重示意图

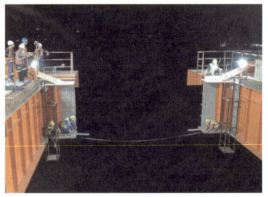

a)合龙配重　　　　　　　　　　　　b)合龙联测

图14-54 合龙联测

禹门口黄河公路大桥中跨合龙段联测于9月13日完成，图14-55以5:00—次日7:00联测数据为例对主要参数的规律进行说明。

①根据48h联测数据，环境温度变化曲线，温度波动范围分别为19.4~26.2℃，温度变化量为6.8℃，第一天为阴天，环境温度变化比较平稳，变化量仅为2℃，第二天为晴天，温度变化规律性较强，从8:00开始升温，环境温度在16:00达到最高温，17:00点温度开始自然下降，而在23:00突刮大风，温度骤降至19.6℃，大风过后温度有所回升，而后继续自然降温，于次日4:00达到最低温。

②钢主梁合龙口顶底板间距变化规律基本一致，总体受温度变化影响，第一天环境温度较稳定，合龙间距基本保持不变，最大变化量仅2mm；第二天合龙口间距随温度变化较大，

8:00—19:00间距持续减小,夜间受降温影响,20:00—次日1:00间距持续增大,且合龙口间距在19:00时间最小,在1:00—4:00时间段最大;从温度与合龙口间距变化规律分析可发现,结构体系温度变化有一定的滞后性,升温阶段,底板的合龙口变化较顶板滞后1h,降温阶段,结构体系温度降温滞后于环境温度2h。

上述规律对于指导施工意义较大,该桥确定于20:00开始进行合龙段的喂入,为给合龙施工预留足够的时间,未选择最低温作为合龙温度,而是确定于20℃进行合龙,对施工有利。

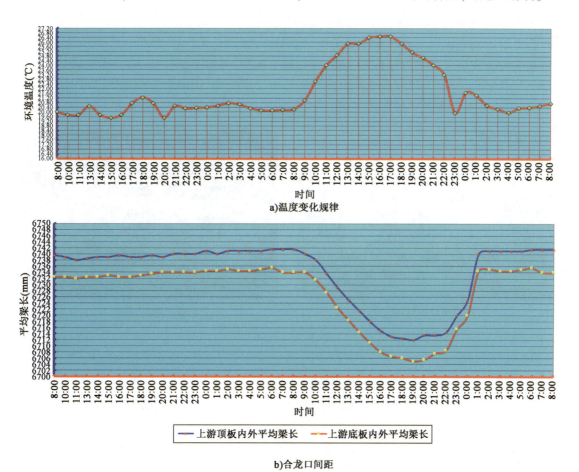

图14-55 联测规律

（3）合龙参数确定

合龙参数的确定直接影响合龙精度及合龙过程顺利与否,主要包括合龙温度、合龙段配切长度及拼接板制造角度,且各合龙参数之间是一一对应的关系。根据气象资料,禹门口黄河公路大桥附近三年9月温度分布范围为15~26℃,与实测规律接近,依据48h联测结果确定边跨合龙温度为20℃,合龙锁定时间为22:00—次日2:00时间段,在体系升温前有足够时间完成高强度螺栓施拧及临时固结拆除;合龙段钢主梁在设计标准长度基础上预留10cm富余量,在合龙前一端提前进行钻孔,另一端等待合龙配切,拼接板在合龙参数确定后统一钻孔,由联测结果确定各合龙段配切长度及拼接板制造角度见表14-10。

合龙段制造参数   表14-10

合龙段位置	合龙段配切长度(mm)		拼接板制造角度(rad)	
	顶板	底板	小里程 Z23~HL	大里程 HL~Z23
上游侧	6689.7	6684.3	-0.00067	-0.00269
下游侧	6701.7	6701.8	-0.00233	-0.00019

(4)合龙控制

①合龙段锁定。

合龙时提前完成喂梁及合龙准备工作,先用冲钉锁定合龙段一端环口,在另一端合龙段环口顶板翼缘板安装工装定位钢板,工装钢板共开4排孔,每排8个孔,一端2排孔群正常开孔,一端2排孔群成长条孔,控制合龙段高程和轴线不发现变化,同时合龙段梁体可以实现纵向位移,等待结构降温达到既定合龙温度,完成合龙锁定。合龙控制如图14-56所示。

a)上下游合龙段同时起吊

b)完成合龙锁定

图14-56 合龙控制

②临时固结解除。

大跨径组合梁斜拉桥,悬臂施工过程中为了提高稳定性,确保施工安全,一般采用墩梁临时固结的方式施工,合龙前悬臂端为自由端可满足温度作用下自由收缩的需要;主梁合龙时一般采用低温合龙,合龙后若不及时解除临时固结,在梁体升温过程中,梁体内将产生较大的次内力。经计算,本桥主跨565m,整体升温15℃,合龙段梁体产生轴力达50000kN,产生应力176MPa,对钢梁受力极为不利,因此合龙后必须在环境温度升温前快速解除约束。本桥的临时锚固形式为预应力钢筋混凝土临时锚固,拆除施工难度大,该结构由预应力粗钢筋及外包混凝土组成,为顺利完成临时固结解除,进行了一系列的工序优化。首先,确定合龙当天先拆除大里程侧桥塔的临时固结;然后,在接近的温度体系条件下,再拆除另一侧桥塔的临时固结。另外,在合龙前先采用千斤顶对竖向钢筋进行卸载,凿除部分混凝土,等待合龙后进行静力切割,解除临时固结。经过有效的施工组织和控制,两个主塔的临时固结均按既定方案顺利完成拆除,对结构未造成不利影响。临时固结解除如图14-57所示。

大里程侧桥塔的临时固结解除后,由于小里程侧临时固结尚未解除,为了确保主梁受力安全,掌握主梁纵向位移规律,对大里程侧支座纵向滑动位移进行持续监测,图14-58为支座纵向位移随时间变化规律,支座向大里程侧滑动为"+",向小里程侧滑动为"-"。由图可知,大里程侧支座随温度变化位移规律较好,升温阶段支座持续向大里程侧滑动,降温阶段支座向小里程侧滑动,位移量为 $-10 \sim 81\mathrm{mm}$。

a)释放竖向钢筋预应力

b)部分混凝土凿除

图 14-57 临时固结解除

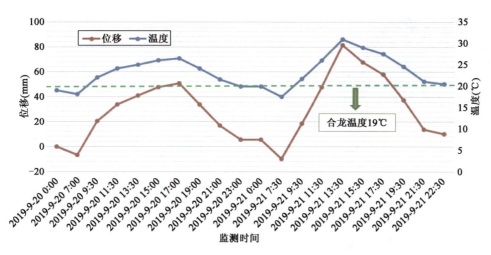

图 14-58 大里程支座纵向位移监测

14.7.3 合龙控制小结

斜拉桥合龙方案应综合考虑桥梁结构形式、施工方法、环境特点、合龙参数对成桥状态影响等诸多因素,在理论分析的基础上制定切实可行的方案。禹门口黄河公路大桥具有边跨合龙段长、高差大、合龙作业窗口期短等特点,且钢主梁施工采用散件拼装、高强度螺栓连接,合龙施工难度大、控制精度要求高;通过合龙前通过精细化模拟散件拼装施工过程,精确完成合龙口姿态调整及等效配重计算,提高了合龙精度;通过48h连续观测,确定合龙温度及各合龙梁段的制造参数。通过以上措施,边、中跨均采用配切法自然合龙,合龙过程顺利。

第15章 小结

　　大跨径钢—混凝土组合梁斜拉桥施工控制是保证施工过程结构受力安全,达到合理成桥状态的关键,本桥施工控制单位于2016年进场展开工作,实施全过程施工控制,在实施过程中兼顾后期成桥长期监测,在测点布置、测试内容等方案制定时进行了一体化设计,并于2020年圆满完成施工控制任务,大桥的施工控制与运营监测实现了无缝对接。主要结论如下:

　　(1)根据钢—混凝土组合斜拉桥的特点,采用无应力状态控制法与自适应控制法相结合的控制方法,施工控制过程贯穿结构制造、施工全过程,效果较好。

　　(2)理论计算阶段建立杆系分析模型和梁-板分析模型是必要的,既提高了计算效率,又可对现场施工阶段实施精细化分析,提供充足的数据支撑。

　　(3)通过对主塔、主梁及斜拉索实施全过程控制,各项指标均达到规范和设计要求,控制精度较高。

　　(4)对于跨径较大的组合梁斜拉桥,采用两节段一循环施工方法对缩短工期,节约建设成本有利。通过调整施工顺序(斜拉索的张拉顺序和全回转桥面吊机前移顺序)和调整斜拉索一张力的分配比例,成功降低了线形控制和桥面板开裂方面的风险,施工控制效果较好。

　　(5)对无辅助斜拉桥,为提高施工期结构抗风性能、降低安全风险,边跨需增设临时墩。通过对临时墩锁定和解除时机进行研究,对施工过程中临时墩的受力及钢主梁的位移变化规律进行实时监测,验证了该桥临时墩设计与施工技术安全、可靠、实用性强,应用效果较好。

(6)对钢主梁施工采用散件拼装、高强度螺栓连接的桥型,采用配切法自然合龙,施工难度大、控制精度要求高;通过合龙口姿态调整及48h连续观测,确定了准确的合龙温度及各合龙梁段的制造参数,合龙过程顺利,应用效果较好。